Markus Bauder, Volker Holzer, Thomas Paaß, Christian Seifritz

Holzer Stofftelegramme Industriekauffrau/-mann

Betriebswirtschaft, Steuerung und Kontrolle

Baden-Württemberg

Lösungen

8. Auflage

Bestellnummer 00653

Bildungsverlag EINS

Haben Sie Anregungen oder Kritikpunkte zu diesem Produkt?
Dann senden Sie eine E-Mail an 00653_008@bv-1.de
Autoren und Verlag freuen sich auf Ihre Rückmeldung.

Die in diesem Werk aufgeführten Internetadressen sind auf dem Stand zum Zeitpunkt der Drucklegung. Die ständige Aktualität der Adressen kann von Seiten des Verlages nicht gewährleistet werden. Darüber hinaus übernimmt der Verlag keine Verantwortung für die Inhalte dieser Seiten.

Die in diesem Produkt gemachten Angaben zu Unternehmen (Namen, Internet- und E-Mail-Adressen, Handelsregistereintragungen, Kontonummern, Steuer-, Telefon- und Faxnummern und alle weiteren Angaben) sind i. d. R. fiktiv, d. h., sie stehen in keinem Zusammenhang mit einem real existierenden Unternehmen in der dargestellten oder einer ähnlichen Form. Dies gilt auch für alle Kunden, Lieferanten und sonstigen Geschäftspartner der Unternehmen wie z. B. Kreditinstitute, Versicherungsunternehmen und andere Dienstleistungsunternehmen. Ausschließlich zum Zwecke der Authentizität werden die Namen real existierender Unternehmen und z. B. im Fall von Kreditinstituten auch deren Bankleitzahlen, IBAN und BIC verwendet.

www.bildungsverlag1.de

Bildungsverlag EINS GmbH
Hansestraße 115, 51149 Köln

ISBN 978-3-427-**00653**-4

Inhaltsverzeichnis

Betriebswirtschaft – Geschäftsprozesse

1 Kundenaufträge bearbeiten

1.4 Willenserklärungen und Rechtsgeschäfte 5
1.5 Form der Rechtsgeschäfte 5
1.6 Rechtsfähigkeit und Geschäftsfähigkeit 6
1.7 Eigentum und Besitz 6
1.8 Der Kaufvertrag 7
1.9 Störungen bei der Vertragserfüllung 8
1.9.1 Mangelhafte Lieferung (Schlechtleistung) 8
1.9.2 Nicht-Rechtzeitig-Lieferung 10
1.9.3 Nicht-Rechtzeitig-Zahlung 11
1.10 Verjährung 12
1.11 Eigentumsvorbehalt 12
1.12 Das außergerichtliche Mahnverfahren 13
1.13 Allgemeine Geschäftsbedingungen 13
1.15 Prüfungsaufgaben *13*

2 Leistungserstellungsprozesse

2.1 Aufgaben, Ziele und Schnittstellen der Produktionswirtschaft 17
2.2 Produktionsprogramm – Forschung und Entwicklung 17
2.3 Bedarfsarten und Bedarfsermittlung 18
2.4 Produktion und Umwelt 18
2.5 Qualitätsmanagement (QM) 19
2.6 Abwicklung eines Kundenauftrags 19
2.7 Fertigungsverfahren 19
2.8 Kosten und Beschäftigungsgrad – Produktionscontrolling 20
2.9 Rationalisierung 21
2.10 Prüfungsaufgaben *22*

3 Beschaffungsprozesse

3.1 Aufgaben, Ziele und Schnittstellen der Beschaffung 37
3.2 Beschaffungsplanung 37
3.3 ABC-Analyse 38
3.4 Beschaffungsmarktforschung 38
3.5 Angebotsvergleich 38
3.7 Zahlungsabwicklung 39
3.9 Lagerhaltung: Grundlagen – Lagerorganisation 39
3.10 Lagerkosten und Lagerkennziffern 39
3.12 Prüfungsaufgaben *42*

4 Absatzmarketing

4.1 Marktorientierung – Marktforschung – Marktkennzahlen – Marktsegmentierung 53
4.2 Absatzpolitische Instrumente 53
4.3 Prüfungsaufgaben *56*

5 Personalwirtschaft

5.1 Aufgaben und Ziele der Personalwirtschaft 64
5.2 Der Einzelarbeitsvertrag (Grundlagen) 64
5.3 Allgemeiner und besonderer Kündigungsschutz 65
5.4 Arbeitsgerichtsbarkeit 66
5.5 Handlungsvollmacht und Prokura 67
5.7 Personalführung, -betreuung, -entwicklung und -motivation 68
5.8 Arbeitszeitmodelle 69
5.9 Arbeitsbewertung: Arbeitsstudien 69
5.10 Entlohnungssysteme 70
5.11 Prüfungsaufgaben *72*

6 Investition und Finanzierung

6.1 Bilanzieller Zusammenhang zwischen Investition und Finanzierung 80
6.2 Kapitalbedarfs- und Investitionsrechnung, Finanzplan 80
6.4 Beteiligungsfinanzierung (Eigenfinanzierung) 82
6.5 Fremdfinanzierung: Kontokorrentkredit und Darlehen 82
6.6 Innenfinanzierung: Offene Selbstfinanzierung 84
6.7 Innenfinanzierung: Umfinanzierung –> vgl. Stofftelegramm 84
6.8 Innenfinanzierung: Finanzierung aus Abschreibungen 84
6.9 Leasing (= Sonderform der Fremdfinanzierung) 85
6.10 Kreditsicherheiten 85
6.12 Prüfungsaufgaben *87*

Steuerung und Kontrolle

1 Geschäftsvorfälle erfassen und buchen

1.1 Bedeutung und Notwendigkeit des Rechnungswesens 97

1.2 Inventur – Inventar – Bilanz 97
1.3 Wertänderungen in der Bilanz 98
1.5 Ergebniskonten (Erfolgskonten) mit Abschluss 98
1.6 Die Umsatzsteuer 99

1.7 Lohn- und Gehaltsabrechnung und -buchung

1.7.2 Lohn- und Gehaltsabrechnung 100
1.7.3 Lohn- und Gehaltsbuchungen 102
1.8 Kontenrahmen – Kontenplan – Bücher 103
1.9 Buchungen: Einkauf, Produktion und Verkauf 104
1.10 Prüfungsaufgaben *107*

2 Kosten- und Leistungsrechnung I: Grundlagen – Abgrenzungsrechnung

2.1 Grundbegriffe und Aufgaben 110
2.2 Kalkulatorische Kosten 110
2.3 Ergebnistabelle 111
2.4 Prüfungsaufgaben ***113***

3 Kosten- und Leistungsrechnung II: Vollkostenrechnung

3.4 Aufgaben zu den Kapiteln 3.1 bis 3.3 117
3.5 Maschinenstundensätze 119
3.6 Prüfungsaufgaben *120*

4 Kosten- und Leistungsrechnung III: Deckungsbeitragsrechnung

4.1 Deckungsbeitragsrechnung 127
4.2 Prüfungsaufgaben *130*

5 Kosten- und Leistungsrechnung IV: Prozesskostenrechnung

5.1 Probleme der traditionellen Kostenrechnung 134
5.2 Allgemeines zur Prozesskostenrechnung 134
5.3.8 Prozesskostenkalkulation 134
5.5 Prüfungsaufgaben *137*

6 Erstellung und Auswertung des Jahresabschlusses

6.1 Bestandteile des Jahresabschlusses einer Kapitalgesellschaft 142
6.2 Die Bewertung (Ziele, Grundsätze) 142
6.3 Kauf von Anlagen 144
6.4 Abschreibungen 145
6.5 Verkauf von gebrauchten Anlagegütern 148
6.7 Bewertung FE/UFE zu Herstellungskosten 149
6.8 Zweifelhafte und uneinbringliche Forderungen 151
6.9 Rückstellungen 152
6.10 Bilanzaufbereitung und Bilanzanalyse 153
6.11 Prüfungsaufgaben *154*

Prüfungsaufgaben komplett Winter 2013/2014 bis Sommer 2014

1 Prüfungsaufgaben Steuerung und Kontrolle Winter 2013/2014 166
2 Prüfungsaufgaben Betriebswirtschaft – Geschäftsprozesse Winter 2013/2014 170
3 Prüfungsaufgaben Steuerung und Kontrolle Sommer 2014 176
4 Prüfungsaufgaben Betriebswirtschaft – Geschäftsprozesse Sommer 2014 179

1 Kundenaufträge bearbeiten

1.4 Willenserklärungen und Rechtsgeschäfte

1. Willenserklärungen begründen rechtliche Wirkungen. Zusatzinfo: Sie sind daher die Basis der Rechtsgeschäfte.
2. Mündlich, schriftlich, schlüssiges Handeln, evtl. durch Schweigen
3. Antrag und Annahme
4. a) **Schlüssiges Handeln:** Nicken, einem Taxi winken, in einen Bus einsteigen, Handschlag (Viehhandel), Hand heben bei Versteigerung.

   b) **Schweigen:** Wir erhalten ein Angebot einer unbekannten Firma und reagieren nicht. Unser Schweigen gilt als Ablehnung.
5. a) einseitig – empfangsbedürftig

   b) mehrseitig – einseitig verpflichtend

   c) mehrseitig – mehrseitig verpflichtend

   d) mehrseitig – mehrseitig verpflichtend

   e) einseitig – nicht empfangsbedürftig

   f) einseitig – empfangsbedürftig

   g) mehrseitig – einseitig verpflichtend

   h) mehrseitig – einseitig verpflichtend
6. a) Nein! Kündigung = empfangsbedürftige Willenserklärung. Sie ist erst wirksam, wenn sie dem Partner zugegangen ist (1. Juli).

   b) Die Kündigung ist am 30. Juni (10:00 Uhr) zugegangen. Dass der Arbeitgeber erst am 2. Juli Kenntnis davon erlangt, ist alleine sein Risiko. Kündigung erfolgte also rechtzeitig.
7. Ja. Einseitige, nicht empfangsbedürftige Willenserklärung

1.5 Form der Rechtsgeschäfte

1. Formfrei, Schriftform, öffentliche Beglaubigung, öffentliche Beurkundung
2. Die Wirksamkeit des Grundsatzes der Vertragsfreiheit wird durch den Grundsatz der Formfreiheit unterstützt. Vorteile: schnelle Geschäftsabschlüsse möglich; kostensparend
3. • Beweissicherung
   • Vermeidung von Missverständnissen
   • Schutz sachunkundiger Personen vor Übervorteilung (z. B. Bürgschaft)
   • Schutz vor übereilten, nicht genügend durchdachten bindenden Entscheidungen (z. B. Grundstücksverkauf, Ehevertrag)
4. Notarielle Beurkundung; Unterschrift und Erklärungsinhalt werden notariell bestätigt.
5. Das Rechtsgeschäft ist nichtig.
6. Formfrei: b – g   Schriftform: d – h – i – j   öffentl. Beglaubig.: c   Öffentl. Beurkundung: a – e – f

1.6 Rechtsfähigkeit und Geschäftsfähigkeit

1. Nur Menschen sind rechtsfähig. Tiere können somit nicht erben.
2. Fähigkeit, Träger von Rechten und Pflichten zu sein
3. Alle natürlichen und juristischen Personen
4. **Natürliche Personen:** Alle Menschen

   Juristische Personen: Personenvereinigungen oder Vermögensmassen, die durch Gesetz eine eigene Rechtspersönlichkeit haben; Bsp.: AG, GmbH
5. Juristische Personen: a – d – f – g – i – k
6. Vorstand/Geschäftsführer

1.7 Eigentum und Besitz

1. **Eigentum:** Rechtliche Herrschaft über eine Sache

   Besitz: Tatsächliche Herrschaft über eine Sache
2. **Bewegliche Sachen:** Einigung + Übergabe

   Unbewegliche Sachen: Auflassung (= notariell beurkundete Einigung) + Eintrag im Grundbuch (ersetzt die Übergabe)
3. Nein; die Übergabe fehlt.
4. Ab Übergabe des Fahrrads
5. Maier kann den PC nicht zurückverlangen, da Flegel Eigentümer geworden ist. Er kann lediglich Zahlung verlangen.
6. a) Schmidt wurde Eigentümer. Zuerst wurde das Eigentum an Schweinberger, danach von Schweinberger auf Schmidt übertragen.

   b) Wie a). Die Zahlung spielt keine Rolle.
7. Bayer ist Eigentümer, wenn er die Lederhose gutgläubig erworben hat (er ist gutgläubig, wenn er der Meinung ist, dass Lötterle Eigentümer ist). Im anderen Falle wird Bayer nicht Eigentümer.
8. Eigentümer bleibt die Buchhandlung. Kein Eigentumserwerb an gestohlenen Sachen.
9. Drexler ist Eigentümer (Einigung und Übergabe).
10. Vereinbarung eines Besitzkonstituts: Vereinbarung, dass Erwerber ohne Übergabe mittelbaren Besitz erlangt, d. h., Gudermann wird Eigentümer, Kauffmann bleibt (vorübergehend) Besitzer.
11. Eigentumserwerb an gestohlenen Sachen ist grundsätzlich nicht möglich. Ausnahme u. a.: gestohlenes Geld („Geld stinkt nicht"). Das Reisebüro ist also Eigentümer des Geldes geworden. Keine Herausgabepflicht; Reich muss also gegen Klau vorgehen.
12. a) 30. Mai (mit Beurkundung)

    b) 20. Juli (Eintrag Grundbuch)

1.8 Der Kaufvertrag

1. **Verpflichtungsgeschäft:** Abschluss des Kaufvertrages; hierbei übernehmen die Vertragspartner Pflichten (vgl. 3.).

   Erfüllungsgeschäft: Die Vertragspartner erfüllen ihre laut Kaufvertrag übernommenen Pflichten.

2. Zwei übereinstimmende Willenserklärungen (Antrag und Annahme):

   Angebot + Bestellung oder Bestellung + Bestellungsannahme

3. **Käufer:** Rechtzeitige Zahlung, Warenabnahme

   Verkäufer: Rechtzeitige, mangelfreie Übergabe, Eigentumsübertrag

4. **Anfrage:** Rechtlich unverbindlich

   Angebot: Rechtlich bindend; an bestimmte Person gerichtet

   Anpreisung: Rechtlich unverbindlich; an Allgemeinheit gerichtet

5. **Anpreisungen:** Schaufensterauslagen, Katalogangebote, Zeitungsinserate, Rundfunkwerbung

6.
   - Exakte Warenbeschreibung
   - Verpackungsart
   - Lieferbedingungen (Transportkosten)
   - Zahlungsbedingungen
   - Preis und Menge
   - Verpackungskosten
   - Lieferzeit
   - Erfüllungsort

7. Die Bindung an das Angebot ist erloschen, da zu spät angenommen. Die Bestellung muss auf mindestens gleich schnellem Weg erfolgen. Firma B kann nichts unternehmen.

8.
   - Ablehnung durch Empfänger
   - Abänderung durch Empfänger
   - verspätete Annahme
   - rechtzeitiger Widerruf

9. **Unter Anwesenden:** Während der Gesprächsdauer

   Unter Abwesenden: Bis unter normalen Umständen die Antwort erwartet werden kann (briefliches Angebot: ca. eine Woche; fernschriftliches Angebot: ca. 24 Stunden).

10. Beides ist möglich.

11. a – c – h

12. a) Ware mittlerer Art und Güte

    b) Versandverpackung trägt Käufer.

    c) Unfrei: Verkäufer trägt Transportkosten bis zur Übergabe an die Bahn (Spedition), die restlichen Transportkosten trägt der Käufer.

    d), e) Auf Verlangen sofort

13. a) Die verspätete Annahme gilt als neuer Antrag. Solange V nicht annimmt, kommt kein Kaufvertrag zustande.

    b) Die geänderte Annahme gilt als neuer Antrag. Solange V nicht annimmt, kommt kein Kaufvertrag zustande.

c) Kaufvertrag entsteht, wenn V nicht ablehnt. Stillschweigen des V bedeutet Annahme.

d) • Die Zusendung unbestellter Ware gilt als Angebot. Der Kaufvertrag entsteht erst, wenn K den Kaufpreis zahlt, die Ware in Gebrauch nimmt oder ihre Annahme erklärt.

• Stillschweigen gilt bei fehlender bestehender Geschäftsbeziehung als Ablehnung.

e) • Das Stillschweigen des Geschäftspartners K gilt als Annahme.

• Bei Ablehnung wäre eine Mitteilung erforderlich.

f) • Stillschweigen gilt als Ablehnung.
• Die Zusendung unbestellter Ware an einen Privatmann verstößt gegen das UWG.

14.
- Angebot widerrufen
- Widerruf muss spätestens mit dem Angebot beim Kunden eintreffen.
- Alternativen: Telefon, Telefax, E-Mail ...

15. **Gesetzlicher Erfüllungsort:** Wohn-(Geschäfts-)Sitz des Schuldners.

Erfüllungsort für die Zahlung:	Sitz des Käufers
Erfüllungsort für die Lieferung:	Sitz des Verkäufers
Bedeutung des Erfüllungsortes:	vgl. Stofftelegramm

16. Der Verkäufer trägt folgende Versandkosten:

a) Bis Bahnhof Leipzig

b) Bis Bahnhof Stuttgart

c) Bis Bahnhof Leipzig

d) Bis Bahnhof Leipzig einschl. Verladekosten

e) Bis Bahnhof Stuttgart

f) Alle Versandkosten

g) Keine Versandkosten

h) Bis Bahnhof Leipzig

i) Bis Bahnhof Stuttgart

1.9 Störungen bei der Vertragserfüllung

1.9.1 Mangelhafte Lieferung (Schlechtleistung)

1. Sachmängel: Fehlerhafte Ware, Montagemangel, mangelhafte Montageanleitung, Falschlieferung, Zuweniglieferung, Ware entspricht nicht der Werbung

   Rechtsmangel: Belastung durch Rechte Anderer

2. a) Prüfungs- und Rügepflicht: unverzüglich (zweiseitiger Handelskauf) bzw. innerhalb von zwei Jahren nach Lieferung (einseitiger Handelskauf und bürgerlicher Kauf)

   b) Der Käufer verliert seine Gewährleistungsansprüche.

3. **Vorrangig**: Nacherfüllung (Nachbesserung oder Neulieferung) gemäß § 439 BGB

   - Gemäß § 434 BGB liegt ein Sachmangel vor –> K steht Nacherfüllungsanspruch zu.
   - K hat Wahlrecht zwischen Nachbesserung und Neulieferung.

- V kann eine oder beide Arten der Nacherfüllung nur ablehnen, wenn gemäß § 439 Abs. 3 Satz 1 BGB die betreffende Nacherfüllung nur mit unverhältnismäßig hohen Kosten möglich ist. Dies ist hier nicht der Fall.

Nachrangig: (§§ 280, 281, 284, 323, 326, 440, 441 BGB)

- Rücktritt vom Vertrag: Voraussetzungen:
  - angemessene Frist zur Nacherfüllung erfolglos abgelaufen
  - kein unerheblicher Mangel
- Minderung: Voraussetzungen:
  - angemessene Frist zur Nacherfüllung erfolglos abgelaufen
  - auch bei unerheblichem Mangel möglich
- Schadenersatz statt Leistung: Voraussetzungen:
  - angemessene Frist zur Nacherfüllung erfolglos abgelaufen
  - Pflichtverletzung gem. § 280 Abs. 1 BGB
  - Verschulden (Vertretenmüssen) des V.
  - kein unerheblicher Mangel

  Da kein Verschulden vorliegt, kann dieses Recht nicht geltend gemacht werden.
- Ersatz vergeblicher Aufwendungen (neben Rücktritt vom Vertrag): Voraussetzungen wie bei Schadenersatz statt Leistung; hier also mangels Verschulden nicht möglich
- Schadenersatz neben Leistung: Voraussetzungen:
  - Pflichtverletzung gemäß § 280 Abs. 1 BGB
  - Verschulden (Vertretenmüssen) des V.

  Da kein Verschulden vorliegt, kann dieses Recht nicht geltend gemacht werden.

4. Nachbesserung und/oder Neulieferung möglich auch bei geringfügigen Mängeln; verschuldensunabhängig

5. - K muss zunächst dem V eine angemessene Frist zur Nacherfüllung einräumen.
   - Nach erfolglosem Fristablauf kann K Schadenersatz statt Leistung verlangen, sofern Verschulden des V vorliegt.

6. Es liegt ein Sachmangel vor, weil der Neuwagen nicht den Werbeaussagen entspricht.

   Vorrangig **Nacherfüllung:**
   Nachbesserung (falls durch Nachrüstung des Motors der Benzinverbrauch gedrosselt werden kann) oder Neulieferung, sofern nicht unverhältnismäßig hohe Kosten anfallen

   Nachrangig, sofern angemessene Nacherfüllungsfrist erfolglos abgelaufen:
   Rücktritt vom Vertrag bzw. **Minderung**

7. Vorrangig Nacherfüllung: Nachbesserung (Reparatur des Fahrrads) oder Neulieferung + Schadenersatz neben der Leistung (110,00 EUR)

   Nachrangig, sofern angemessene Nacherfüllungsfrist erfolglos abgelaufen:
   Rücktritt vom Vertrag + **Schadenersatz statt Leistung** (Verschulden liegt aufgrund der Kenntnis der Bruchgefahr vor; Mangel nicht unerheblich) bzw. **Minderung** + **Schadenersatz neben der Leistung**

8. Es liegt ein Sachmangel vor (mangelhafte Montageanleitung + Falschmontage).

Vorrangig: Nacherfüllung
-> Nachbesserung: korrekte Montageanleitung liefern; V muss altes Gerät evtl. abbauen
-> Neulieferung mit brauchbarer Montageanleitung; V muss altes Gerät abbauen und abholen.

Nachrangig, sofern angemessene Nacherfüllungsfrist erfolglos abgelaufen:
Rücktritt vom Vertrag bzw. **Minderung**

9. K kann keine Nacherfüllung verlangen, weil ein Stückkauf vorliegt. „Unmöglichkeit" gemäß § 275 Abs. 1 BGB

Rücktritt vom Vertrag:	Möglich ohne Nachfristsetzung (§ 326 Abs. 5 BGB), da Nachfrist sinnlos
Minderung:	Möglich ohne Nachfristsetzung, da Nachfrist hier sinnlos
Schadenersatz:	Nein, da kein Verschulden (Vertretenmüssen) vorliegt

10. Verbrauchsgüterkauf; somit gilt für die ersten sechs Monate die Beweislastumkehr (§ 476 BGB): Verkäufer muss nachweisen, dass die Ware bei Übergabe noch nicht mangelhaft war. Erbringt V diesen Gegenbeweis nicht, wird vermutet, dass die Sache bereits bei Übergabe mangelhaft war. K kann dann also sämtliche Gewährleistungsansprüche geltend machen.

11. Regelmäßige kaufrechtliche Verjährungsfrist für Mängel: 2 Jahre ab Ablieferung
Verjährung: 10. Mai 2002 + 2 Jahre = 10. Mai 2004 -> K kann die Lieferung eines neuen Rasenmähers verlangen, weil die Verjährung noch nicht eingetreten ist.

12. Verjährungsfrist bei arglistig verschwiegenen Mängeln: 3 Jahre nach Kenntnis des Mangels
Verjährungsbeginn Jahresende; Verjährung: 31.12. 2005 + 3 Jahre = 31.12. 2008
K kann seine Gewährleistungsansprüche geltend machen, weil sie noch nicht verjährt sind.

13. Verjährung von Bauwerksmängeln: 5 Jahre nach Übergabe
Verjährung: 10. Mai 2002 + 5 Jahre = 10. Mai 2007
Die Mängelansprüche sind verjährt. V kann sich auf Verjährung berufen.

14. Die Gewährleistungsfrist (Verjährungsfrist für Mängel) kann bei gebrauchten Sachen auf ein Jahr verkürzt werden. Seine Ansprüche sind daher verjährt.

1.9.2 Nicht-Rechtzeitig-Lieferung

1. **Lieferung verlangen und evtl. Schadenersatz (§ 286 BGB)**

Voraussetzungen:
- Fälligkeit
- Verschulden
- Mahnung -> entbehrlich, wenn:
  - Verkäufer verweigert Lieferung
  - Liefertermin kalendermäßig bestimmt
  - besondere Gründe (§ 286 Abs. 2 Nr. 4 BGB)

Schadenersatz statt Leistung (§ 281 BGB)

Voraussetzungen:
- Fälligkeit
- Verschulden
- Nachfrist -> entbehrlich, wenn:
  - Verkäufer verweigert Lieferung
  - besondere Umstände (§ 281 Abs. 2 BGB)

Ersatz vergeblicher Aufwendungen anstelle Schadenersatz statt Leistung (§ 284 BGB)
Voraussetzungen: Vgl. Schadenersatz statt Leistung

Rücktritt vom Vertrag (§ 323 BGB)

Voraussetzungen:
- Fälligkeit
- Nachfrist -> entbehrlich, wenn:
  - Verkäufer verweigert Lieferung
  - Liefertermin kalendermäßig bestimmt
  - besondere Umstände (§ 323 Abs. 2 Nr. 3 BGB)

2. Mahnung entbehrlich, wenn:
   - Verkäufer Lieferung verweigert
   - Liefertermin kalendermäßig bestimmt
   - besondere Gründe gem. § 286 Abs. 2 Nr. 4 BGB vorliegen
3. Nachfrist entbehrlich, wenn:
   - Verkäufer Lieferung verweigert
   - besondere Umstände gem. § 281 Abs. 2 BGB vorliegen
4. Nachfrist entbehrlich, wenn:
   - Verkäufer Lieferung verweigert
   - Liefertermin kalendermäßig bestimmt
   - besondere Umstände gem. § 323 Abs. 2 Nr. 3 BGB vorliegen
5. Ja. Beide Rechte können gleichzeitig in Anspruch genommen werden, weil Fälligkeit und Verschulden vorliegen und V die Lieferung verweigert.
6.
   - Fälligkeit und Verschulden gem. § 281 BGB liegen vor.
   - Nachfristsetzung entbehrlich, weil Verkäufer die Lieferung verweigert.

   –> K kann Schadenersatz statt Leistung verlangen.
7.
   - Fälligkeit und Verschulden gem. § 286 BGB liegen offensichtlich vor.
   - Mahnung entbehrlich, da „besondere Gründe" gem. § 286 Abs. 2 Nr. 4 BGB vorliegen.

   –> K kann Verzögerungsschaden verlangen.
8.
   - Fälligkeit und Verschulden gem. § 281 BGB liegen offensichtlich vor.
   - Nachfristsetzung entbehrlich, weil „besondere Umstände" gem. § 281 Abs. 2 BGB vorliegen (Just-in-time-Lieferung).

   –> K kann Schadenersatz statt Leistung verlangen.
9. Voraussetzungen für Schadenersatz statt Leistung:
   - Fälligkeit: ja
   - Verschulden: nein
   - angemessene Nachfrist: abgelaufen

   Schadenersatz statt Leistung nicht möglich, weil die Voraussetzung „Verschulden" fehlt.
10. V hat Anspruch auf Abnahme und Zahlung, weil die Fristsetzung hier nicht entbehrlich war. K wollte sich aus wirtschaftlichen Gründen aus dem Vertrag herausschleichen und nicht aus Gründen der Verzögerung der Leistung.
11. bis 13.: Vgl. Stofftelegramm

1.9.3 Nicht-Rechtzeitig-Zahlung

1. **Zahlung verlangen + evtl. Schadenersatz**

   Voraussetzungen:
   - Fälligkeit
   - Verschulden
   - Mahnung –> entbehrlich, wenn:
     - 30 Tage nach Rechn.zugang vergangen
     - Schuldner verweigert Zahlung
     - Zahlungstermin kalendermäß. bestimmt
     - besondere Gründe (§ 286 Abs. 2 Nr. 4 BGB)

   Schadenersatz statt Leistung (§ 281 BGB)

   Voraussetzungen:
   - Fälligkeit
   - Verschulden
   - Nachfrist –> entbehrlich, wenn:
     - Käufer verweigert Zahlung
     - besondere Umstände (§ 281 Abs. 2 BGB)

   Ersatz vergeblicher Aufwendungen anstelle Schadenersatz statt Leistung (§ 284 BGB)

   Voraussetzungen: Vgl. Schadenersatz statt Leistung

   Rücktritt vom Vertrag (§ 323 BGB)

   Voraussetzungen:
   - Fälligkeit
   - Nachfrist –> entbehrlich, wenn:
     - Käufer verweigert Zahlung
     - Zahlungstermin kalendermäß. bestimmt
     - bes. Umstände (§ 323 Abs. 2 Nr. 3 BGB)

2. Basiszinssatz + 5 %

3. Basiszinssatz + 5 %

4. Basiszinssatz + 8 %

5. a) Verzug spätestens 30 Tage nach Zugang der Rechnung, also ab 10. Februar

   b) Verzug tritt durch Mahnung ein, also ab 20. Januar

   c) Ab 25. Januar Zahlungsverzug; Mahnung hier entbehrlich, da kalendermäßig bestimmt.

6. **Verbrauchsgüterkauf.** Besonderheit hier gemäß § 286 Abs. 3 BGB: Die Regelung, dass der Schuldner spätestens in Verzug kommt, wenn er nicht innerhalb von 30 Tagen nach Fälligkeit und Zugang einer Rechnung leistet, gilt nur unter der Voraussetzung, dass der Verbraucher auf diese Folgen in der Rechnung hingewiesen wurde. Dies ist hier offenbar nicht geschehen, sodass der Schuldner erst durch eine Mahnung in Verzug gesetzt werden kann.

1.10 Verjährung

1. bis 3. vgl. Stofftelegramm

4. • Regelmäßige Verjährungsfrist: 3 Jahre
   • Beginn der Verjährungsfrist: Schluss des Jahres, in dem der Anspruch entstanden ist
   • Verjährung: 31. Dezember 2002 + 3 Jahre = 31. Dezember 2005

5. • Verhandlungen über den Anspruch führen zur Hemmung der Verjährung.
   • Ursprüngliche Verjährung: 31. Dezember 2002 + 3 Jahre = 31. Dezember 2005
   • Hemmung: 20. Dezember 2005 bis 20. März 2006 = 90 Tage
   • Neue Verjährung: 20. März 2006 + 90 Tage = 20. Juni 2006

6. Hemmung der Verjährung ab Einreichung des Antrags auf Mahnbescheid

7. a) Neubeginn c) Neubeginn e) Hemmung g) Neubeginn
   b) Hemmung d) Neubeginn f) Hemmung h) Hemmung

1.11 Eigentumsvorbehalt

1./2.: Vgl. Stofftelegramm

3. a) Der Eigentumsvorbehalt erlischt nach Verarbeitung der Rohstoffe.

   b) • **Verlängerter Eigentumsvorbehalt:** Bei Weiterverarbeitung wird das hergestellte Produkt an den Lieferer sicherungsübereignet.
      • **Erweiterter Eigentumsvorbehalt:** Eigentumsvorbehalt bezieht sich auf alle Lieferungen an einen Käufer.

1.12 Das außergerichtliche Mahnverfahren

1. Vgl. Stofftelegramm

1.13 Allgemeine Geschäftsbedingungen

1. Vgl. Stofftelegramm
2. a) Unwirksam – grundloser Rücktrittsvorbehalt

   b) Unwirksam – kein Preiserhöhungsrecht innerhalb 4 Monaten nach Vertragsabschluss

   c) Rechtsgültig; individuell ausgehandelte Vertragsbedingungen sind keine AGB.

   d) Unwirksam – ungenau definierte Lieferfrist

   e) Unwirksam – Verkürzung gesetzlicher Gewährleistungsfristen (3 Monate) durch AGB nicht erlaubt

   f) Unwirksam – überraschende (ungewöhnliche) Klausel (§ 305c BGB): Käufer braucht nicht damit zu rechnen, dass mit dem Kauf eines Textverarbeitungsprogramms eine Verpflichtung zur Kursteilnahme verknüpft ist.

   g) Unwirksam – gesetzliche Rechte bei Nicht-Rechtzeitig-Lieferung können in den AGB nicht ausgeschlossen werden.

1.15 Prüfungsaufgaben

Prüfungsaufgaben Sommer 2008 (Aufgabe 2, teilweise)

2.1 Sachmangel: Mangel in der Menge, Mangel in der Beschaffenheit

2.2 Vorrangig: Recht auf Nacherfüllung (Nachbesserung oder Neulieferung)
Nachrangig: Rücktritt vom Kaufvertrag, Preisminderung, Schadenersatz

2.3 Neulieferung des Polyethylens in der gewünschten Qualität. Nachlieferung der fehlenden Menge (Füllrohre 25 mm)

2.4 Zweiseitiger Handelskauf, Prüf- und Rügepflicht verletzt (siehe Kontrollstempel), da Kontrolle nicht unverzüglich erfolgte

Prüfungsaufgaben Sommer 2010 (Aufgabe 1, teilweise)

2.1
- Bestellung HaRo GmbH ist Vertragsantrag (Angebot Höchster wegen Fristüberschreitung erloschen).
- Auftragsbestätigung Höchster KG ist abgeänderte Annahme und damit neuer Vertragsantrag.
- Annahme der Lieferung am 30.03. ist Vertragsannahme über Lieferung von 5.000 St. zu 5,60 EUR/St.

2.2 Gerichtsstand ist Sitz des Schuldners, bei Kaufpreisforderung Sitz der HaRo GmbH, also Balingen.

4.1
- unverzügliche Rüge
- Nacherfüllung gescheitert
- kein geringfügiger Mangel

4.2
- Mängelrüge erfolgte rechtzeitig.
- Möglichkeit der Nacherfüllung muss gewährt werden (Nachfrist).
- Bei gescheiterter Nacherfüllung ist die Frage, ob die Farbabweichung einen erheblichen Mangel darstellt, zu klären. Wenn ja: Rücktritt vom Vertrag möglich.

4.3 Keine rechtlichen Ansprüche, da offener Mangel und nicht rechtzeitig gerügt.
Verhandeln mit dem Ziel einer Nachlieferung/Preisreduzierung (Kulanz).

Prüfungsaufgaben Sommer 2013 (Aufgabe 1)

1.1 Sehr gute Zahlungskonditionen (3 % Skonto bzw. 60 Tage Zahlungsziel), Rabattsatz von 20 % Lieferbedingung frei Haus, inklusive Verpackung
schülerabhängige Antworten: z. B. Liefertreue, Service, Kulanz, Qualität

1.2 Verfügbarkeit, Lieferzeit, Kundenbonität, Wiederbeschaffungszeit, Übereinstimmung der Konditionen

Richtigkeit und Machbarkeitsprüfung:

1. Menge:
   LB 65 Stück – SB 5 Stück = verfügbarer LB 60 Stück.
   Bestellmenge 100 Stück – verfügbarer LB 60 Stück = Nettobedarf 40 Stück.
2. Lieferzeit:
   Beschaffungszeit 10 T. + 1 T. Versand = 11 Auftragszeit
   02.04.2013 (Die) + 11 Tage Auftragszeit → 17.04.2013 frühester Liefertermin.
   Auf den 15.04.2013 könnten bereits 60 Stück. bzw. 65 Stück geliefert werden.
   Die ausstehenden 40 Stück bzw. 35 Stück könnten nach Rücksprache mit dem Lieferanten direkt an unseren Kunden versandt werden (so wäre die zweite Teillieferung bereits zum 17.4. möglich).
   Wenn der Lieferant das Stativ auf Lager hat, lässt sich nach Rücksprache die Lieferzeit verkürzen.
   Empfehlung: Anfrage beim Lieferanten sowie beim Kunden, ob der vom Kunden gewünschte Liefertermin 15.04. für 100 Stück gehalten werden muss oder ob eine Teillieferung bis zu diesem Zeitpunkt genügt, mit Aussicht auf die zweite Teillieferung am 17.04.2013.
3. Bonität:
   Der Rechnungsbetrag von 1.894,48 EUR wird das Kreditlimit (verbleibend 246,31 EUR) um 1.648,17 EUR überschreiten. Rücksprache mit der Abteilungsleitung und Buchhaltung empfehlenswert.

1.3 Das Angebot der HaRo GmbH ist unverbindlich. Die Bestellung der *Bau und Ausbau GmbH* ist verbindlich, folglich stellt sie einen Antrag (1. WE) dar. Es ist also noch kein Kaufvertrag (KV) zustande gekommen. Schickt die *HaRo GmbH* eine Auftragsbestätigung oder liefert sie die bestellte Ware (in Übereinstimmung mit der Bestellung) innerhalb einer Woche ab Bestelldatum (Bindungsfrist bei brieflichen Angeboten), dann entstünde ein Kaufvertrag durch die Annahme der *HaRo GmbH* (2. WE).
Erfolgt die Auftragsbestätigung oder Lieferung nach der Bindungsfrist der 1. WE, liegt ein neuer Antrag vor.

1.4 Menge in Auftrag: 100 Kundenauftrag,
System schlägt die in der Artikelkarte hinterlegte optimale Bestellmenge (125) vor.

1.5	24006 Bau-Ausbau	1.894,48	an	5010	Uerl. Hawa	1.592,00
				4800	USt	302,48

Anlage 5

1.6.1 EPK

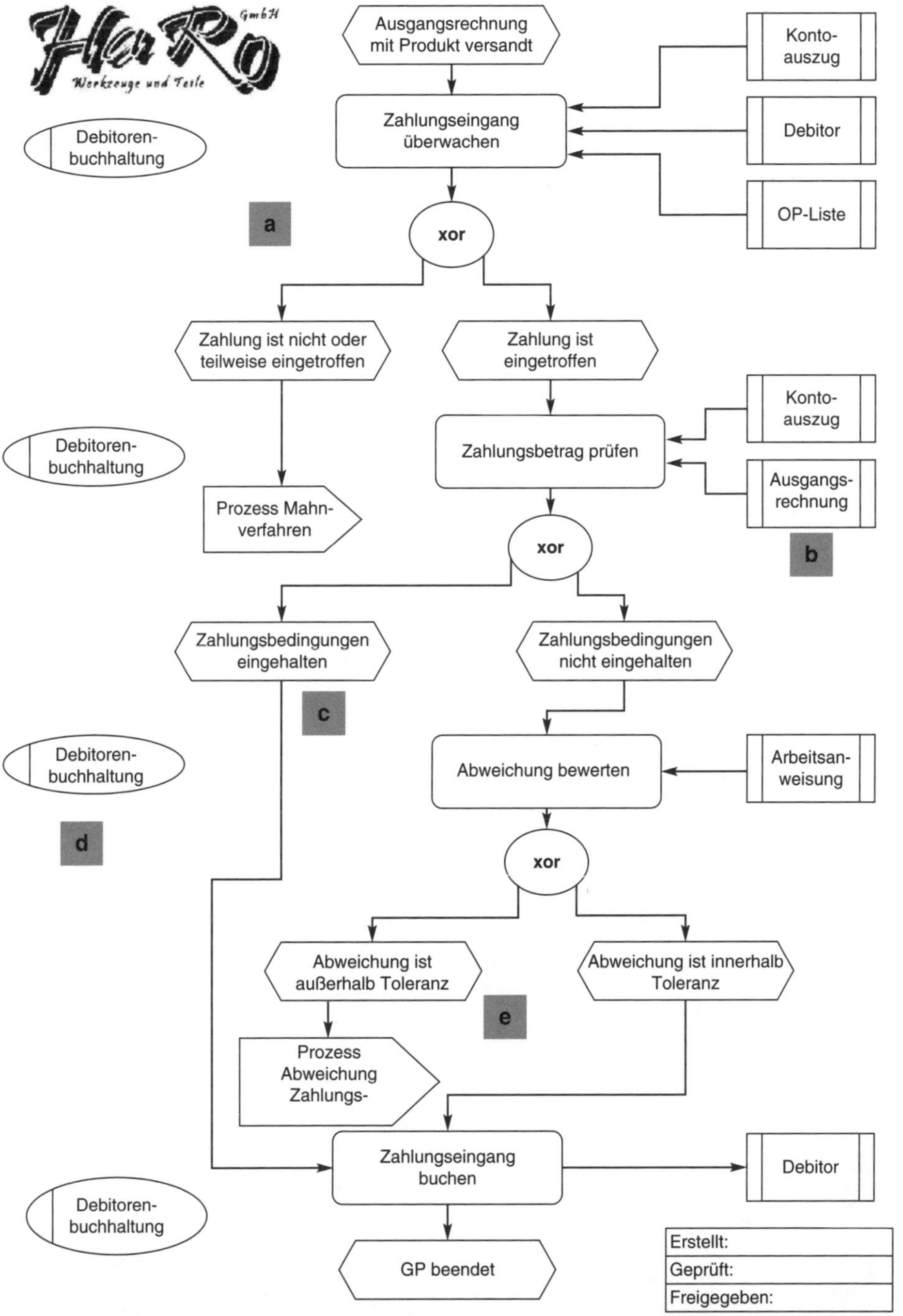

1.6.2 Schülerabhängige Antworten z. B.:
Wirtschaftlich würde es aber Sinn machen, Differenzbeträge erst ab 96,00 EUR zu beanstanden, da die Teilprozesskosten bei 96,00 EUR liegen.
Normalerweise sollte jede Abweichung beanstandet werden, aus Kulanzgründen kann beispielsweise erst ab einer Differenz von 20,00 EUR nachgefordert werden.

1.6.3	2800 Bank	1.837,65	an	24006	Bau Ausbau	1.894,48
	5012 Kundenskonto	47,76				
	4800 USt	9,07				

1.7.1 Der Kunde hat keinen Rechtsanspruch, da die Mängelrüge bei einem offenen Mangel zu spät erfolgte (zweiseitiger Handelskauf).

1.7.2 Kulanzschreiben (Mail)
Bedauern ausdrücken
trotz verspäteter Rüge einen kulanten Lösungsvorschlag formulieren
z. B. Neulieferung anbieten, Preisnachlass gewähren
Schlussformulierung

2 Leistungserstellungsprozesse

2.1 Aufgaben, Ziele und Schnittstellen der Produktionswirtschaft

1. Hauptaufgabe: Fertigung bedarfsgerechter Produkte

   Teilaufgaben: Produktionsplanung, Produktionsdurchführung, Produktionskontrolle

2.
   - optimale Kapazitätsauslastung
   - maximale Produktivität/Wirtschaftlichkeit
   - Fertigungskostenminimierung
   - Durchlaufzeitenminimierung
   - Lagerkostenminimierung
   - humane Arbeitsbedingungen

3. Zielkonflikt 1: humane Arbeitsbedingungen – maximale Produktivität

   (humane Arbeitsbedingungen durch interessantere Arbeitsplatzgestaltung bedeutet möglicherweise geringere Produktivität)

   Zielkonflikt 2: Lagerkostenminimierung – Durchlaufzeitenminimierung

   (Lagerkostenminimierung durch möglichst geringe Lagerhaltung führt evtl. gelegentlich zu Lagerengpässen –> Durchlaufzeitenminimierung gefährdet)

4. Vgl. Stofftelegramm

5. Vom Absatzplan

2.2 Produktionsprogramm – Forschung und Entwicklung

1. Vgl. Stofftelegramm

2. a) Forschung: Systematische Suche nach neuem Wissen und neuen Erkenntnissen

   Entwicklung: Ingenieurwissenschaftliche Umsetzung der Forschungsergebnisse in Produkte und Verfahren

   b) Forschung: Grundlagenforschung und Angewandte Forschung (vgl. Stofftelegramm)

   Entwicklung: Neu- und Weiterentwicklung sowie Erprobung (vgl. Stofftelegramm)

3. Vgl. Stofftelegramm

2.3 Bedarfsarten und Bedarfsermittlung

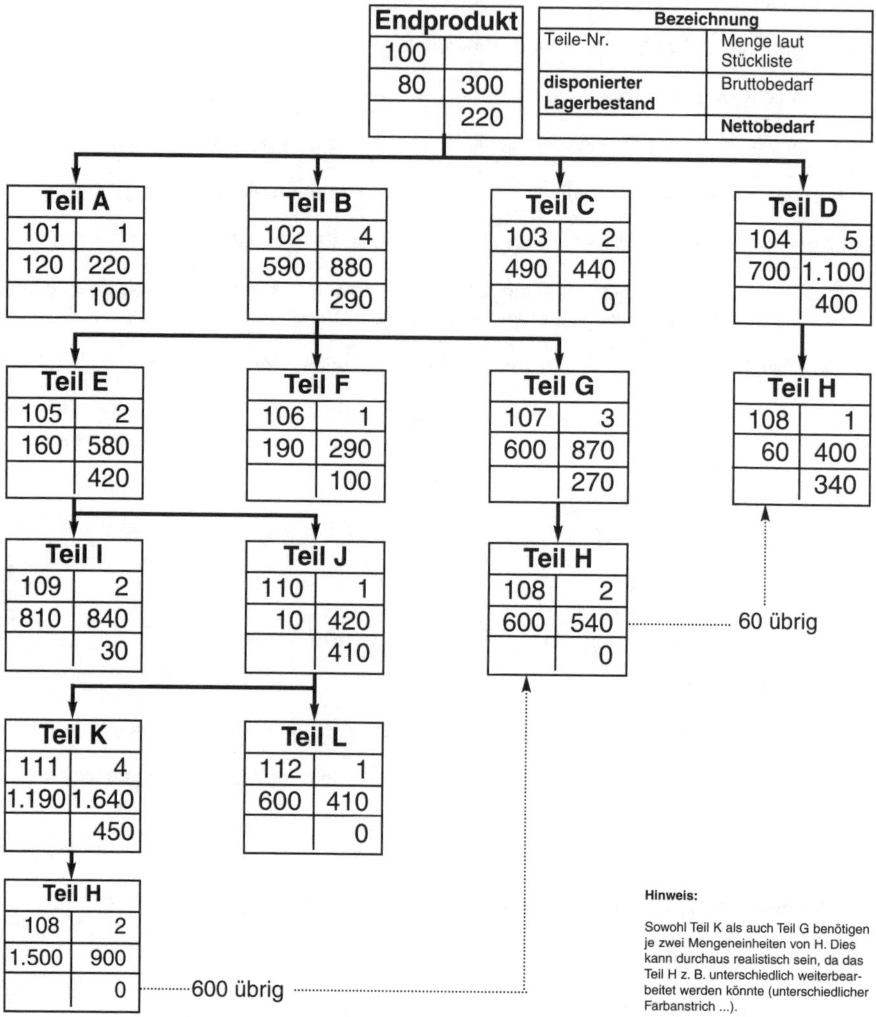

Hinweis:

Sowohl Teil K als auch Teil G benötigen je zwei Mengeneinheiten von H. Dies kann durchaus realistisch sein, da das Teil H z. B. unterschiedlich weiterbearbeitet werden könnte (unterschiedlicher Farbanstrich ...).

2.4 Produktion und Umwelt

1. • umweltfreundliche (recyclinggerechte) Materialauswahl

   • Schonung von Ressourcen und Energien

   • Vermeidung von Abfällen und Emissionen

   • umweltfreundliches Produzieren: Kreislaufwirtschaft statt Durchlaufwirtschaft; Beachtung gesetzlicher Regelungen

2. Kreislaufwirtschaft: Recycling („Wieder-in-Kreislauf-Bringen") = möglichst lückenlose Rückführung von Materialien, Abfällen usw. in den Produktions- und Verbrauchsprozess

   Durchlaufwirtschaft: „Wegwerfgesellschaft" (kein Recycling)

3. Vgl. Stofftelegramm

2.5 Qualitätsmanagement (QM)

1. Haltbarkeit, Ausstattung, Zuverlässigkeit, Ästhetik, Kundendienst, Normgerechtigkeit ...

2. bis 5. Vgl. Stofftelegramm

2.6 Abwicklung eines Kundenauftrags

1. Ablaufplanung (Arbeitsplan) – Bedarfsplanung

2. a) Ablaufplanung (Arbeitsplan): Reihenfolgeplanung, Transportplanung, Terminplanung

   b) Arbeitsplan: Was, wie, wo, womit, in welcher Zeit, durch wen fertigen?

   Bedeutung des Arbeitsplans: Grundlage für die gesamte Ablaufplanung

3. Bedarfsplanung: Betriebsmittel-, Material- und Personalplanung

4. Fertigungssteuerung: laufende Steuerung des Fertigungsprozesses

5. Vgl. Stofftelegramm

6. Laufkarte: Enthält alle Arbeitsoperationen in zeitlicher Reihenfolge; „läuft" mit Werkstück mit.

7./8. Vgl. Stofftelegramm

2.7 Fertigungsverfahren

1. a) Einzel-, Serien-, Massen-, Sorten-, Partie-, Chargen-, Kuppelproduktion

   b) Werkstätten-, Gruppen-, Reihen-, Fließ-, Baustellenfertigung

   c) Handarbeit, mechanisierte Produktion, Automation, flexible Fertigungssysteme

2. bis 7. Vgl. Stofftelegramm

8. a) Wenn die Anordnung der Betriebsmittel nach dem Arbeitsablauf nicht möglich ist, weil die Zahl der Erzeugnisse mit unterschiedlichem Fertigungsgang sehr groß ist.

   b) <u>Beschaffungsseite:</u> Wegen der Vielzahl der zu produzierenden unterschiedlichen Erzeugnisse sind vergleichsweise weniger Großeinkäufe möglich als z. B. bei Fließfertigung. Entsprechend fallen höhere Beschaffungskosten an.

   <u>Absatzseite:</u> Anpassungsfähigkeit an Nachfrageschwankungen und Modeänderungen, da i. d. R. Universalmaschinen einsetzbar sind. Bewegliches System; Kundenwünsche gut berücksichtigungsfähig; relativ hohe Preise; evtl. bessere Qualität

9. a) kostengünstiger

   b) absatzpolitischen

   c) Lagerkosten

   d) optimale Losgröße

10. a) Hinsichtlich Menge: Serienfertigung (gleiche Produkte werden in begrenzter Stückzahl hergestellt); Sortenfertigung (aus demselben Ausgangsmaterial werden auf einer Produktionsanlage Produkte mit nur geringen Unterschieden erstellt). Übergang zur Massenfertigung fließend

    Hinsichtlich Fertigungsorganisation: Reihenfertigung (Maschinen nach Reihenfolge der vorzunehmenden Arbeiten angeordnet; keine zeitliche Bindung, also keine Fließfertigung)

    b) Auflagefixe Kosten (= Rüstkosten) und Lagerkosten.

    c) Rüstkosten/Stück sinken, Lagerkosten/Stück steigen (entgegengerichtete Kostenarten).

11. a) Sortenfertigung

    b) Reihenfertigung mit zeitlicher Bindung

    c) Kurze Durchlaufzeiten (kostengünstig), keine Zwischenlagerkosten

    d) Werkstättenfertigung

2.8 Kosten und Beschäftigungsgrad – Produktionscontrolling

1. 60.000 Stück = 100,00 %
   50.000 Stück = **83,33 % Beschäftigungsgrad**

2./3. Vgl. Stofftelegramm

4. a)

Prod.-menge Stück	Fixkosten EUR	Variable Kosten EUR	Gesamt-kosten EUR	Stück-kosten EUR	Umsatz-erlöse EUR	Gewinn (Verlust) EUR
5	20.000,00	5.000,00	25.000,00	5.000,00	10.000,00	–15.000,00
10	20.000,00	10.000,00	30.000,00	3.000,00	20.000,00	–10.000,00
15	20.000,00	15.000,00	35.000,00	2.333,00	30.000,00	–5.000,00
20	20.000,00	20.000,00	40.000,00	2.000,00	40.000,00	0,00
25	20.000,00	25.000,00	45.000,00	1.800,00	50.000,00	+5.000,00
30	20.000,00	30.000,00	50.000,00	1.667,00	60.000,00	+10.000,00
35	20.000,00	35.000,00	55.000,00	1.571,00	70.000,00	+15.000,00
40	20.000,00	40.000,00	60.000,00	1.500,00	80.000,00	+20.000,00
45	20.000,00	45.000,00	65.000,00	1.444,00	90.000,00	+25.000,00
50	20.000,00	50.000,00	70.000,00	1.400,00	100.000,00	+30.000,00

   b) $p \cdot x = k_v \cdot x + K_f$ –> 2.000 x = 1.000 x + 20.000 –> **x = 20 Stück**
   c) 50 Stück (Kapazitätsgrenze)
   d) Stückkosten
   e) Vgl. analog Stofftelegramm

5. a) 12.000 Stück = 100 %
   7.200 Stück = **60 %**

   b) Gesamtgewinn = U – K = 6,2 · 12.000 – 60.000 = **14.400,00 EUR**
   Stückgewinn = 14.4000 : 12.000 = 1,20 EUR; Fixkosten = 60.000 : 5 = **12.000,00 EUR (1,00 EUR/St.)**
   Var. Kosten = 60.000 – 12.000 = **48.000,00 EUR;** Var. Stückkosten = 48.000 : 12.000 = **4,00 EUR**

   c) Gesamtgewinn = U – K = 6,2 · 9.000 – (12.000 + 4 · 9.000) = **7.800,00 EUR**
   Stückgewinn = 7.800 : 9.000 = **0,87 EUR**

   d) U = K 6,2 x = 12.000 + 4 x –> x = **5.455 Stück** (ca.)

   e) 6,2 x = 24.000 + 3 x –> x = **7.500 Stück**

6.

80 % von 800 Stück =	640 Stück	= 88.000,00 EUR	640 St. · 100,00 EUR =
90 % von 800 Stück =	720 Stück	= 96.000,00 EUR	64.000,00 EUR var. Kosten
Differenz	80 Stück	= 8.000,00 EUR	88.000,00 EUR Ges.kosten (640 St.)
Variable Stückkosten	1 Stück	= **100,00 EUR**	**24.000,00 EUR Fixkosten**

7. a) Kosten Verfahren I = Kosten Verfahren II
   200 x + 10.000 = 300 x + 8.000
   kritische Menge x = 20

   b) Bis zur Produktionsmenge von 20 Stück ist Verfahren II günstiger, danach Verfahren I.

2.9 Rationalisierung

1. Vgl. Stofftelegramm

2. Vorteile der Automation:
   - niedrige Stückkosten bei Vollbeschäftigung
   - Lohnkostenanteile an Gesamtkosten relativ gering
   - Qualitätsverbesserung durch Automatenarbeit
   - günstige Preise
   - Arbeitnehmer von gefährlichen Arbeiten u. Routinearbeiten befreit
   - Arbeitskräfte leicht anlernbar

   Nachteile der Automation:
   - wenig flexibel
   - hohe Fixkosten (Vollbeschäftigung notwendig)
   - krisenanfällig
   - evtl. Entlassungen durch Rationalisierung
   - geringe Erfolgserlebnisse der Arbeitnehmer ...

3. Wenn große Mengen gleichartiger Erzeugnisse hergestellt werden.

4. Vgl. Stofftelegramm

5. a) Genormte Einzelteile werden zu verschiedenen Typen zusammengesetzt.

   b) Kundenwünsche können besser berücksichtigt werden durch verschiedene Zusammensetzung der einzelnen Baugruppen.

6./7. Vgl. Stofftelegramm

8. Rechnergesteuerte Fabrik (CIM), Schlanke Fabrik („Lean Production")

9. bis 11. Vgl. Stofftelegramm

12. „Kaizen“ = kontinuierliches Verbessern der Prozesse im Unternehmen.

13. Vgl. Stofftelegramm

14. • Verkaufspreiserhöhung (Leistung steigt) bei konstanter Ausbringungsmenge und konstanten Kosten oder
    • sinkende Kosten bei Konstanz der Umsatzerlöse (Leistung)

15. a) Produktivität 1 = $\frac{50.000}{100.000} = 0{,}5$ Produktivität 2 = $\frac{70.000}{120.000} = 0{,}58$

    Wirt. 1 = $\frac{50.000 \cdot 300}{100.000 \cdot 2} = 75$ Wirt. 2 = $\frac{70.000 \cdot 300}{120.000 \cdot 3} = 58$

    b) Die Produktivität ist gestiegen = Verbesserung im Produktionsprozess. Die Wirtschaftlichkeit ist durch die Erhöhung der Rohstoffpreise gesunken = Verschlechterung.

16. Arb.prod. 1 = $\frac{2.000}{3.840} = 0{,}52$ Arb.prod. 2 = $\frac{2.400}{4.416} = 0{,}54$

    Die Verbesserung ist z. B. zurückzuführen auf schnelleres Arbeiten, besseres Wetter (falls Klimaeinfluss), besseres Betriebsklima ...

17. Vgl. Stofftelegramm

2.10 Prüfungsaufgaben

Prüfungsaufgaben Winter 2008/2009 (Aufgabe 1, teilweise)

1.1 Disponierbarer Lagerbestand = effektiver LB – Sicherheitsbestand – Reservierungen + Bestellbestand
Verfügbarer Lagerbestand = disponierbarer Lagerbestand – Bestellbestand

1.2 Siehe Lösungsvorschlag **Anlage**: Strukturbaum

1.3 Baukastenstückliste 4002

4006	Korkplatte	2 m^2
4007	Alurahmen	1 St

2.1 Siehe Lösungsvorschlag **Anlage**: Strukturbaum

2.2 Spätestens am Betriebskalendertag 214 müssen die 1.560 m Aluprofil bestellt werden.

3.1 Optimale Losgröße: Rüstkosten + Lagerkosten → minimal

3.2 mögliche Alternativen:

Alternative 1: Die Bedarfe werden jeweils zum benötigten Zeitpunkt gefertigt.
Alternative 2: Bündelung von Bedarf 1 und 2 zu einem Los, Bedarf 3 wird erst zum benötigten Zeitpunkt gefertigt.
Alternative 3: Bedarf 1 wird zum benötigten Zeitpunkt gefertigt, Bedarf 2 und 3 werden zu einem Los gebündelt.
Alternative 4: Alle drei Bedarfe werden zu einem Los gebündelt.

Lagerkosten: 54 % von 20,00 EUR = 10,80 EUR/Jahr → 0,03 EUR/Tag

	Bedarf 1	Bedarf 2	Bedarf 3	Summe
Alternative 1	Rüstkosten: 2.000,00 EUR	Rüstkosten: 2.000,00 EUR	Rüstkosten: 2.000,00 EUR	6.000,00 EUR
Alternative 2	Rüstkosten: 2.000,00 EUR	Lagerkosten: 1.500 St. · 30 Tage · 0,03 EUR/Tag = 1.350,00 EUR	Rüstkosten: 2.000,00 EUR	5.350,00 EUR
Alternative 3	Rüstkosten: 2.000,00 EUR	Rüstkosten: 2.000,00 EUR	Lagerkosten: 1.200 St. · 25 Tage · 0,03 EUR/Tag = 900,00 EUR	4.900,00 EUR
Alternative 4	Rüstkosten: 2.000,00 EUR	Lagerkosten: 1.500 St. · 30 Tage · 0,03 EUR/Tag = 1.350,00 EUR	Lagerkosten: 1.200 St. · 55 Tage · 0,03 EUR/Tag = 1.980,00 EUR	5.330,00 EUR

4.1 Bei einer Erhöhung der Produktion von 600 auf 800 Stück steigen die Kosten um 30.000,00 EUR.

Bei proportionalem Verlauf der variablen Kosten betragen die variablen Kosten je Stück 30.000 : 200 = 150,00 EUR.

4.2 Variable Kosten bei 600 Stück = 150 · 600 = 90.000,00 EUR
Fixe Gesamtkosten = 60.000,00 EUR (150.000,00 EUR – 90.000,00 EUR)

4.3 Umsatzerlöse = Gesamtkosten; 350x = 60.000 + 150x = 300 Stück

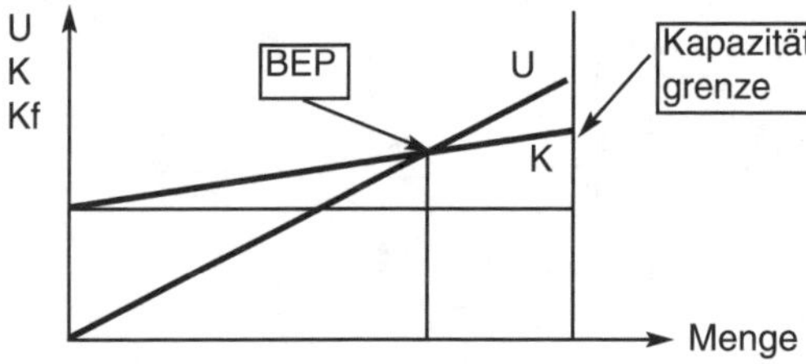

4.4 Beschäftigungsgrad 30 %

6.1 Arbeitsproduktivität: 0,3125 Stück/Stunde (1.000 Stück : 3.200 Std.)

Wirtschaftlichkeit: 1,25 (350.000 : 280.000)

Rentabilität: 9,33 % (70.000 · 100 : 750.000)

6.2 Individuelle Antworten, z. B.:

Produktivität:
- Optimierung der Arbeitsprozesse
- Reduzierung von Ausfallzeiten durch vorbeugende Instandhaltung

Wirtschaftlichkeit:
- Umsatzsteigerung durch Werbemaßnahmen
- Preiserhöhung
- Senkung der Ausschussquote

Rentabilität:
- sale and lease back
- Investitionen in energiesparende Technologien

Anlage

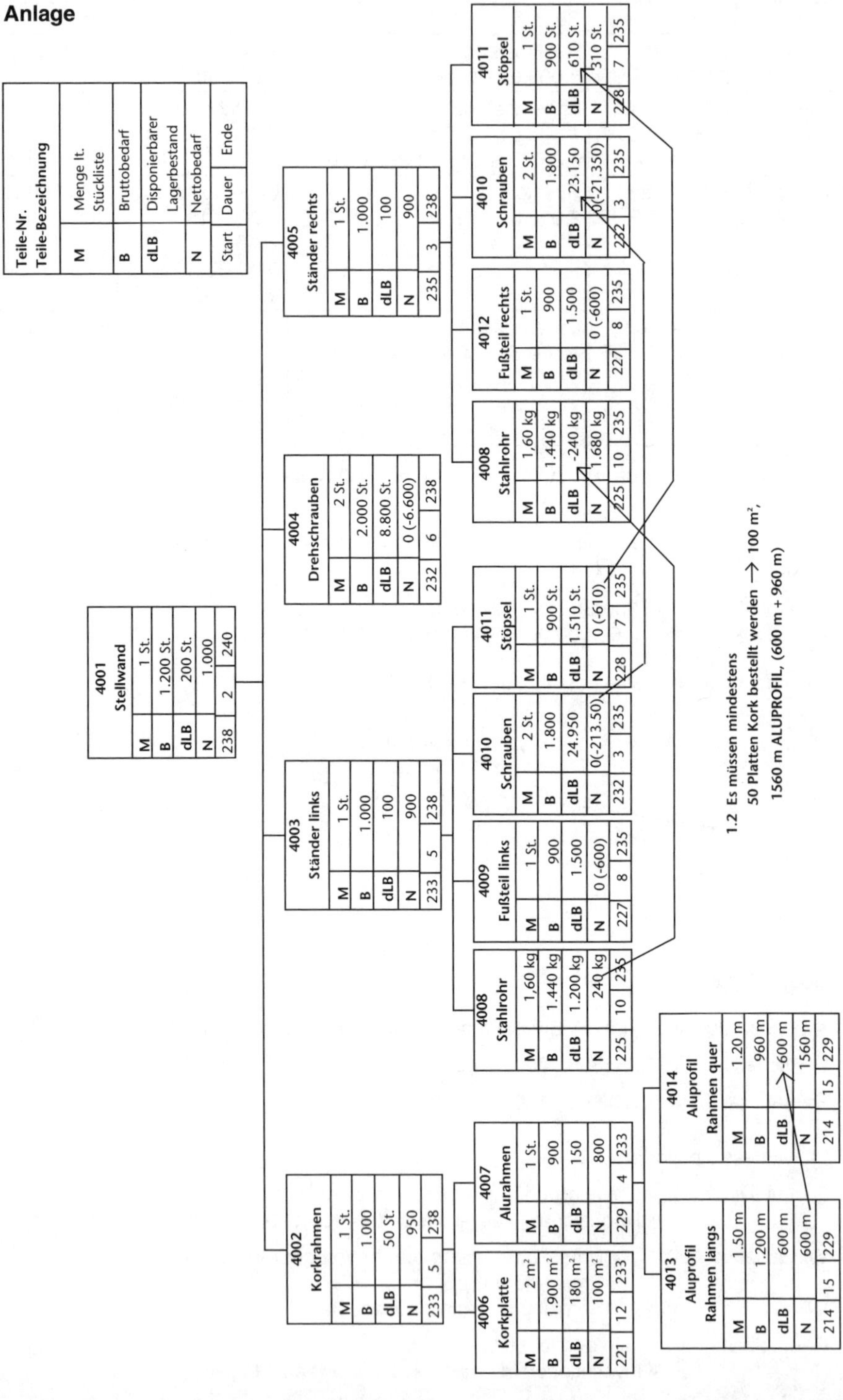

1.2 Es müssen mindestens
50 Platten Kork bestellt werden → 100 m²,
1560 m ALUPROFIL, (600 m + 960 m)

Prüfungsaufgaben Winter 2009/2010 (Aufgabe 2)

1.1 4 Baustufen

1.2 Eigenfertigung – Fremdbezug

Komponenten Fremdbezug (FB)
5007 Niete
5008 Flachstahl
5009 Granulat

Es liegen keine Arbeitspläne vor bzw. es liegen keine Baukästen für diese Komponenten vor.

1.3 Zu einem Baukasten gehören immer nur Komponenten der unmittelbar darunter liegenden Fertigungsstufe. Dieses Erzeugnis weist sieben Baukästen auf.

1.4 Strukturstückliste

Strukturstückliste: Büroschere aus Stahl 5000							
Baustufe				**Art.-Nr.**	**Komponentenbezeichnung**	**Menge/Einheit**
1				5001	Scherenteil links	1 Stück
	2			5005	Stanzteil links	1 Stück
		3		5008	Flachstahl	0,05 kg
	2			5003	Kunststoffgriff links	1 Stück
		3		5009	Granulat	0,02 kg
1				5002	Scherenteil rechts	1 Stück
	2			5006	Stanzteil rechts	1 Stück
		3		5008	Flachstahl	0,05 kg
	2			5004	Kunststoffgriff rechts	1 Stück
		3		5009	Granulat	0,02 kg
1				5007	Niete	1 Stück

1.5 Über die Strukturstückliste wird der gesamte Aufbau des Enderzeugnisses sichtbar. Zudem wird für jede Komponente die Fertigungsstufe ausgewiesen.

1.6 Bruttobedarf Büroschere 4.000 Stück
Nettobedarf Büroschere 3.500 Stück

Bruttobedarf Flachstahl 3.500 · 0,05 kg = 175 kg · 2 = 350 kg
Nettobedarf Flachstahl = 350 kg – 60 kg = 290 kg

Bruttobedarf Granulat 3.500 · 0,02 kg = 70 kg · 2 = 140 kg
Nettobedarf Granulat = 140 kg – 15 kg = 125 kg

Es müssen 290 kg Flachstahl und 125 kg Granulat bestellt werden.

1.7.1 Die Rüstzeit ist eine Vor- und Nachbearbeitungszeit für die Durchführung des Auftrags.
Bsp.: Zeichnung lesen, Heranholen von Werkzeugen und Materialien

1.7.2 Stanzteil links = 15 + (800 + 1.600 + 2.000) = 4.415 Min.
Stanzteil rechts = 15 + (800 + 1.600 + 2.000) = 4.415 Min.
Kunststoffgriff links = 10 + (2.000 + 2.000) = 4.010 Min.
Kunststoffgriff rechts = 10 + (2.000 + 2.000) = 4.010 Min.

Frühester Beginn Scherenteil links und rechts nach 4.415 Min.

Scherenteil links = 10 + 400 = 410 Min.
Scherenteil rechts = 10 + 400 + 400 = 810 Min.

Frühester Beginn Büroschere aus Stahl nach 5.635 Min.

Büroschere aus Stahl = 10 + 1.200 + 800 = 2.010 Min.
Fertigungszeit = 7.645 Min. = 7,96 Tage –> 8 BKT
Spätester Beginn am 212. Betriebskalendertag (220 – 8)

1.7.3 Grundlage für die Kalkulation (Arbeitszeiten, Maschinen- und Arbeitsplatzbelegung)
Grundlage für die Personaleinsatzplanung
Dokumentation für die Zertifizierung

2.1 Fixe Kosten bleiben gleich, unabhängig von der Ausbringungsmenge.
Beispiele: Abschreibung, Zinsen, Miete usw.
Variable Kosten verändern sich mit der Ausbringungsmenge.
Beispiele: Materialkosten, Akkordlöhne

2.2 Variable Kosten = 16.000 : 4.000 = 4,00 EUR
Fixe Kosten = 12.000,00 EUR (36.000,00 EUR – (6.000 Stück · 4,00 EUR))

Gewinnschwelle –> Umsatzerlöse = Gesamtkosten

$$6x = 4x + 12.000$$
$$x = 6.000 \text{ Stück}$$

Ab 6.001 Stück befindet sich das Produkt in der Gewinnzone.

2.3 Kapazitätsgrenze 12.000 Stück
12.000 · 6,00 EUR – 12.000 · 4,00 EUR – 12.000,00 EUR
72.000,00 – 60.000,00 = 12.000,00 EUR
Gewinn an der Kapazitätsgrenze 12.000,00 EUR (Alternative 14.800,00 EUR)

2.4

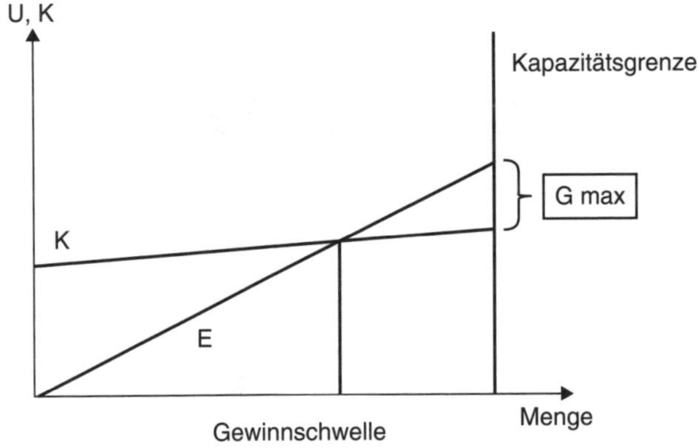

2.5

$$\text{Umsatzrentabilität} = \frac{\text{Gewinn} \cdot 100}{\text{Umsatzerlöse}}$$

$$5 = \frac{(6x - 4x - 12.000) \cdot 100}{6x}$$

30x = 600x – 400x – 1.200.000
1.200.000 = 170x
7.058,82 = x –> x = 7.059 Stück
(Alternativlösung: 6.666,66 Stück)

2.6 Der Preis sollte 4,00 EUR betragen, weil mindestens die variablen Stückkosten gedeckt sein müssen (kurzfristige Preisuntergrenze).

3.1 Kosten Eigenfertigung = Kosten Fremdbezug
12.000 + 4x = 5,80x –> x = 6.666,66

Bis zu einer Produktion von 6.666 Stück lohnt sich der Fremdbezug.

(Alternativlösung 6.363,63 Stück)

3.2 Qualität, Arbeitsplätze, Transportzeiten und -wege, Image, Zuverlässigkeit, Know-how, Abhängigkeit etc.

4 Schülerabhängige Antwort, Beispiele:

- Prozessoptimierung (z. B. Rüstzeiten, Losgrößen, Durchlaufzeiten etc.)
- Lean Production
- Lean Production
- Mitarbeiterqualifizierung

Prüfungsaufgaben Winter 2010/2011 (Aufgabe 2)

1 Baukastenstücklisten

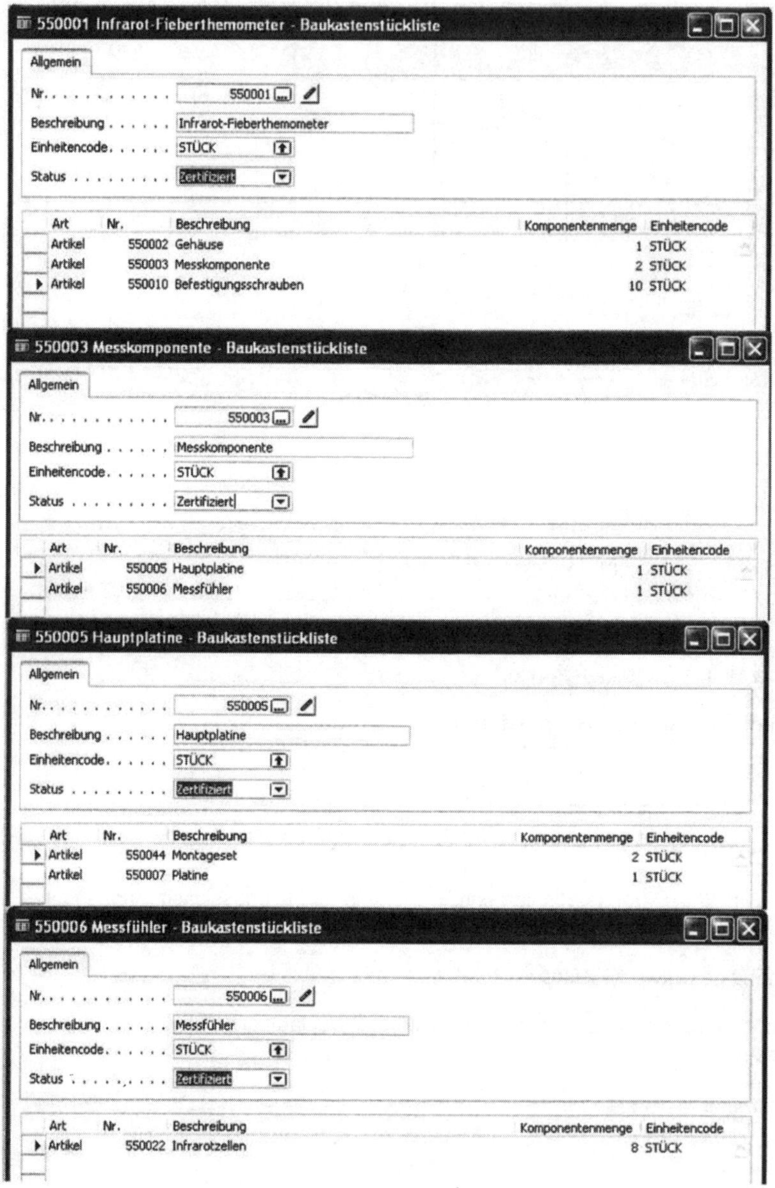

550001 Infrarot-Fieberthemometer - Baukastenstückliste

Allgemein

Nr. 550001
Beschreibung Infrarot-Fieberthemometer
Einheitencode STÜCK
Status Zertifiziert

Art	Nr.	Beschreibung	Komponentenmenge	Einheitencode
Artikel	550002	Gehäuse	1	STÜCK
Artikel	550003	Messkomponente	2	STÜCK
Artikel	550010	Befestigungsschrauben	10	STÜCK

550003 Messkomponente - Baukastenstückliste

Allgemein

Nr. 550003
Beschreibung Messkomponente
Einheitencode STÜCK
Status Zertifiziert

Art	Nr.	Beschreibung	Komponentenmenge	Einheitencode
Artikel	550005	Hauptplatine	1	STÜCK
Artikel	550006	Messfühler	1	STÜCK

550005 Hauptplatine - Baukastenstückliste

Allgemein

Nr. 550005
Beschreibung Hauptplatine
Einheitencode STÜCK
Status Zertifiziert

Art	Nr.	Beschreibung	Komponentenmenge	Einheitencode
Artikel	550044	Montageset	2	STÜCK
Artikel	550007	Platine	1	STÜCK

550006 Messfühler - Baukastenstückliste

Allgemein

Nr. 550006
Beschreibung Messfühler
Einheitencode STÜCK
Status Zertifiziert

Art	Nr.	Beschreibung	Komponentenmenge	Einheitencode
Artikel	550022	Infrarotzellen	8	STÜCK

2 Strukturstückliste

Zum 13.04.10
MACON GmbH I Produktion KI

Ebene	Nr.	Beschreibung	Menge/Einheit	Einheitencode	Totale Menge
Artikel: Nr.: 550001					
550001	Infrarot-Fieberthermometer				
1	550002	Gehäuse	1	STÜCK	1
1	550003	Messkomponente	2	STÜCK	2
2	550005	Hauptplatine	1	STÜCK	2
3	550044	Montageset	2	STÜCK	4
3	550007	Platine	1	STÜCK	2
2	550006	Messfühler	1	STÜCK	2
3	550022	Infrarotzellen	8	STÜCK	16
1	550010	Befestigungsschrauben	10	STÜCK	10

3 Bei Störungen im Beschaffungs- und Produktionsbereich wird ersichtlich, welche Baugruppe/Aufträge davon betroffen sind. Somit können Maßnahmen, wie z. B. Ersatzbeschaffung, eingeleitet werden.

4.1 Erzeugnisstruktur

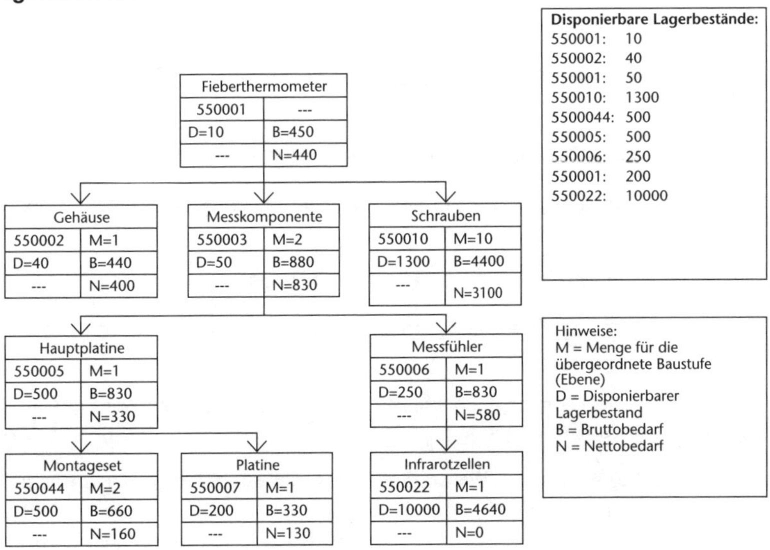

4.2 Gehäuse, Schrauben, Montageset, Platine

5.1 Raumkosten, Zinsbindungskosten, Versicherung, Personalkosten, Abschreibung

5.2

Auftragsmenge	Liefertermin	Tage	Lagerkosten/Stück	Lagerkosten
100	15.11.			
200	22.11.	7	0,09 EUR	126,00 EUR
150	06.12.	21	0,09 EUR	283,50 EUR
				409,50 EUR

		Rüstkosten	Lagerkosten	Gesamtkosten
drei getrennte Aufträge		750,00 EUR	0,00 EUR	750,00 EUR
alle drei Aufträge zusammen		250,00 EUR	409,50 EUR	659,50 EUR
Einsparung				90,50 EUR

5.3 Fertigstellung zum Liefertermin 15.11.2010

5.4

Rüstzeit	Stückzeit	x	Minuten
3	15	450	6.753
		Stunden	112,55
		Tage	14,06875
		Tage	14
		Stunden	1

6.1 Schülerindividuell, z. B.:

Unsere Ingenieure beantworten Fragen von Kunden oft sehr technisch und umständlich.

Verbesserungsvorschlag: Anwendungsschulung der Ingenieure, Seminar für Produktpräsentation

Gebrauchsanweisungen für die Geräte sind nicht präzise genug.

Verbesserungsvorschlag: größere Sorgfalt bei der Formulierung der Gebrauchsanweisung, Bebilderung, Testpersonen

Bei einigen Geräten wird bemängelt, dass die Messungen ungenau sind.

Verbesserungsvorschlag: Qualitätskontrolle intensivieren, hochwertigere Materialien verwenden

6.2 Vorteile: Prozessstabilisierung, Qualitätsbewusstsein der Mitarbeiter wird gestärkt, Erhöhung der Kundenzufriedenheit

Risiken: mangelnde Akzeptanz, Widerstände bei Einführung, ein positives Kosten-Nutzen-Verhältnis ist nicht gewährleistet.

7 Prozessoptimierung, Standardisierung der Produkte, Typisierung, Organisation nach dem Baukastensystem, Qualitätsverbesserung, Modernisierung des Maschinenparks etc.

Prüfungsaufgaben Winter 2011/2012 (Aufgabe 1)

1 Berechnung zur Gewinnsituation in 2010

Berechnung der variablen Stückkosten:

Materialkosten:	50,68 EUR
Lohnkosten:	144,30 EUR
Energiekosten:	3,25 EUR
Gesamt:	198,23 EUR

Berechnung der fixen Kosten:

Abschreibung: (5.000.000,00 EUR/8 Jahre)	625.000,00 EUR
Gehälter:	700.000,00 EUR
Mietkosten:	360.000,00 EUR
Energiekosten:	5.000,00 EUR
Kalk. Zinsen: (8.000.000,00 EUR/2 · 6 %)	240.000,00 EUR
Gesamt:	1.930.000,00 EUR

Kostenfunktion: K(x) = 198,23 EUR · x + 1.930.000,00 EUR

Umsatz (25.000 Stück) = 25.000 Stück · 277,00 EUR	6.925.000,00 EUR
Kosten (25.000 Stück) = 198,23 EUR · 25.000 Stück + 1.930.000,00 EUR	6.885.750,00 EUR
Gewinn 2010:	39.250,00 EUR

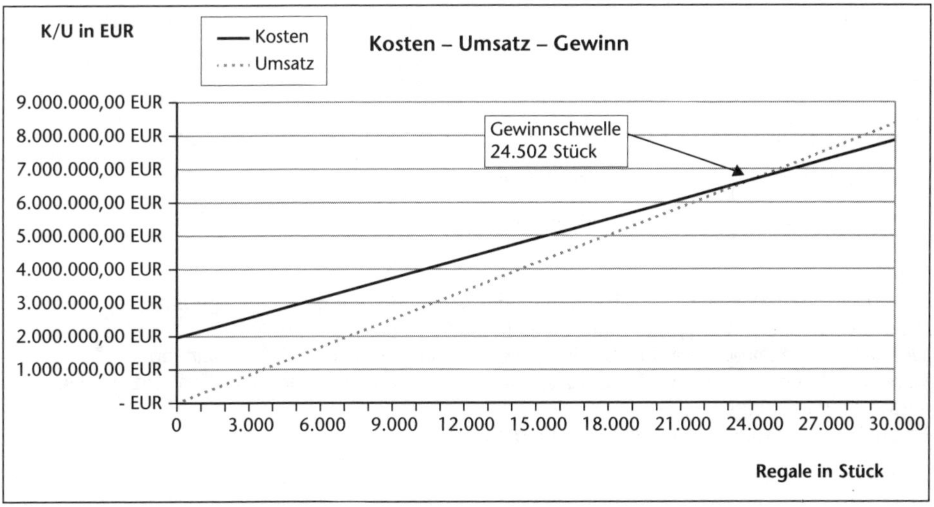

Gewinnschwelle in 2010: K(x) = U(x)
198,23 EUR · x + 1.930.000,00 EUR = 277,00 EUR · x
1.930.000,00 EUR = 78,77 · x
x = 24.502 Stück

Berechnungen zur Gewinnsituation in 2009

Regalabsatz in 2009: 25.000 Stück : 80 % = 31.250 Stück

Kostenfunktion in 2009: K(x) = 188,30 EUR · x + 1.890.000,00 EUR

Umsatz in 2009:	31.250 Stück · 265,00 EUR	= 8.281.250,00 EUR
Kosten in 2009:	188,30 EUR · 31.250 Stück + 1.890.000	= 7.774.375,00 EUR
Gewinn in 2009:		= 506.875,00 EUR

Vorstandsbericht: Analyse der Gewinnsituation der RÖKO Regalsysteme GmbH 2009/2010

Der Gewinn der RÖKO Regalsysteme GmbH ist im Jahr 2010 um 92,26 % von 506.875,00 EUR auf 39.250,00 EUR zurückgegangen. Der Rückgang ergab sich zum einen durch die rückläufige Nachfrage von –20 % im Vergleich zum Jahr 2009. Außerdem sind die fixen Kosten in 2010 um (1.930.000,00 EUR : 1.890.000,00 EUR · 100) 2,1 % und die variablen Kosten um 5,3 % (198,23 EUR : 188,30 EUR · 100) gestiegen. Daraus ergibt sich, dass das Unternehmen in 2010 nur knapp über die Gewinnschwelle von 24.502 Stück gekommen ist und ein weiterer Rückgang der Verkaufszahlen in 2011 zu einem Verlust führen wird.

2

	2009	2010
Eingabedaten		
Produzierte Stücke	31.250	25.000
Arbeitsstunden	140.000	120.000
Umsatz	8.281.250,00 EUR	6.925.000,00 EUR
Kosten	7.774.375,00 EUR	6.885.750,00 EUR
Gewinn	506.875,00 EUR	39.250,00 EUR
Gesamtkapital	8.000.000,00 EUR	8.000.000,00 EUR

Kennzahl	Berechnung	2009	2010
Arbeitsproduktivität	Produzierte Stück/Arbeitsstunden	0,22	0,21
Wirtschaftlichkeit	Umsatz/Kosten	1,07	1,01
Gesamtkapitalrentabilität	Gewinn/Gesamtkapital	6,34 %	0,49 %

Beurteilung:
Die Arbeitsproduktivität ist in 2010 im Vergleich zu 2009 um 4,5 % zurückgegangen.
Gleichzeitig hat sich die Wirtschaftlichkeit um 5,6 % reduziert.
Die Gesamtkapitalrentabilität ist um 92,27 % auf unakzeptable 0,49 % gesunken.
Insgesamt kann man feststellen, dass sämtliche Kennzahlen die negative Tendenz der Gewinnentwicklung bestätigen.
Es ergibt sich daraus dringender Handlungsbedarf.

3

	Chancen	Risiken
Herr Mey: Intensivierung der Werbung	Begrenzte Chancen, da es sich beim Kundenkreis um rational entscheidende Unternehmer handelt. Denkbar wäre der Einsatz von qualitativ hochwertigem Prospektmaterial, verstärkte Messeauftritte und Anzeigen in Fachzeitschriften.	Die Werbung führt nicht zu erhöhten Umsätzen. Durch die gestiegenen fixen Kosten rutscht das Unternehmen in die Verlustzone.
Frau Peters: Make or Buy	Reduzierung der Produktions- und Personalkosten, langfristige Senkung des Kapitaleinsatzes	Qualitätsverlust, Verlust an Know-how, negativer Einfluss auf Arbeitszufriedenheit, Abhängigkeit von Zulieferern
Herr Lang: Prozessoptimierung, Rationalisierungskonzepte	Durchlaufzeitoptimierung, Kosteneinsparung, Mitarbeitermotivation, Sicherung der Zukunftsfähigkeit des Unternehmens	Schulungsbedarf, Investitionsbedarf, Widerstände in der Belegschaft, langfristig angelegter Prozess: Effekte zeigen sich erst später.

Unser Unternehmen Röko-Regalsysteme GmbH hat im Jahr 2010 unter sinkenden Absatzzahlen bei gestiegenen Kosten (fix und variabel) zu leiden. Dadurch haben sich unsere Kennzahlen sehr negativ entwickelt. Diese Entwicklung wurde auch hervorgerufen durch den zusätzlichen Konkurrenten. Es war uns dadurch nicht möglich, die Preissteigerung von 12,00 EUR/Stück (265,00 EUR auf 277,00 EUR) am Markt durchzusetzen.
Die niedrige Auslastung führte auch zu erhöhten Arbeitskosten/Stück, sichtbar an der niedrigeren Wirtschaftlichkeit.
Um unsere Ziele Umsatzwachstum 4,6 %, Gesamtkapitalrentabilität 5,2 % und Wirtschaftlichkeit 1,12 in 2011 zu erreichen, schlage ich Ihnen folgende Maßnahmen vor:

⇒ Senkung des Verkaufspreises auf 259,00 EUR; dadurch sollen Umsatzanteile von der Konkurrenz zurückerobert werden.
⇒ Senkung der variablen Personalkosten durch bessere Auslastung des Personals; ggf. Bearbeitung der zusätzlichen Produktionsmenge über Zeitarbeit.
⇒ Prüfung des Vorschlags von Frau Peters zur Senkung der variablen und fixen Kosten.

Hinweis: weitere schülerindividuelle Antworten wie z. B. produktpolitische Maßnahmen sind möglich.

Prüfungsaufgaben Sommer 2013 (Aufgabe 2)

2.1

Baukastenstückliste	Artikelnummer: 25000	Bezeichnung: Barhocker	
Artikelnummer	Komponentenbezeichnung	Menge	Mengeneinheit
25001	Sitz	1	St.
25002	Befestigungselement	4	St.
25003	Stahlrohrgestell	1	St.
25004	Abdeckkappe	2	St.

Baukastenstückliste	Artikelnummer: 25003	Bezeichnung: Stahlrohrgestell	
Artikelnummer	Komponentenbezeichnung	Menge	Mengeneinheit
25010	Seitenkomponente	2	St.
25020	Längsverbindung	1	St.

Baukastenstückliste	Artikelnummer: 25010	Bezeichnung: Seitenkomponente	
Artikelnummer	Komponentenbezeichnung	Menge	Mengeneinheit
25011	Stahlrohr 80 cm	2	St.
25012	Stahlrohr 45 cm	2	St.
26013	Schrauben	4	St.

Baukastenstückliste	Artikelnummer: 25020	Bezeichnung: Längsverbindung	
Artikelnummer	Komponentenbezeichnung	Menge	Mengeneinheit
25012	Stahlrohr 45 cm	4	St.
26013	Schrauben	4	St.

2.2 Termingerechte Fertigung ist sinnvoll, da dadurch die Gesamtkosten um 156,50 EUR niedriger sind:

Menge	110 Stück	90 Stück	
Liefertermin	21.05.	17.06.	
Alternative 1	**Termingerechte Fertigung**		
Rüstkosten	100,00 EUR	100,00 EUR	
Lagerkosten			
Gesamtkosten			200,00 EUR
Alternative 2	**Komplette Fertigung zum 21.05.**		
Rüstkosten	100,00 EUR		
Lagerdauer		57 Tage	
Lagerkosten		256,50 EUR (90 St. · 75,00 EUR · 0,24/360 · 57)	
Gesamtkosten			356,50 EUR

2.3 Siehe **Anlage 1**

2.4 Der Starttermin für die am frühesten zu beschaffende Komponente liegt vor dem Datum des Auftragseingangs!
Der Auftrag ist nur annehmbar, wenn z. B. Beschaffungszeiten für die Stahlrohre um 2 Werktage verkürzt werden können und/oder die Fertigungszeiten durch Überstunden, Zusatzschichten o. Ä. verkürzt werden können.

2.5	2400 Forderungen LuL	90.023,50	an	5000	Umsatzerl. f. Erzeugnisse	75.650,00
				4800	USt	14.373,50

Der Lagerbestand und Menge im Auftrag sinken um die ausgelieferte Menge 1.000 St.

2.6	5001 Preisnachl. u. Rücks.	1.513,00	an	2400	Forderungen LuL	1.800,47
	4800 USt	287,47				

2.7 Bisher erzielten wir 31,25 EUR Gewinn je St.; eine Preissenkung auf 99,00 EUR führt aber zu einem Verlust, deshalb ist die wirtschaftliche Situation unbefriedigend.
Es wäre zu prüfen, ob der Deckungsbeitrag des Produkts größer oder gleich null ist.

Möglichkeiten der Kostenreduzierungen in den Bereichen:

Materialwirtschaft:
Günstigere Bezugsquellen suchen, Einkaufskonditionen neu verhandeln, Lagerkosten senken, indem die Mindestbestände gesenkt werden, Rahmenverträge abschließen ...

Produktion:
Ausschuss minimieren, Durchlaufzeiten verkürzen, Losgrößen optimieren, Energieeffizienzmaßnahmen ergreifen ...

Marketing:
Provisionssätze überprüfen bzw. senken, Werbekosten senken, günstigere Spediteure ermitteln ...

Personal:
Freiwillige Leistungen überprüfen, Personalfreisetzung, Personalleasing überprüfen ...

Argumente für unseren höheren Verkaufspreis:
bessere Produkt- und Materialqualität, längere Garantielaufzeit, passende Komplementärprodukte, Liefertreue, Nachkaufgarantie, persönliche Kundenbetreuung ...

Anlage 1

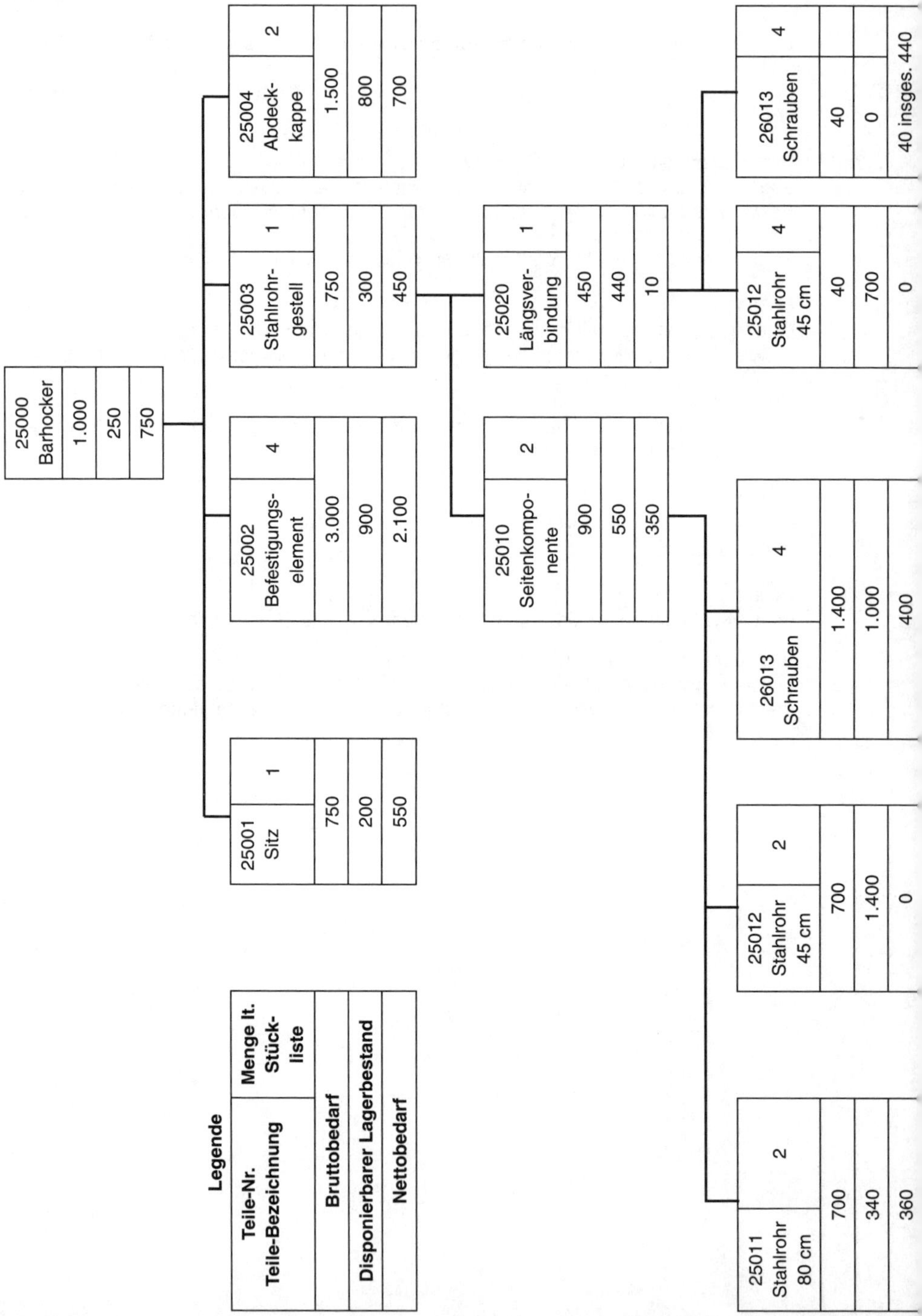
25000 Barhocker
1.000
250
750
25001 Sitz
1
750
200
550
25002 Befestigungs-element
4
3.000
900
2.100
25003 Stahlrohr-gestell
1
750
300
450
25004 Abdeck-kappe
2
1.500
800
700
25010 Seitenkompo-nente
2
900
550
350
25020 Längsver-bindung
1
450
440
10
25011 Stahlrohr 80 cm
2
700
340
360
25012 Stahlrohr 45 cm
2
700
1.400
0
26013 Schrauben
4
1.400
1.000
400
25012 Stahlrohr 45 cm
4
40
700
0
26013 Schrauben
4
40
0
40 insges. 440
Legende
Teile-Nr. Teile-Bezeichnung
Menge lt. Stück-liste
Bruttobedarf
Disponierbarer Lagerbestand
Nettobedarf

3 Beschaffungsprozesse

3.1 Aufgaben, Ziele und Schnittstellen der Beschaffung

–> Vgl. Stofftelegramm

3.2 Beschaffungsplanung

1. Mengen- und Zeitplanung

2. Bedarfsmenge: Von den Betriebsabteilungen angeforderte Materialmenge innerhalb einer bestimmten Periode

   Bestellmenge: Jeweils tatsächlich bestellte Menge

3. a) Entgegengerichtete Kostengrößen: Beschaffungs- und Lagerkosten

   Begründung: Hohe Bestellmengen bedeuten geringe Beschaffungskosten (hohe Mengenrabatte; geringere Bestellzahl je Periode, somit weniger Verwaltungsaufwand ...), jedoch hohe Lagerkosten (großes Lager notwendig, längere Lagerdauer ...) und umgekehrt.

   b) Optimale Bestellmenge: Summe aus Beschaffungs- und Lagerkosten erreicht ihr Minimum.

4. Meldebestand = tägl. Verbrauch · Lieferzeit + Eiserner Bestand

   a) $600 \cdot 8 + 5.000 = x$
   $x = 9.800$ Stück

   b) $12.000 = 600 \cdot 8 + x$
   $x = 7.200$ Stück

   c) $14.000 = x \cdot 8 + 6.000$
   $x = 1.000$ Stück

   d) $14.000 = 2.000\,x + 6.000$
   $x = 4$ Tage

5. 1. Vorratsbeschaffung: Bestellpunkt- und Bestellrhythmusverfahren

   2. Fertigungssynchrone Beschaffung

6. –7. Vgl. Stofftelegramm

3.3 ABC-Analyse

1. – 2. Vgl. Stofftelegramm

3. a)

Art. Nr.	Verbrauch/Jahr in EUR	% der Gesamtmenge einfach	kumuliert	% des ges. Verbr.wertes einfach	kumuliert	Gut? ABC
1	400.000,00	10	10	50	50	A
2	280.000,00	10	20	35	85	A
3	80.000,00	10	30	10	95	B
4	20.000,00	10	40	2,50	97,50	C
5	6.000,00	10	50	0,75	98,25	C
6	4.000,00	10	60	0,50	98,75	C
7	4.000,00	10	70	0,50	99,25	C
8	3.000,00	10	80	0,38	99,63	C
9	2.000,00	10	90	0,25	99,88	C
10	1.000,00	10	100	0,12	100	C

b) Artikel 1 und 2 (A-Güter), z. T. Artikel 3 (B-Gut); Begründung: vgl. Stofftelegramm

c) ... 20 % ... ... 85 % ...

3.4 Beschaffungsmarktforschung

Vgl. Stofftelegramm

3.5 Angebotsvergleich

1. Preis, Preisnachlässe, Liefer- und Zahlungsbedingungen, Qualität, Zuverlässigkeit, Kundendienst, Beratung, eventuelle Gegengeschäfte ...

2.

Entscheidungs-kriterien	Gewichtung %	Lieferer A		Lieferer B	
		Punkte	gewichtete Punkte	Punkte	gewichtete Punkte
Preis	30	3	90	3	90
Zuverlässigkeit	25	4	100	3	75
Kundendienst	15	5	75	3	45
Beratung	10	4	40	5	50
Insolvenzrisiko	20	2	40	5	100
Punktesumme	100		345		**360**

Lieferer B erhält den „Zuschlag“.

3.7 Zahlungsabwicklung

Vgl. Stofftelegramm

3.9 Lagerhaltung: Grundlagen – Lagerorganisation

1./2. Vgl. Stofftelegramm

3. Verrichtungsprinzip: Eine Abteilung ist nur für eine bestimmte Verrichtung verantwortlich.

   Objektprinzip: Eine Abteilung ist für ein bestimmtes Lagergut verantwortlich.

4. a) Zentrales Lager: Lagerung sämtlicher Vorräte an einem Ort

   Dezentrales Lager: Lager an verschiedenen Orten – möglichst nahe an Arbeitsplätzen

   b) Vorteile zentraler Lager:
   - übersichtlich
   - geringe Raum- u. Einrichtungskosten
   - einfachere Kontrolle

   Nachteile zentraler Lager:
   - längere Transportwege (Kosten!)
   - höheres Risiko, da alle Güter an einem Ort lagern

   Vor- und Nachteile dezentraler Lager: analog umgekehrt

5. a) Festplatzsystem: Jedes Lagergut hat einen festen Lagerplatz.
   Freiplatzsystem: Unterbringung des Lagergutes am jeweils freien Platz (chaotisch)

   b), c) Vgl. Stofftelegramm

6.
   - Anordnung der Arbeitsgänge im Lager zeitlich und räumlich derart, dass eine reibungslose Erledigung der Aufgaben möglich ist
   - Optimierung des Materialflusses in enger Vernetzung mit Produktion und Absatz

7. Ermittlung von Schwachstellen:
   - Aufdecken unnötiger Bearbeitungs- oder Wartezeiten
   - Erkennen langer Wegstrecken
   - Erkennen unnötiger Doppelarbeiten

3.10 Lagerkosten und Lagerkennziffern

1. Personalkosten, Raumkosten, Lagerzinsen, Lagereinrichtungskosten

2. Eigenlager: Lagerräume sind unser Eigentum.

   Fremdlager: Lagerräume sind fremdes Eigentum.

3. Der eiserne Bestand sollte immer auf Lager sein, damit bei unvorhergesehenen Problemen im Beschaffungsbereich eine reibungslose Produktion gesichert ist.

4. Meldebestand: Bestand, bei dessen Erreichen neu bestellt werden muss
Meldebestand = täglicher Verbrauch · Lieferzeit + Mindestbestand

5. Progressive Kostensteigerungen (Fremdlagermiete usw.)

6. Ursachen: Geringerer Lagerabgang (weniger Verkäufe) bei konstantem durchschnittlichem Lagerbestand oder gestiegener durchschnittl. Lagerbestand bei konstanten Lagerabgängen

Folgen: Steigender Kapitalbedarf (Kapital länger im Lager gebunden), steigende Lagerkosten, sinkende Wirtschaftlichkeit

7. a) Durchschnittl. Lagerbestand $= \frac{10.000 + 18.000}{2} = 14.000,00$

Umschlagshäufigkeit $= \frac{163.000}{14.000} = 11,64$

Durchschnittl. Lagerdauer $= \frac{360}{11,64} = 30,9$ Tage

Lagerzinssatz $= \frac{8 \cdot 30,9}{360} = 0,69\ \%$

b) Durchschnittl. Lagerbestand $= \frac{63.640 + 888.480}{13} = 73.240,00$

Umschlagshäufigkeit $= \frac{2.084.760}{73.240} = 28,46$

Durchschnittl. Lagerdauer $= \frac{360}{28,46} = 12,7$ Tage

Lagerzinssatz $= \frac{10 \cdot 12,7}{360} = 0,35\ \%$

c) Durchschnittl. Lagerbestand $= \frac{227.800}{5} = 45.560,00$

Umschlagshäufigkeit $= \frac{582.000}{45.560} = 12,77$

Durchschnittl. Lagerdauer $= \frac{360}{12,77} = 28,2$ Tage

Lagerzinssatz $= \frac{8 \cdot 28,2}{360} = 0,63\ \%$

8. a) Kurve I: Mindestbestand mehrmals unterschritten (riskant, da bei Beschaffungsproblemen Produktionsstillstand droht); in Phase 3 Rückgang Rohstoffverbrauch, Auffüllung weit vor Erreichen des Mindestbestands, Überschreitung Höchstbestand (progressive Kostensteigerungen); in Phase 4 Produktionsstillstand (Lieferprobleme, Stillstandskosten, äußerst problematisch)

Kurve II: Höchstbestand einmal überschritten (s. o.), Mindestbestand nie erreicht (Lagerkosten noch senkbar); insgesamt relativ stabilisierte, gute Lagerhaltung

b) Durchschnittl. Lagerbestand = 6,5 Mio. EUR; UH = 78 : 6,5 = 12 Mal

Durchschnittl. Lagerdauer = 360 : 12 = 30 Tage

c) 12 < 15: Ungünstig im Vergleich zur Konkurrenz; Kapitaleinsatz und Lagerkosten relativ höher, Gewinn relativ niedriger

9. Die durchschnittl. Lagerdauer gibt an, wie viele Tage ein Gut im Durchschnitt gelagert wird.

10. a) Steigende durchschnittl. Lagerdauer bedeutet steigenden Lagerzinssatz (vgl. Formeln).

b) Steigende Umschlagshäufigk. -> durchschnittl. Lagerdauer sinkt -> Lagerzinssatz sinkt

11. Durchschnittl. LB sinkt -> UH steigt -> durchschnittl. LD sinkt -> Lagerzinssatz sinkt

12. a) Steigender Zinssatz, höhere Lagerdauer, höhere Lagerbestände

b) Durchschnittl. Lagerbestand $= \frac{216.800 + 198.600}{2} = 207.700,00$

Umschlagshäufigkeit $= \frac{1.661.600}{207.700} = 8$

Durchschnittl. Lagerdauer $= \frac{360}{8} = 45$ Tage

Lagerzinssatz $= \frac{16 \cdot 45}{360} = 2\,\%$

Zinsen = 2 % von 207.700,00 = 4.154,00 EUR

3.12 Prüfungsaufgaben

Prüfungsaufgaben Sommer 2009 (Aufgabe 1)

1.1.1

Materialarten	Verbrauchsmengen	Einstandspreis je Stück in EUR	Verbrauchswerte in EUR	Rang d. Materials nach Verbrauchswerten
Nachführung	100	11.680,00	1.168.000,00	4
Generator	100	39.550,00	3.955.000,00	2
Welle	100	2.750,00	275.000,00	7
Windmessinstrument	100	4.750,00	475.000,00	6
Rotorblatt	300	24.900,00	7.470.000,00	1
Getriebe	100	15.199,00	1.519.900,00	3
Bremse	200	4.617,50	923.500,00	5
Schraube M30x200	5.000	3,50	17.500,00	9
Schraube M10x100	20.000	1,30	26.000,00	8
	26.000		15.829.900,00	

Materialarten nach dem Rang ihrer Verbrauchswerte	Verbrauchswerte in %	Verbrauchswerte kum. in %	ABC-Gut
Rotorblatt	47,2	47,2	A
Generator	25,0	72,2	A
Getriebe	9,6	81,8	B
Nachführung	7,4	89,2	B
Bremse	5,8	95,0	B
Windmessinstrument	3,0	98,0	C
Welle	1,7	99,7	C
Schraube M10x100	0,2	99,9	C
Schraube M30x200	0,1	100,0	C

1.1.2 Einteilung der Materialarten in Gruppen nach ihrem Anteil am Gesamtwert aller Beschaffungsgüter

Konzentration von teuren Kontroll- und Planungsmaßnahmen im Beschaffungsbereich auf Materialarten mit hohem Anteil am Gesamtwert aller Beschaffungsgüter

Generator: A-Gut, deshalb u. a. Einzelbeschaffung, Just-in-time, Begründung: u. a. Lagerhaltung entfällt –> keine Lagerkosten, geringere Kapitalbindung

Welle: C-Gut, deshalb u. a. einmalige Beschaffung des Jahresbedarfs, Begründung: Entstehende Lagerkosten sind vernachlässigbar, da nur geringer Wert

1.2.1

	Wiemer KG	**Hauser GmbH**	**Frehle GmbH**
Listeneinkaufspreis	705.600,00 EUR	720.000,00 EUR	690.000,00 EUR
– Liefererrabatt	0,00 EUR	21.600,00 EUR	0,00 EUR
= Zieleinkaufspreis	705.600,00 EUR	698.400,00 EUR	690.000,00 EUR
– Liefererskonto	14.112,00 EUR	13.968,00 EUR	0,00 EUR
= Bareinkaufspreis	691.488,00 EUR	684.432,00 EUR	690.000,00 EUR
+ Bezugskosten	3.000,00 EUR	0,00 EUR	6.000,00 EUR
= Bezugspreis	694.488,00 EUR	684.432,00 EUR	696.000,00 EUR
= Bezugspreis pro Stück	23.149,60 EUR	**22.814,40 EUR**	23.200,00 EUR

Lösung: Hauser GmbH

1.2.2

Kriterien	Gewichtung	Wiemer KG		Hauser GmbH		Frehle GmbH	
		Punkte	Punkte gewichtet	Punkte	Punkte gewichtet	Punkte	Punkte gewichtet
Preis	40	4	160	5	200	3	120
Lieferzuverlässigkeit	20	4	80	1	20	5	100
Qualität	30	1	30	4	120	5	150
Techn. Beratung	10	5	50	1	10	4	40
Summe	100	–	320	–	350	–	**410**

Lösung: z. B. Frehle GmbH; schülerindividuelle Lösung (abhängig von der Gewichtung)

1.2.3
- Angebot schriftlich = Antrag
- Schriftliche Bestellung erfolgte nicht rechtzeitig, daher neuer Antrag
- Kaufvertrag kommt mit der Auftragsbestätigung bzw. Lieferung (= Annahme) zustande

1.3.1 Der neue Lieferant befindet sich im Verzug, da Fälligkeit und Verschulden gegeben sind. Eine Mahnung ist nicht erforderlich, da der Liefertermin kalendermäßig bestimmt ist.

1.3.2 Ohne Nachfristsetzung:

- Lieferung der Rotorblätter verlangen und eventuellen Verzögerungsschaden geltend machen

- Rücktritt vom Vertrag (Nachfristsetzung entfällt bei Terminkauf)

Mit Nachfristsetzung:

- Schadenersatz statt der Leistung bzw. Ersatz vergeblicher Aufwendungen §§ 280, 281, 323 BGB

1.3.3
- auf Lieferung der Rotorblätter bestehen, wenn der Lieferant weiterhin für die Windtec GmbH als Lieferant infrage kommt
- Rücktritt vom Vertrag, wenn künftig nicht mehr bei diesem Lieferanten bestellt werden soll
- Nachfrist setzen und Schadenersatz statt Leistung verlangen (höherer Einkaufspreis), wenn zukünftig nicht mehr bei diesem Lieferanten bestellt werden soll

1.4.1 Durchschnittlicher Lagerbestand:

$$\frac{50 + 4 + 16 + 56 + 14}{5} = 28 \text{ Stück}$$

Lagerumschlagshäufigkeit:
Wareneinsatz = 10 + 30 + 24 + 30 + 8 + 40 + 40 + 16 + 36 + 20 = 254 Stück

$$\text{Lagerumschlagshäufigkeit} = \frac{254}{28} = 9 \text{ Mal}$$

durchschnittliche Lagerdauer: 360 : 9 = 40 Tage

1.4.2 Durchschnittlich gebundenes Kapital: 28 Stück · 15.199,00 EUR = 425.572,00 EUR

1.4.3 Umschlagshäufigkeit = Wareneinsatz/durchschnittlicher Lagerbestand
11 = 254 : x –> x = 23,091 durchschnittlicher Lagerbestand

durchschnittlicher LB · P		= Kapitaleinsatz · Lagerzinssatz	= Lagerzinsen
Ist	28 · 15.199,00	= 425.572,00 · 0,07	= 29.790,04
Branche	23 · 15.199,00	= 349.577,00 · 0,07	= 24.470,39
		Kosteneinsparung	= 5.319,65

1.5.1	2000 Fremdbauteile	977.312,50	an	4400	Verbindl.	1.168.951,88
	2001 Bezugskosten	5.000,00				
	2600 Vorsteuer	186.639,38				
1.5.2	4400 Verbindl.	1.168.951,88	an	2800	Bank	1.145.572,84
				2300	Liefererskonto	19.646,25
				1600	Vorsteuer	3.732,79

Prüfungsaufgaben Sommer 2010 (Aufgabe 1, teilweise)

1.1

Für Auftrag benötigte Menge	1.370 Stück
– disponierbarer Bestand laut Artikelkarte	660 Stück
= Nettobedarf	710 Stück

1.2 Die Bestellung wirkt sich im Feld „Menge in Auftrag“ aus (Erhöhung um 1.370 Stück).

1.3.1 Bestellpunkt = Menge, bei der bestellt werden muss, damit die Lieferung bei Erreichen des Mindestbestands eintrifft.

1.3.2 Vorteil: genaue Steuerung des Lagerbestandes

Nachteil: laufende Bestandserfassung erforderlich

5.1
- Festplatzsystem: fester Lagerplatz für jeden Artikel
- Freiplatzsystem: Einlagerung auf dem nächstgelegenen freien Platz, ein Artikel kann auf verschiedene Lagerstellen verteilt sein; chaotisches Lager

5.2 Effektivere Auslastung vorhandener Lagerkapazitäten

5.3
- Vollständige elektronische Erfassung der Lagerorte
- EDV-gestützte Ein- und Auslagerung

6.1

	Modell 1		Modell 2
Grundmiete		5.740,00 EUR	
Lagerbelegung	(4.000 m^3 – 300 m^3) · 1,80 EUR =	6.660,00 EUR	4.000 m^3 · 3,10 EUR = 12.400,00 EUR
Gesamt		12.400,00 EUR	12.400,00 EUR

Bei 4.000 m^3 sind beide Modelle gleich teuer. Modell 2 wäre kostengünstiger, wenn dieses Lagervolumen unterschritten wird.

6.2

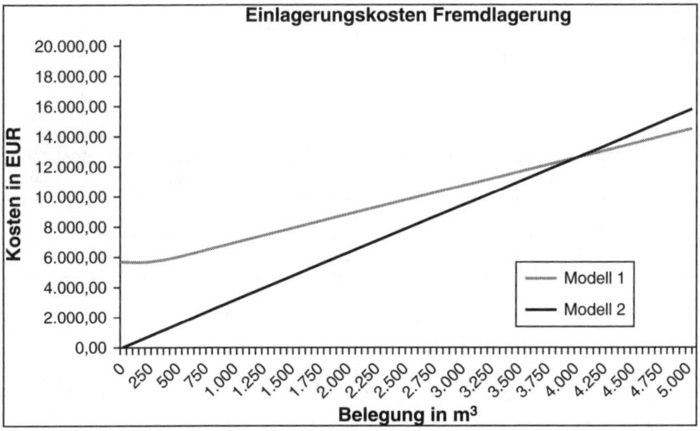

6.3.1
- geringere Liefersicherheit
- Verlust von Mengenrabatten

6.3.2 • geringerer Sicherheitsbestand
• geringere Bestellmenge

Prüfungsaufgaben Winter 2011/2012 (Aufgabe 2)

1 Interne Quellen: Lieferantendatei im System, Kundendatei im System, Informationen vom Außendienst ...

Externe Quellen: Internet, Wer liefert was?, Messen, Zeitschriften, Verzeichnisse der Kammern ...

2 Abnahme 60 Stück/720 jährlich

	Fobis	Sweden	Litec
Stückpreis	960,00	1.010,00	940,00
Rabatt	ab 55 → 10 %	ab 50 → 8 %	–
Transport/Verp.	5,00/Stück	23,50/Stück	–
Zahlung	3 %/7 Tage	2 %/10 Tage	3 %/10 Tage
Stückpreis	960,00	1.010,00	940,00
– Liefererrabatt	96,00	80,80	–
Zieleinkaufspreis	864,00	929,20	–
– Liefererskonto	25,92	18,58	28,20
Bareinkaufspreis	838,08	910,62	911,80
+ Bezugskosten	5,00	23,50	–
Bezugspreis/Einstandspreis	843,08	934,12	911,80

3 Entscheidungsbewertungstabelle

		FOBIS KG		Sweden AB		LITEC Computer GmbH	
Entscheidungskriterien	Gewichtung	Punkte	Gew. Punkte	Punkte	Gew. Punkte	Punkte	Gew. Punkte
Schülerabhängige Antwort							
Summen							

Mögliche Kriterien:
Lieferzeit, Einhaltung der Lieferzeit, Produktqualität, Reklamationen, Standort, Bekanntheitsgrad, Umweltschutz, Bestellabwicklung

Sinnvolle, begründete Punktevergabe und Gewichtung für vier Kriterien
Begründete Entscheidung verbal darlegen

4 Artikel ABC-Analyse
HaRo GmbH
Einkauf

Artikel Nr.	Ein-stands-preis	Verbrauch/ Jahr in EUR	% des gesamten Verbrauchswertes (Auf eine Kommastelle runden)	Artikel Nr. sortiert	% des gesamten Verbrauchswer-tes kumuliert	A/B/C
221001	7,50	1.875,00	12,9	221008	47,5	A
221002	9,50	950,00	6,5	221021	65,3	A
221008	27,75	6.937,50	47,5	221001	78,2	A
221014	2,10	630,00	4,3	221002	84,7	B
221016	2,98	745,00	5,1	221016	89,8	B
221021	12,95	2.590,00	17,8	221014	94,1	C
221023	1,00	250,00	1,7	221028	97,5	C
221028	2,45	490,00	3,4	221023	99,2	C
221029	0,45	112,50	0,8	221029	100,0	C
		14.580,00	100,0			

5 Um Kosten in der Beschaffung zu minimieren.
Es könnte ein Einsparungspotenzial bei A-Gütern bestehen.
Bei B-Gütern und vor allem bei C-Gütern könnten Verwaltungskosten eingespart werden.

Maßnahmen:
Beschaffungspolitik auf A-Güter konzentrieren, d. h., günstige Preise, Lieferungs- und Zahlungsbedingungen verhandeln, Lagerbestand minimieren, z. B. durch Just-in-time-Anlieferung der Lieferanten, bedarfsgesteuerte Materialdisposition, z. B. Kauf auf Abruf, optimierte Termin-, Qualitäts-, Rechnungs-, Bestands- und Verbrauchsprozesse und die Kontrolle dieser.

Bei B-Gütern und vor allem bei C-Gütern Anzahl der Beschaffungsvorgänge minimieren, großzügige Lagerhaltung, keine aufwendigen Prozesse und Kontrollen, Abwälzung der Dispositionsaufgaben auf die Lieferanten.

6

Bestellmengen in Stück	Anzahl der Bestellungen	Bestellkosten in EUR	Durchschn. L.bestand in Stück	Durchschn. L.bestand in EUR	Lager-kosten in EUR	Gesamtkos-ten in EUR
200	24	4.800,00	100	3.000,00	525,00	5.325,00
400	12	2.400,00	200	6.000,00	1050,00	3.450,00
600	**8**	**1.600,00**	**300**	**9.000,00**	**1.575,00**	**3.175,00**
800	6	1.200,00	400	12.000,00	2.100,00	3.300,00
1.000	4,8	960,00	500	15.000,00	2.625,00	3.585,00
	4.800	200,00		30,00	17,50 %	

Die Optimale Bestellmenge liegt im Minimum der Gesamtkostenkurve (Bestellkosten + Lagerkosten) = Bestellmenge pro Bestellung 600 Stk. und 8 Bestellvorgänge pro Jahr.

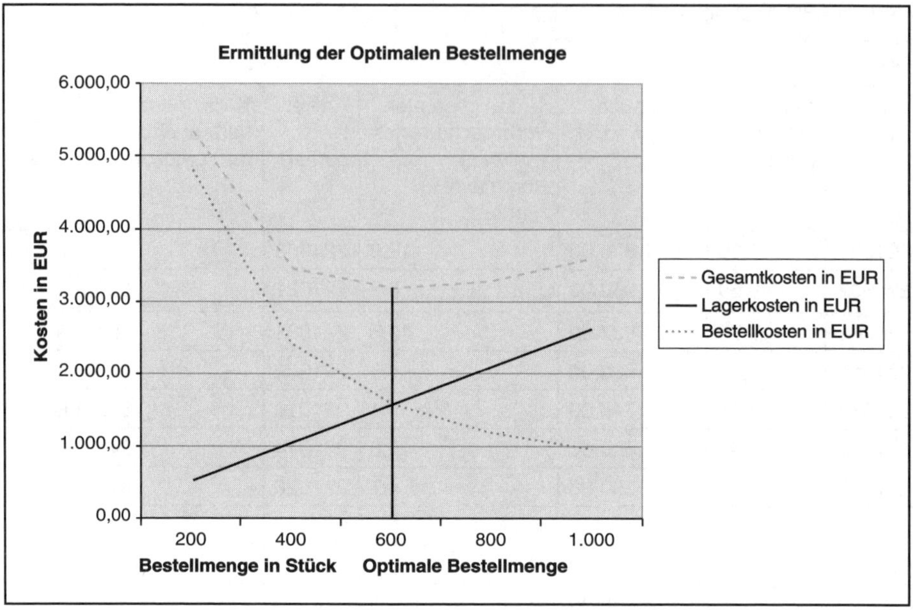

7

Bestellkosten pro Bestellung	200,00 EUR		
Anzahl der Bestellungen	24		
Bestellkosten		4.800,00 EUR	
Stückpreis in EUR	30,00 EUR		
Bestellmenge	200		
Durchschnittlicher LB in Stück	100		
Durchschnittlicher LB in EUR	3.000,00 EUR		
Lagerhaltungskostensatz	17,50 %		
Lagerhaltungskosten in EUR		525,00 EUR	
Gesamtkosten altes Verfahren			5.325,00 EUR
Gesamtkosten neues Verfahren			3.175,00 EUR
Ersparnis			2.150,00 EUR

8 Durchschnittlicher Lagerbestand

Durchschnittlicher LB in Stück = AB + 12 Monatsendbestände : 13
Durchschnittlicher LB in Stück = 1.200 + 20.700 : 13
Durchschnittlicher LB in Stück = 1.685
Durchschnittlicher LB in EUR = Durchschnittlicher LB in Stück · Stückpreis
Durchschnittlicher LB in EUR = 1.685 · 30,00 EUR pro Stück
Durchschnittlicher LB in EUR = 50.538,46

Lagerumschlagshäufigkeit
= Lagerabgang (Verbrauch zu Einstandspreisen) : Durchschnittlicher LB zu Einstandspreisen
= 4.800 Stück · 30,00 EUR : 50.538,46
= 2,85

durchschnittliche Lagerdauer (auf volle Tage aufrunden)

= betrachtete Zeitperiode (z. B. 360 Tage) : Lagerumschlagshäufigkeit
= 360 : 2,85
= 127 Tage

Prüfungsaufgaben Sommer 2012 (Aufgabe 2)

1.1 Es könnte ein Kaufvertrag zustande gekommen sein, und zwar durch die Bestellung vom 13.04. und die rechtzeitige Auftragsbestätigung durch den Lieferanten vom 14.04. Bedingung ist jedoch, dass die Auftragsbestätigung auch inhaltlich mit der Bestellung übereinstimmt. Zuvor ist definitiv noch kein Kaufvertrag entstanden, da bei der Bestellung vom 13.04. die Bindungsfrist an das Angebot vom 03.04. bereits überschritten war. Ein Angebot ist nur solange gültig, wie unter regelmäßigen Umständen mit Antwort zu rechnen ist (§ 147 Abs. 2 BGB). Dies ist nach 10 Tagen per Fax nicht mehr der Fall.

1.2.1 a) Prüfung der angelieferten Sendung
- Stimmt Adresse?
- Stimmt die Anzahl der Frachtstücke?
- Liegen Beschädigungen der äußeren Verpackung vor?

b) Prüfung des Sendungsinhaltes anhand von Lieferschein und Bestelldurchschlag
- Stimmt die Menge?
- Ist der Liefertermin korrekt?
- Wurde der richtige Artikel geliefert?
- Stimmt die Güte (Qualität) der Ware?

c) mengenmäßige Erfassung des Wareneingangs

1.2.2 Siehe **Anlage 1**

1.2.3 Vorschläge:
- Konventionalstrafe mit Lieferant vereinbaren, wonach dieser bei Qualitätsmängeln und/oder Lieferverzug eine Vertragsstrafe bezahlen muss.
- Nur qualitätszertifizierte Lieferanten auswählen.

1.3.1 Die Menge in Bestellung (30.000 m) erhöht den tatsächlichen LB auf 50.000 m. Die neue Menge in Bestellung wird mit 0 ausgewiesen.

Disponierbarer Lagerbestand:	
tatsächlicher Lagerbestand	50.000 m
+ Bestellbestand	0 m
– reservierter Bestand	10.000 m
– Sicherheitsbestand	10.000 m
= disponierbarer Lagerbestand	= 30.000 m

Verfügbarer Lagerbestand	
tatsächlicher Lagerbestand	50.000 m
– Sicherheitsbestand	10.000 m
= verfügbarer Lagerbestand	= 40.000 m

1.3.2 Buchungssatz (verbrauchsorientiert)

6000	Aufw. für Rohstoffe	34.200,00	an	44001	Kreditor Aluwerk KA	43.673,00
6001	Bezugskosten	2.500,00			Verbindl. aLL	
2600	Vorsteuer	6.973,00				

1.3.3 Buchungssatz

44001	Kreditor Aluwerk KA	43.673,00	an	2800	Bank	42.799,54
	Verbindl. aLL			6003	Liefererskonti	734,00
				2600	Vorsteuer	139,46

1.3.4 Einzugsermächtigungsverfahren:
Der Zahlungspflichtige erteilt dem Zahlungsempfänger eine schriftliche Einzugsermächtigung. Beim Vorliegen einer Rechnung veranlasst der Zahlungsempfänger über seine Bank eine entsprechende Abbuchung vom Konto des Zahlungspflichtigen auf sein eigenes Konto. Ein Widerruf der Abbuchung ist binnen 6 Wochen möglich, bei unberechtigten Belastungen sogar ohne zeitliche Befristung.

Abbuchungsverfahren:
Der Zahlungspflichtige gibt seiner Bank einen Abbuchungsauftrag und informiert den Zahlungsempfänger darüber. Weiterer Ablauf wie beim Einzugsermächtigungsverfahren. Ein Widerruf einer ordnungsgemäßen Abbuchung ist nicht möglich, selbst wenn es sich um eine unberechtigte Belastung handelt.

Entscheidung und Begründung:
Obwohl eine Teilnahme am Lastschriftverfahren auch Vorteile mit sich bringt, z. B. muss man nicht an die rechtzeitige Überweisung denken, ist es hier nicht ratsam, dem Wunsch des Lieferanten zuzustimmen. Wie der Fall zeigt, könnte es zu einer mangelhaften Lieferung kommen, sodass man dem Lieferanten nicht automatisch den Rechnungsbetrag zukommen lassen sollte.
Wenn überhaupt, dann käme nur das Einzugsermächtigungsverfahren in Frage, da dies dem Zahler die Sicherheit gibt, Zahlungen widerrufen zu können.

1.4 Reduktion der Lagerbestände (Sicherheitsbestand, Bestellverfahren, optimale Bestellmenge) führt zu einer Senkung der Kapitalbindungskosten.
Über eine geänderte Lagerorganisation (Lagerflächen, Lagerorte, Transportwege) können Raum- und Personalkosten eingespart werden.
Ein- und Auslagerungsprozesse können über eine chaotische Lagerhaltung effizienter gestaltet werden.

1.5.1 Täglicher Verbrauch · Beschaffungszeit + Sicherheitsbestand = MB
1.000 m · 20 Tage = 20.000 m + 10.000 m = 30.000 m
Der MB gibt an, wann eine Bestellung zu veranlassen ist, damit die Ware rechtzeitig eintrifft, ohne den Sicherheitsbestand angreifen zu müssen.

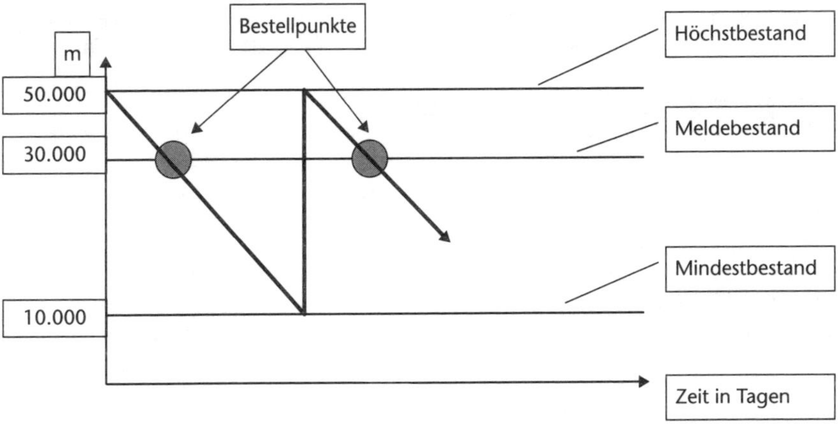

1.5.2 Die Optimale Bestellmenge berechnet das Minimum der Gesamtkosten pro Einheit, die sich aus den Bestellkosten (Bestellhäufigkeit · Bestellkosten) und den Lagerhaltungskosten (durchschnittlicher Lagerbestand · EP · Lagerzinssatz) zusammensetzen.

Folgende Angaben werden benötigt bzw. müssen eingegeben werden (Einkauf/Planung/ optimale Bestellmenge):

- Einstandspreis der Artikel (kommt aus der Artikelkarte)
- Lagerzinssatz
- Jahresverbrauch
- Bestellkosten pro Bestellvorgang

Wenn es zu Bedarfsänderungen kommt, dann muss entsprechend reagiert werden, d. h., es wird bestellt, was benötigt wird, auch wenn es nicht optimal ist. Genauso muss reagiert werden, wenn bestimmte Gebindegrößen bzw. Abnahmemengen vorgegeben sind.

Anlage 1

Nature Camping GmbH

Camping im Einklang mit der Natur

Dreisamstr. 44, 79098 Freiburg i. Brsg.
Tel. 0761 4711-0 • Fax 0761 4711-120

Nature Camping GmbH, Dreisamstr. 44, 79098 Freiburg

Burger Metall AG

Abt. Verkauf

Frau Kunze

Gewerbestr. 230

68165 Mannheim

Ihr Zeichen:	LS 47101
Ihre Lieferung vom:	28.04.
Unser Zeichen:	EK-MM
Unsere Nachricht vom:	
Name:	Max Mustermann
Telefon:	4711-0
Telefax:	4711-120
E-Mail:	info@nature-camping.de
Datum:	28.04.

Anzeige eines Sachmangels nach § 434 Abs. 1 BGB – Mangel in der Beschaffenheit
LS-Nr. 47101

Sehr geehrte Frau Kunze,

leider müssen wir Ihnen mitteilen, dass bei den 30.000 m des von Ihnen gelieferten ultra-leichten Rundrohres das Gewicht des Materials deutlich über dem vereinbarten Gewichtsbereich liegt.

Wir bitten Sie, das mangelhafte Material schnellstmöglich auf Ihre Kosten abzuholen (§ 439 Abs. 2 BGB), und machen hiermit unser Recht auf Nacherfüllung, und zwar der Ersatzlieferung nach § 439 Abs. 1 BGB, geltend.

Bitte senden Sie uns die mangelfreie Ware schnellstmöglich zu.

Mit freundlichen Grüßen

Nature Camping GmbH

i. A. Max Mustermann

4 Absatzmarketing

4.1 Marktorientierung – Marktforschung – Marktkennzahlen – Marktsegmentierung

1. a) **Marktorientierung:**
   - konsequente Ausrichtung (Orientierung) am Markt
   - Kunden- und/oder Konkurrenzorientierung

   b) **Globalisierung:**
   - Internationalisierung des Wettbewerbs
   - Angebot und Nachfrage auf internationalen Märkten

   c) **Absatzmarketing:**
   - Steuerung des Betriebes vom Markt her
   - alle Maßnahmen, die ein Unternehmen treffen muss, um sich einen Markt zu schaffen, zu erhalten und zu erweitern

   d) **Marktforschung:** Systematische Markterkundung mit wissenschaftlichen Methoden; Klärung der Fragen: Was, wie viel, an wen, wann, wo, bei welcher Konkurrenz kann verkauft werden? Wie verhält sich der Käufer bei Preis- bzw. Qualitätsänderungen?

   e) **Marktanalyse:** Einmalige, tiefgreifende Marktforschung

   f) **Marktbeobachtung:** Fortlaufende Marktforschung

   g) **Marktprognose:** Marktvoraussage

   h) **Sekundärforschung:** Marktforschung durch Auswertung bereits vorhandenen Materials

   i) **Primärforschung:** Direkte Forschung am Markt (Beobachtung, Befragung, Experiment)

   j) **Teilmasse:** Repräsentativer Teil einer Gesamtmasse

   k) **Gesamtmasse:** Sämtliche in Frage kommenden Personenkreise

   l) **Zufallsauswahl:** Rein zufällige Personenauswahl

   m) **Quotenverfahren:** Die zu befragende Teilmasse wird so ausgewählt, dass ihre Zusammensetzung der Gesamtmasse entspricht.

2. Betriebsinterne Daten: Buchhaltungszahlen, Kundendatei ...
   Betriebsexterne Daten: Statistisches Jahrbuch, Brancheninformationen ...

4.2 Absatzpolitische Instrumente

1. Produktinnovation (Produktdifferenzierung, Produktdiversifikation) – Produktvariation – Produkteliminierung

2. a) **Breites Prod.programm:** Herstellung vieler artverwandter Produkte
   Tiefes Prod.programm: Produktionsprogramm mit relativ vielen Produktionsstufen

   b) **Produktvariation:** Verbesserung = Variation bereits existierender Produkte

   c) **Produktdiversifikation:** Aufnahme völlig neuer Produkte (Kombination v. Prod.feldern)

   d) **Produktdifferenzierung:** Typenerweiterung

   e) **Produktinnovation:** Entwicklung und Einführung völlig neuer Produkte

   f) **Produktelimination:** Herausnahme von Produkten aus dem Produktionsprogramm = Bereinigung des Produktionsprogramms

   g) **Lebenszyklus:** vgl. Stofftelegramm

3. **Vorteile der Produktdiversifikation:** Risikominderung, Umsatzsteigerung, Nutzung des Firmenimages und vorhandenen technischen Know-hows, gleichmäßigere Beschäftigung bei Saisonbetrieben, günstigerer Einkauf bei gleichen Grundstoffen ...

4. a) **Marktsegmentierung:** Marktaufteilung in Teilmärkte nach best. Gesichtspunkten
   b) **Kernsortiment:** Hauptbestandteil des Sortiments
   c) **Randsortiment:** Ergänzung des Kernsortiments

5. Kosten, Nachfrage, Konkurrenz

6. a) **Preisdifferenzierung:** Das gleiche Produkt wird zu unterschiedl. Preisen angeboten.
   b) Vgl. Stofftelegramm

7. Absatzwege, Absatzmittler

8. a) **Direkter Absatz:** Direktverkauf an Verbraucher
   b) Vgl. Stofftelegramm

9./10. Vgl. Stofftelegramm

11. **Abschlussprovision:** Provision für den Abschluss von Kaufverträgen
    Delkredereprovision: Provision für die Übernahme der Haftung für den Zahlungseingang
    Inkassoprovision: Provision für den Geldeinzug

12. a) **Ausgleichsanspruch:** Recht auf angemessenen finanziellen Ausgleich nach Beendigung des Vertragsverhältnisses, falls der Unternehmer weiterhin von den vermittelten Kunden profitiert; maximal eine Jahresprovision
    b) Der Unternehmer macht auch nach Beendigung des Vertragsverhältnisses mit den vom Handelsvertreter geworbenen Kunden Geschäfte, sodass Ausgleichszahlung korrekt ist.

13. Der Handelsvertreter haftet für den Geldeingang und wird daher nur Abschlüsse mit „sicheren" Kunden tätigen.

14. Es darf sich nicht um Konkurrenzartikel handeln, sondern nur um Komplementärartikel (sich ergänzende Artikel).

15. Vgl. Stofftelegramm

16. a)

Kosten R:	40.000 + 2 % von 2 Mio. =	80.000,00 EUR am günstigsten
Kosten H:	6 % von 2 Mio. =	120.000,00 EUR
Kosten K:	16.000 + 5 % von 2 Mio. =	116.000,00 EUR

b) Kosten Reis. = Kosten H.
   40.000 + 0,02x = 0,06x
   x = 1 Mio. EUR

c) Kosten Reis. = Kosten K.
   40.000 + 0,02x = 16.000 + 0,05x
   x = 800.000,00 EUR

d) Kosten H. = Kosten K.
   0,06x = 16.000 + 0,05x   x = 1,6 Mio. EUR

e) **Kosten TEUR**

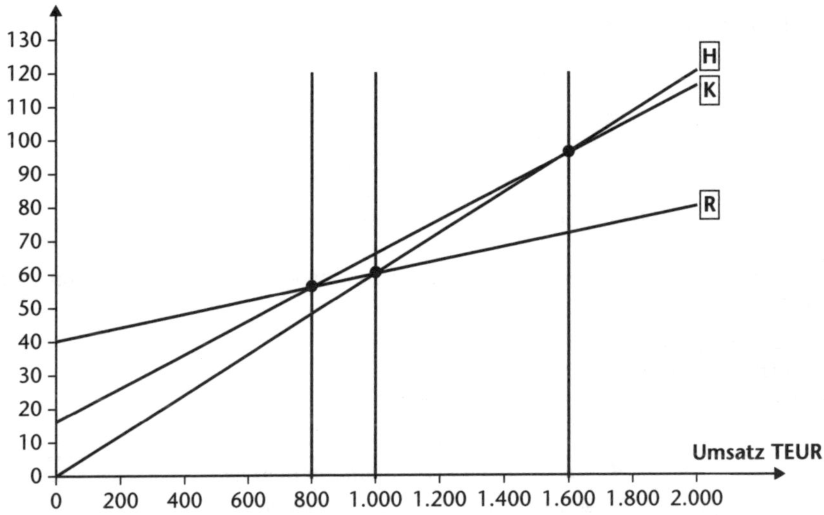

17. Werbung, Verkaufsförderung (Sales Promotion), Public Relations

18. bis 22. Vgl. Stofftelegramm

23. **Werbung:** Wendet sich direkt an Verbraucher (Kunden) und will ihn an das Produkt heranführen

Verkaufsförderung: Wendet sich eher an den Handel und will den Verkaufsvorgang verbessern durch z. B. Verkäuferschulung, Händlerberatung, Bereitstellung von Displaymaterial

Public Relations (PR): Maßnahmen zur Förderung des Rufs des Unternehmens. Wenden sich an die Öffentlichkeit (Öffentlichkeitsarbeit)

24./25. Vgl. Stofftelegramm

26. Begriffe der Werbeerfolgskontrolle:
Ökonomischer Werbeerfolg: Gegenüberstellung von Werbeaufwand und Werbeerfolg

Außerökonomischer Werbeerfolg: messbar durch Erinnerungsverfahren oder Wiedererkennungsverfahren

27. a), b) Notw. Mindestzahl neuer Bestellung: 100.000 : 80 = 1.250 Stück = „Gewinnschwelle"
An zusätzlichen Bestellungen gingen ein: 2.000 Stück –> Aktion war erfolgreich.

4.3 Prüfungsaufgaben

Prüfungsaufgaben Winter 2008/2009 (Aufgabe 2)

1

$$\text{Marktanteil in \%} = \frac{\text{Umsatz Fruchtsaft} \cdot 100}{\text{Marktvolumen}} = \frac{20 \cdot 100}{90} = 22{,}22\ \%$$

$$\text{Marktsättigung} = \frac{\text{Marktvolumen} \cdot 100}{\text{Marktpotenzial}} = \frac{90 \cdot 100}{130} = 69{,}20\ \%$$

2 Handelsvertreter zählen zum indirekten Absatzweg und stellen ein fremdes Absatzorgan dar. Nachteile:

- kein direkter Kundenkontakt für das Unternehmen
- keine Weisungsgebundenheit
- vertreibt nicht ausschließlich unsere eigenen Produkte

3.1

	Handelsvertreter	**Handlungsreisender**		
	6 Handelsvertreter	5 Reisende		
Provision	5 %	2,0 %		
Kostenpauschale		12	150,00	1.800,00
Fixum		13	2.500,00	32.500,00
				34.300,00
Umsatz	20.000.000,00		20.000.000,00	
Provision	1.000.000,00		400.000,00	
Gehalt			162.500,00	
Arbeitgeberanteil		15 %	84.375,00	15 % · 562.500,00
Reisekosten			9.000,00	1.800,00 · 5
Gesamtkosten	1.000.000,00		655.875,00	
Die Handelsreisenden wären beim bisherigen Umsatz von 20 Mio. günstiger.				344.125,00

3.2 $K_{HR} = K_R$

$0{,}05x = 0{,}02x + (12 \cdot 150 + 13 \cdot 2.500) \cdot 5 + (0{,}02x + 13 \cdot 2.500 \cdot 5) \cdot 0{,}15$

Ab diesem Umsatz sind die fünf Reisenden günstiger als die sechs Handelsvertreter.

4.1 Die Marktforschung versucht, Trends oder Änderungen im Konsumverhalten von Verbrauchern zu erfassen. Durch Marktforschung können zukünftiger Bedarf bzw. Veränderungen bei den Kundenwünschen ermittelt werden. Unternehmen können dann mit ihrer Unternehmenspolitik entsprechend reagieren.

4.2 Schülerabhängige Antworten

4.3 Segmentierung Produktgruppen:
- Apfelwein, Apfelmost
- nach Nektaren, Direktsäften, Schorle
- nach Flaschengrößen z. B. 0,2-l-Flasche
- 1-l-Flasche, 5-l-Box

Segmentierung nach Abnehmern:
- Hotels, Restaurants (kleine Flaschen)
- Sportvereine (Apfelschorle)
- Erwachsene (Apfelmost)
- Kinder (Fruchtsäfte)

4.4 Mögliche Lösungen:

Exklusivpreispolitik: qualitativ hochwertiges Markenprodukt in exklusiver Verpackung

Skimmingpreisstrategie: hohe Einführungspreise und bei aufkommenden Konkurrenzprodukten Preise anpassen

Penetrationspreise: niedrige Einführungspreise, um das Produkt schnell bekannt zu machen

4.5
- Räumliche Preisdifferenzierung:

  Bei Kunden im Ausland wird ein anderer Preis verlangt als bei Kunden im Inland.

- Zeitliche Preisdifferenzierung:

  Im Herbst, wenn Apfelernte ist, wird ein niedrigerer Preis verlangt als im Sommer.

- Persönliche Preisdifferenzierung:

  Rabatt für Großabnehmer wie z. B Fußballvereine

- Sachliche Preisdifferenzierung:

  Exklusives Design bei 0,2-l-Flasche für hochpreisige Gastronomie im Verhältnis zur 1-Liter-Flasche für Sportvereine

5.1 „Das einzigartige Verpackungssystem – garantiert dauerhafte Qualität, Frische und Geschmack wie am ersten Tag."

Zulässig; vergleichende Werbung ist zulässig, wenn in der Werbung wesentliche, nachprüfbare und typische Eigenschaften eines Produktes mit dem eines Wettbewerbers verglichen werden.

5.2 Werbeträger (Fachzeitschrift für Sportvereine, TV, Radio ...)

Werbeetat (Für die Werbung verfügbare Finanzmittel)

Werbemittel (Anzeige, Spots ...)

Streugebiet (Wo wird geworben?)

Streukreis (Welche Zielgruppe wird angesprochen?)

Streuzeit (Wann wird geworben?)

5.3 **Lebenszyklusanalyse**

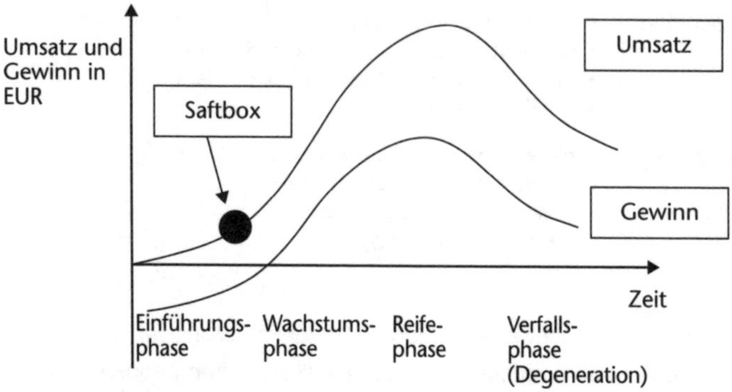

Auch Darstellung mit fünf Phasen möglich.

- Das Produkt befindet sich in der Einführungsphase.
- Die Phase I des Lebenszyklus ist gekennzeichnet durch hohe Kosten für die Einführungswerbung und Verkaufsförderungsmaßnahmen, durch geringe Umsätze, die langsam ansteigen, und Anfangsverluste bis zum Erreichen der Gewinn-Schwelle.

5.4 • Question Mark:

hohes Marktwachstum und ein relativ geringer Marktanteil

- Offensivstrategie:

Investitionen in diesem Bereich besonders stark fördern, neue Märkte und Zielgruppen erschließen, offensive Kommunikationspolitik anwenden

Prüfungsaufgaben Sommer 2011 (Aufgabe 2)

1 Portfolio: Instrument zur Unternehmensführung

Es zeigt, wie sich das Produktionsprogramm hinsichtlich Marktwachstum, Marktanteil und Umsatz im Moment verhält.

Produkt 1 und 2:	starkes Marktwachstum, noch relativ wenig Umsatz, geringer Marktanteil (Question Mark)
Produkt 3:	noch starkes Marktwachstum, hoher Marktanteil, hoher Umsatz (Star)
Produkt 4:	geringes Marktwachstum, noch hoher Marktanteil, noch hoher Umsatz (Cash Cow)
Produkt 5:	geringes Marktwachstum, geringer Marktanteil, geringer Umsatz (Poor Dog)

Beurteilung:
Ausgewogenes Portfolio, da Produkt 4 genügend finanzielle Mittel erbringt, um Produkte 1 und 2 offensiv zu fördern.

2 Question Mark: erfordert selektive Vorgehensweise.
Je nach Risikoeinschätzung: Offensiv- oder Desinvestitionsstrategie

3 Einführungsphase: Produkt 1 und 2
Wachstumsphase: Produkt 3
Sättigungsphase: Produkt 4
Degenerationsphase: Produkt 5

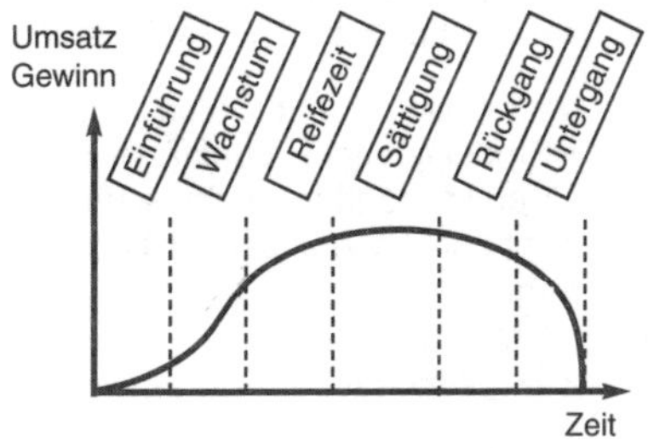

4.1 Zielgruppe, z. B.:
- Alter 50+
- relativ sportlich bzw. eher unsportlich
- Pendler
- höheres Einkommen

4.2 Marketingpolitische Instrumente, z. B.:
- Distributionspolitik: Vertrieb über Fachhandel (mit Beratung)
- Produktpolitik: Erstinspektion frei, Produktdifferenzierung Material: Alu, Carbon
- Preispolitik: Hochpreispolitik (geringe Rabatte)
- Kommunikationspolitik: hochwertige Werbebroschüren (Hochglanz) usw.

5 Zusätzlicher Gewinn $313 \cdot (55 - 42) =$ 4.069,00 EUR

Kosten der Werbeaktion:		
Rechnung Grafiker	370,00 EUR	
Rechnung Internetdienstleister	995,64 EUR	
Kosten Aussteller (89 · 42,00 EUR)	3.738,00 EUR	
Summe		5.103,64 EUR
Verlust		1.034,64 EUR

$$\text{Wirtschaftlichkeit } \frac{\text{zusätzlicher Gewinn}}{\text{Werbekosten}} = \frac{4.069}{5.104} = 0{,}8$$ –> unwirtschaftlich, da < 1 (Verlust)

$$\frac{1.034{,}64}{55 - 42} = 79{,}6$$ –> 80 Stück (Kostendeckung)

313 + 80 = 393 Stück

6 2.500,00 EUR + 0,035 · 36.000,00 EUR = 3.760,00 EUR (Reisender)
0,115 · 36.000,00 EUR = 4.140,00 EUR (Handelsvertreter)

Bei dem gegebenen Umsatz ist der Handlungsreisende 380,00 EUR günstiger.

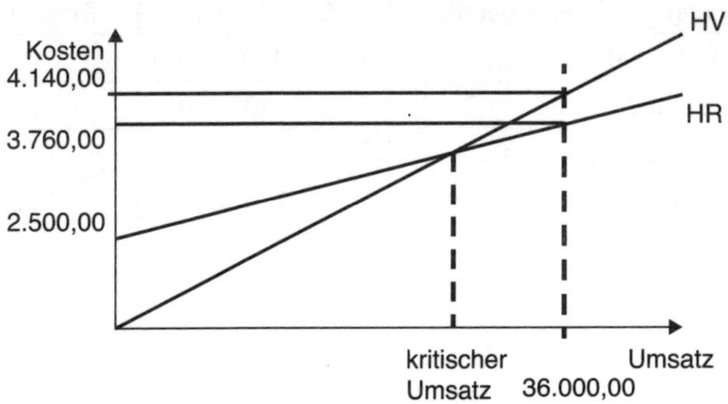

Außerdem spielen bei der Entscheidung noch weitere Faktoren eine Rolle, wie z. B.:
- Passt der neue Mitarbeiter ins Team?
- Weisungsgebundenheit
- fachliches Können bzw. Leistungsfähigkeit

7 Verkaufsförderung (Sales Promotion), z. B.:
- Produkte zum Probefahren und Kauf anbieten
- Servicestand mit technischem Kundendienst aufbauen
- mit der Präsenz bei der Tour werben
- Trikotwerbung
- Give-aways
- Verpflegung

8
- Welches Image verbinden Sie mit dem E-Bike?
- Wofür würden Sie das E-Bike verwenden?
- Wie oft verwenden Sie Ihr Fahrrad?
- Welchen Preis wären Sie bereit für dieses Produkt zu zahlen? usw.

jeweils mit Ausprägungsmerkmalen

Prüfungsaufgaben Winter 2012/2013 (Aufgabe 1)

1

Produkte	Frischmilch	Früchtequark	Buttermilch	Kefir
Umsatz	2.640.000,00 EUR	510.000,00 EUR	12.000,00 EUR	1.050,00 EUR
– var. Kosten	2.112.000,00 EUR	212.500,00 EUR	1.500,00 EUR	105,00 EUR
DB1	**528.000,00 EUR**	**297.500,00 EUR**	**10.500,00 EUR**	**945,00 EUR**
– produktfixe Kosten	211.200,00 EUR	144.500,00 EUR	9.600,00 EUR	2.000,00 EUR
Gewinn/Verlust	316.800,00 EUR	153.000,00 EUR	900,00 EUR	–1.055,00 EUR

2

$$\text{Marktanteil in \%} = \frac{\text{Absatz} \cdot 100}{\text{Marktvolumen}}$$

$$\text{Marktwachstum in \%} = \frac{\text{Differenz} \cdot 100}{\text{Absatz 2010}}$$

	Marktanteil in %		Marktwachstum in %	
	Berechnung	Ergebnis	Berechnung	Ergebnis
Frischmilch	= 3.520 · 100 : 15.800	22,3	= 120 · 100 : 3.400	3,5
Früchtequark	= 850 · 100 : 6.080	14,0	= 350 · 100 : 500	70,0
Buttermilch	= 30 · 100 : 500	6,0	= 1 · 100 : 29	3,4
Kefir	= 2,1 · 100 : 80	2,6	= –1,9 · 100 : 4	–47,5

Marktwachstum-Marktanteil-Portfolio

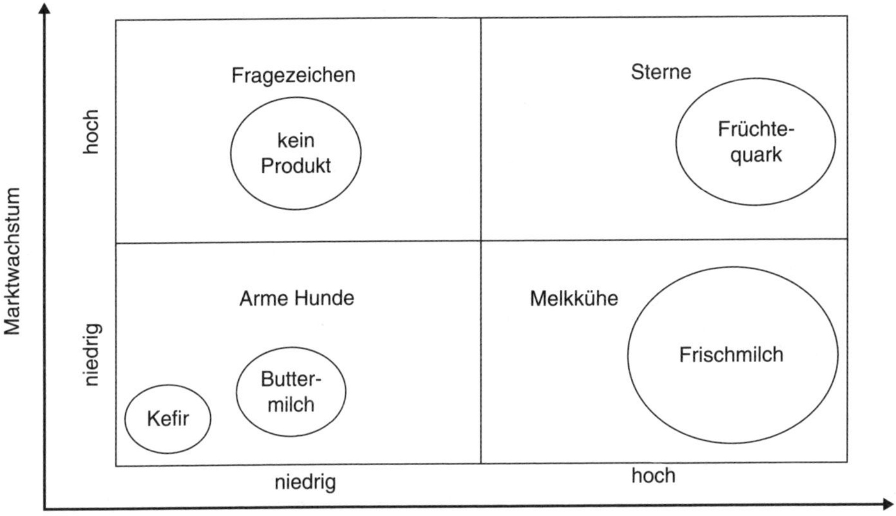

Stichwortartige Notiz zur Analyse und Strategie an den Abteilungsleiter:

- Situation des Unternehmens verbesserungsbedürftig
- Frischmilch: Cash cow (hoher Marktanteil, geringes Marktwachstum), Abschöpfungspreisstrategie
- Früchtequark: Star (hoher Marktanteil, hohes Marktwachstum), Investitionsstrategie
- Buttermilch: Poor dog (geringer Marktanteil, geringes Marktwachstum), Desinvestitionsstrategie oder Relaunch
- Kefir: Poor dog (geringer Marktanteil, negatives Marktwachstum), Desinvestitionsstrategie
- Vorschlag Produktentwicklungsabteilung muss dringend umgesetzt werden, da kein Fragezeichen existiert, große Chancen für zukünftige Marktpositionierung da hohes Marktwachstum in diesem Segment besteht

3 Merkmale der Zielgruppe:
- hohes Einkommen, aufgrund des Preises
- ernährungsbewusste, gesundheitsbewusste Konsumenten
- Familienstand, z. B. Single-Haushalte
- trendbewusste Markenkäufer
- ...

4 Die Schüler sollen bewusst Bezug nehmen auf das Produkt und die Zielgruppe.

Produktpolitik:
- Hohe Qualität, hoher Fruchtanteil, keine Konservierungsstoffe, genfrei, Biosiegel, zertifizierte Lieferanten, rückstandskontrolliert
- Verschiedene abwechslungsreiche Varianten, je nach Jahreszeit, um regional-ökologische Gesichtspunkte zu verwirklichen und damit umweltbewusste Verbraucher anzusprechen.
- Eine recyclingfähige oder biologisch abbaubare Verpackung spricht umweltbewusste Verbraucher an.

- Das „Frühstückchen“ könnte einen Zusatznutzen bieten – z. B. cholesterinsenkend, gute Nährstoffergänzung, deckt den Energiebedarf für den ganzen Vormittag ...
- ...

Preispolitik:
- Hochpreisstrategie unterstreicht die Markenqualität und die Besonderheit unseres Produkts für die gehobene Mittelschicht und grenzt uns von Discountprodukten ab.
- Ein hoher Preis ist notwendig, um die beste Qualität der Zutaten verwenden zu können und die Zertifizierung sowie unabhängige Qualitätskontrollen zu ermöglichen.
- Um dem „Frühstückchen“ den Einzug in die Regale der Supermärkte zu erleichtern, werden dem Einzel- und Großhandel attraktive Mengenrabatte und Zahlungsmodalitäten (Zahlungsziele, Skonti, Boni ...) in der Einführungsphase zugestanden.
- Bei den Verbrauchern gilt es, Preisbarrieren zu beachten. Deshalb berücksichtigen wir den Grundsatz der psychologischen Preisgrenze und verkaufen das „Frühstückchen“ zu einem gebrochenen Preis.
- ...

Kommunikationspolitik:
- Zur Einführung sollte eine umfangreiche Werbeaktion durchgeführt werden. Dabei müssen Werbeträger und Werbemittel gewählt werden, die von unserer Zielgruppe (gehobene Mittelschicht, Ernährungsbewusste, Umweltbewusste ...) wahrgenommen werden. Darunter fallen Fachzeitschriften (zu den Themen Essen, Gesundheit, Familie ...), Webseiten (Blogs zur Ernährungsberatung, Werbebanner auf Gesundheitsseiten oder in sozialen Netzwerken ...), Fernsehspots (z. B. am Rande von Verbrauchermagazinen).
- Veranstaltungssponsoring (Gesundheitstage, Breitensportveranstaltungen ...)
- Sales Promotion: Schulung von Verkäufern zur Verbesserung der Beratungsqualität, Verteilung von Warenproben, um unser Produkt bekannt zu machen (Verkostungsaktionen in Supermärkten), Infoblätter/Flyer zur Kundeninformation und -bindung
- Werksbesichtigungen, um die hohe Qualität von Zutaten und Verarbeitung den Kunden zu zeigen ...
- Werbezeitpunkt zur Neueinführung und dann jahreszeitgemäße Werbung, die Bezug auf die verwendeten Früchte nimmt ...
- Erstellung eines CI-Konzepts: einheitliche Farben (Corporate Design), die für Ökologie und Natürlichkeit stehen (z. B. Weiß/Grün), einheitliches Verhalten der Mitarbeitenden (Corporate Behaviour) bei Kundenfragen und Reklamationen und Abgestimmtheit der Kommunikationsinstrumente (Corporate Communication) zur Erzeugung einer einheitlich positiven Außenwirkung ...
- ...

Distributionspolitik:
- Der Lebensmittelhandel wird von wenigen großen Einzelhandelsketten dominiert. Es gibt so gut wie keinen Großhandel in diesem Bereich. Deshalb wird das „Frühstückchen“ auf dem Wege des indirekten Absatzes über den Einzelhandel vertrieben. Ein direkter Absatz an den Endverbraucher – etwa über E-Commerce – ist nicht sinnvoll wegen zu hoher Transport- und Kühlkosten bei den geringen Bestellmengen der Privathaushalte.
- Entweder wir greifen auf den Vertrieb über Reisende zurück oder wir vertreiben dieses neue Produkt exklusiv über Handelsvertreter, die bei den anfänglich geringen Umsätzen am kostengünstigsten sind. Für die Reisenden spricht die Kenntnis unseres Unternehmens und seiner Produkte (CI-Konzept), der bereits bestehende Zugang zu den Einzelhändlern sowie ein besserer Austausch zwischen uns als Hersteller und dem Handel. Für den Handelsvertreter spricht dagegen, dass er unser Produkt im Kontext seines weiteren,

eventuell ergänzenden Sortiments vertritt, uns Kontakte zu weiteren Einzelhändlern eröffnet und wahrscheinlich aufgrund seiner provisionslastigen Bezahlung über eine höhere Motivation verfügt.

- Biomärkte besitzen eine zu geringe Kundenbasis, um unsere Umsatzziele erreichen zu können. Discounter locken die aus unserer Sicht falsche Klientel an und fördern mit ihrem Verkauf ausschließlich über den Preis nicht unser Markenimage (CI). Deshalb sollten wir das „Frühstückchen" in Vollsortiment-Supermärkten vertreiben. Sie bieten eine große gemischte Kundenbasis, die uns auskömmliche Umsätze ermöglicht. Hier passt ein hochwertiges biologisches Produkt für die Mittelschicht, welches ein gutes Preis-Leistungsverhältnis bietet, gut ins Sortiment.

5 Personalwirtschaft

5.1 Aufgaben und Ziele der Personalwirtschaft

1. Personalbedarfsplanung, Personalbeschaffung, Personaleinsatz, Personalentwicklung (Personalförderung und -betreuung), Arbeitsbewertung und Entlohnung, Lohn- und Gehaltsabrechnungen, Führen von Personalakten ...

2. Vgl. Stofftelegramm

3. Schlüsselqualifikationen:
   - fachliche Kompetenz
   - persönl. Kompetenz (Zuverlässigkeit, Sorgfalt, Kreativität ...)
   - soziale Kompetenz (Kooperations- und Teamfähigkeit, Toleranz ...)
   - innovative Kompetenz (Kreativität, lebenslanges Lernen ...)

4. • Unternehmensextern (mittelbare oder unmittelbare Personalanwerbung)
   • Unternehmensintern (innerbetriebliche Stellenausschreibungen)

5. • Bewerbungsschreiben + Lichtbild • Zeugnisse • Lebenslauf • evtl. Referenzen

6. Betriebsrat (Unterrichtung)

7. Vgl. Stofftelegramm

8. • Personalakte führen • Datenschutz • Verwaltung der Personaldaten • Personalstatistik

9. • Fachkenntnisse • Arbeitsqualität • Fortbildungsbereitschaft • Teamfähigkeit
   • Arbeitseinsatz • Arbeitsquantität • Kreativität

5.2 Der Einzelarbeitsvertrag (Grundlagen)

1. HGB, BGB

2. Formvorschrift Arbeitsvertrag: Schriftform

3. Rechte: Vergütung, Urlaub, Zeugnis, Fürsorge ...

   Pflichten: Dienstleistung, Verschwiegenheit, Wettbewerbsverbot ...

4. Einfaches Zeugnis: beschreibt Art und Dauer der Beschäftigung

   Qualifiziertes Zeugnis: informiert zusätzlich über Führung + Leistung

5. a) **Gesetzliches Wettbewerbsverbot:** Ohne Genehmigung des Arbeitgebers darf der kaufmännische Angestellte
   - kein eigenes Handelsgewerbe betreiben,
   - keine Geschäfte in der Branche des Arbeitgebers tätigen.

   b) • Selbsteintrittsrecht bzw. Schadenersatz
   • fristlose Kündigung

6. a) **Vertragliches Wettbewerbsverbot:** Für den Angestellten gilt – falls vertraglich vereinbart – das Wettbewerbsverbot auch nach seinem Ausscheiden aus dem Unternehmen.

   b) Voraussetzungen: Schriftform, Vereinbarung einer Karenzentschädigung bei Minderverdienst, keine wesentliche Berufserschwernis, Verbotsdauer maximal 2 Jahre

7. 4 Wochen zum 15. oder zum Monatsende

8. **Vertragliche Kündigungsfrist:** Untergrenze vgl. 7.

   Kündigungsfrist des Arbeitnehmers darf nicht länger als die des Arbeitgebers sein.

9. Bei wichtigem Grund: Diebstahl, Beleidigung, Arbeitsverweigerung ...

10. a) Kündigungsfrist 4 Wochen zum 15. oder zum Monatsende
    Letzter Kündigungstermin: 3. Juli zum 31. Juli

    b) Nein! Die Kündigung ist eine empfangsbedürftige Willenserklärung, d. h., sie muss dem Arbeitgeber am letztmöglichen Termin bereits zugegangen sein.

11. Vgl. Stofftelegramm

12. Vorteile: vgl. Stofftelegramm

Nachteil für den Arbeitnehmer:	keine Weiterbeschäftigungsgarantie nach Fristablauf
Nachteil für den Arbeitgeber:	Fluktuationsproblem (qualifizierte Arbeitnehmer können problemlos nach Fristablauf „wechseln“)

5.3 Allgemeiner und besonderer Kündigungsschutz

1. Kündigungsschutzgesetz, Kündigungsfristengesetz

2. a) Allgemeiner Kündigungsschutz: Schutz vor sozial ungerechtfertigter Kündigung
   Kündigung in folgenden Fällen unwirksam:

   - Der Arbeitgeber liefert keinen Kündigungsgrund.
   - Die Kündigung ist betrieblich nicht notwendig.
   - Soziale Gesichtspunkte wurden bei der Auswahl nicht ausreichend berücksichtigt.

   b) Arbeitnehmer, die mindestens 6 Monate im gleichen Betrieb sind. Betrieb hat mehr als 10 Arbeitnehmer.

3. **Betriebsratsmitglieder und Jugendvertreter:** Während Amtszeit und innerhalb eines Jahres danach nicht kündbar; Ausnahme: fristlose Kündigung bei wichtigem Grund

Werdende Mütter:	• während der Schwangerschaft bis 4 Monate nach Entbindung • während Erziehungsurlaub bis 3 Jahre nach der Geburt
Schwerbehinderte:	Hauptfürsorgestelle muss der Kündigung zustimmen.
Auszubildende:	Nach der Probezeit unkündbar; Ausnahme: fristlose Kündigung bei wichtigem Grund

Langjährige Angestellte: 1/2/3/4/5/6/7 Monate zum Monatsende (ME), wenn mindestens 2/5/8/10/12/20 Beschäftigungsjahre

4. a) 4 Monate auf ME
   b) 2 Monate auf ME
   c) 5 Monate auf ME
   d) 4 Monate auf ME
   e) 7 Monate auf ME
   f) Unkündbar (Ausnahme: fristlos/wichtiger Grund)
   g) Währ. Probezeit: fristlos/wichtiger Grund
      Nach Probezeit: unkündbar (Ausnahme: wichtiger Grund)

5. a) 5 Monate auf ME
   b) 4 Wochen zum 15. oder zum ME

6. Kündigungsfrist 4 Monate auf ME; Kündigung somit spätestens 30. Mai

5.4 Arbeitsgerichtsbarkeit

1. Arbeitsgerichtsgesetz

2. a) Arbeitsgericht Stuttgart (Arbeitsstätte)

   b) Versuch einer gütlichen Einigung (ohne Streitverfahren)
      Zweck: Vermeidung eines kostenpflichtigen Gerichtsverfahrens

   c) Anwalt, Verbandsvertreter oder er selbst

   d) **Berufung beim Landesarbeitsgericht** einlegen
      Voraussetzungen:
      - Streitwert über 600 EUR oder Zulassung der Berufung durch das Arbeitsgericht
      - Prozessvertretung durch Anwalt oder Verbandsvertreter

      Revision beim Bundesarbeitsgericht einlegen, wenn mit Urteil des Landesarbeitsgerichts nicht einverstanden

      Voraussetzungen:
      - Urteil muss von grundsätzlicher Bedeutung sein oder von bisheriger Rechtsprechung abweichen.
      - Prozessvertretung durch Anwalt

3. V. a. für Streitigkeiten zwischen Arbeitgeber und Arbeitnehmer, Tarifvertragsparteien bzw. aus Betriebsverfassungs- und Mitbestimmungsgesetz; §§ 2, 2a Arbeitsgerichtsgesetz

5.5 Handlungsvollmacht und Prokura

1. Vollmacht = Vertretungsbefugnis: Recht, in fremdem Namen Rechtsgeschäfte abzuschließen

2. **Allgemeine Handlungsvollmacht (Gesamtvollmacht):** Vollmacht für alle gewöhnlichen Rechtshandlungen des betreffenden Handelsgewerbes; Bsp.: Geschäftsführer, Filialleiter

   Artvollmacht: Vollmacht für bestimmte Arten wiederkehrender Rechtsgeschäfte; Bsp.: Einkäufer, Verkäufer

   Einzelvollmacht: Vollmacht für einzelnes Rechtsgeschäft; Bsp.: Kauf Maschine, Kauf Halle

3. a) Artvollmacht, b) allg. HV, c) Einzelvollmacht, d) keine, e) Einzelvollmacht, f) Artvollmacht

4. Kaufvertrag: gültig, da gewöhnliches Geschäft

   Darlehensvertrag: ungültig, es sei denn, er hat eine Sondervollmacht gemäß § 54 Abs. 2 HGB

5. a) Artvollmacht, b) Nein; die Kunststoff GmbH kannte die Beschränkung nicht. § 54 Abs. 3 HGB

6. **Prokura:** Vollmacht für alle gewöhnlichen und außergewöhnlichen (gerichtlichen und außergerichtlichen) Rechtsgeschäfte irgendeines Handelsgewerbes

7. **Einzelprokura:** Ein Prokurist ist alleine vertretungsberechtigt.

   Gesamtprokura: Gemeinsame Vertretung durch mehrere Prokuristen

   Filialprokura: Die Prokura ist auf eine Filiale beschränkt.

8.	**Allg. Handlungsvollmacht**	**Prokura**
Umfang	alle gewöhnlichen Geschäfte des betreff. Handelsgewerbes	alle gewöhnl. + außergewöhnl. Geschäfte irgendeines Handelsgewerbes
Einschränkungen des Umfangs	Außenverhältnis: gültig, wenn Dritter informiert wurde	im Außenverhältnis unwirksam
Erteilung	• auch durch Nichtkaufmann • auch stillschweigend mögl.	• nur durch HGB-Kaufmann • ausdrücklich
HR-Eintrag	kein Eintrag	Eintrag notwendig
Beginn	mit Erteilung + Bekanntgabe	Innenverhältnis: mit Erteilung Außenverh.: wenn Dritte informiert spätestens mit Veröffentl. HR-Eintrag
Zeichnung	i. V.	ppa
Beendigung	vgl. Stofftelegramm	

9.

	a	b	c	d	e	f	g	h	i	j	k	l	m	n	o	p
H	+	–	+	–	+	+	–	–	–	+	–	+	–	–	+	–
P	+	+	+	+	+	+	–	+	–	+	–	+	+	+	+	+

10. a) Kaufvertrag rechtsgültig, da Beschränkung der Prokura im Außenverhältnis unwirksam

    b) Schadenersatz oder Kündigung (Vertragsverletzung); Beschränkung Prokura im Innenverhältnis möglich

11. Darlehensvertrag rechtsgültig, da Handelsregistereintrag lediglich deklaratorisch; die Prokura ist Dritten gegenüber schon vor Handelsregistereintrag rechtswirksam, wenn sie Kenntnis davon erlangt haben.

12. a) Kaufvertrag gültig, da Widerruf der Prokura erst mit Handelsregistereintrag und Veröffentlichung bzw. vorheriger Info des Dritten rechtsgültig ist. Am 13. Mai war der Widerruf noch nicht bekannt. Im Innenverhältnis kann der Unternehmer vom Prokuristen ggfs. Schadenersatz verlangen.

    b) Am 18. Mai wusste Dritter vom Widerruf. Kaufvertrag ist somit für Unternehmer nicht rechtswirksam.

13. a) **Gesamtvollmacht** (= Allg. HV): Vollmacht für alle gewöhnlichen Rechtsgeschäfte des betreffenden Handelsgewerbes

    Gesamtprokura: Mehrere Prokuristen vertreten gemeinsam.

    b) **Einzelvollmacht:** Handlungsvollmacht für ein einzelnes Rechtsgeschäft

    Einzelprokura: Ein Prokurist ist allein vertretungsberechtigt.

14. Bei Gesamtprokura können mehrere Prokuristen nur gemeinsam handeln. Insofern findet eine gegenseitige Kontrolle statt – unüberlegte Einzelentscheidungen werden vermieden.

15. Die Filiale muss sich hinsichtlich Firma (= Handelsname) vom Hauptgeschäft unterscheiden (§ 50 Abs. 3 HGB).

16. Ein Prokurist darf gewöhnliche und außergewöhnliche Rechtshandlungen durchführen, also auch die Branche ändern. Dies wird hier geschehen sein.

5.7 Personalführung, -betreuung, -entwicklung und -motivation

1. Vgl. Stofftelegramm

2. | **Autoritärer Führungsstil:** | **Kooperativer Führungsstil:** |
   |---|---|
   | • Vorgesetzter: – entscheidet allein
– verantwortet allein
– befiehlt und kontrolliert | • Vorgesetzter + Mitarbeiter kontrollieren, entscheiden, verantworten gemeinsam.
• Vorgesetzter delegiert intensiv. |
   | • Untergebene: – keine Mitbestimmung
– keine Mitwirkung
– wenig Entscheidungen
– wenig Verantwortung | • Informationsaustausch zwischen Vorgesetztem und Mitarbeitern
• gemeinsame Zielsetzungen fixieren
• gemeinsame Entscheidungsfindung |

3. a) **Management by Delegation:** Führen durch Delegation v. Aufgaben + Verantwortung

Management by Exception: Führen nach dem Ausnahmeprinzip (Delegation von Aufgaben + Verantwortung bei Normalfällen, Vorgesetzter greift nur in Ausnahmefällen ein.)

Management by Objectives: Führen durch Zielvereinbarung (Eingreifen nur bei fehlender Zielerreichung; eigenverantwortliche Zielerfüllung durch Mitarbeiter)

b) Vorteile MbD:
- Entlastung der Vorgesetzten
- motivierte Mitarbeiter
- Konzentration der Vorgesetzten auf ihre eigentlichen Aufgaben

Vorteile MbE:
- keine Arbeitsüberlastung der Vorgesetzten
- Vorgesetzter kann sich auf schwierige Ausnahmefälle konzentrieren.

Vorteile MbO:
- Stärkung des Kostendenkens beim Mitarbeiter
- Förderung der Leistungsbereitschaft und des Teamgeistes
- gerechtere Entlohnung durch Prämien für Zielerfüllung

4. a) Laufbahnpläne, Beurteilung, Gespräche, „Training-on-the-job", „Training-off-the-job"

b) Training-on-the-job: Personalförderung am Arbeitsplatz (Coaching, planmäßige Unterweisung, Jobrotation, Übertragung von Sonderaufgaben ...)

Training-off-the-job: Personalförderung außerhalb des Arbeitsplatzes (Schulungen, Seminare, Fachliteratur ...)

5. Vgl. Stofftelegramm

5.8 Arbeitszeitmodelle

Vgl. Stofftelegramm

5.9 Arbeitsbewertung: Arbeitsstudien

1. bis 3. Vgl. Stofftelegramm

4. a) Rüstzeiten: Auftrag lesen, Unklarheiten klären, Material bereitstellen, Einstellen Maschine, Arbeitsplatz aufräumen

Ausführungszeiten: Bearbeitung des Werkstückes

b) Vorgabezeit (Auftragszeit) = Rüstzeit + Ausführungszeit
= 15 + 5 + 35 + 30 +15 + (100 · 9) = **1.000 Minuten**

c) 1.000 Minuten : 100 Stück = 10 Min. : St. 60 Minuten : 10 Min. : St. = **6 Stück**

5. 70 Stück = 100 %
   84 Stück = x % = 120 %

6./7. Vgl. Stofftelegramm

8. Rüstzeit = Rüstgrundzeit + Rüstverteilzeit = 60 + 3 = 63 Minuten

   Ausführungsgrundzeit = 100 · (40 + 10) = 5.000 Minuten

   Ausführungszeit = Ausführungsgrundzeit + Ausführungsverteilzeit
   = 5.000 + 10 % von 5.000 = 5.500 Minuten

   Auftragszeit = Rüstzeit + Ausführungszeit = 63 + 5.500 = 5.563 Minuten

9. a) Rüstgrundzeit: 20 Minuten
   Ausführungsgrundzeit: 300 Minuten

   b) Rüstverteilzeit: 1 Minute
   Ausführungsverteilzeit: 30 Minuten

   c) Rüstzeit: 21 Minuten

   d) Stückzeit: 11 Minuten

   e) Ausführungszeit: 330 Minuten

   f) Auftragszeit: 351 Minuten

5.10 Entlohnungssysteme

1. a) Zeit-, Prämien-, Akkordlohn

   b) Betr. Zeit- und Akkordlohn: vgl. Stofftelegramm
   Prämienlohn: Die Anwendung des Prämienlohnes ist sinnvoll, wenn

      1. der Arbeitnehmer das mengenmäßige Produktionsergebnis z. B. durch Automation nur noch geringfügig beeinflussen kann, der Akkordlohn folglich nicht mehr anwendbar ist.

      2. Akkordentlohnung nicht durchführbar, weil die Ermittlung genauer Akkordsätze nur schwer möglich ist.

2. Vgl. Stofftelegramm

3. Bei Tarifänderungen sind beim Stückzeitakkord lediglich die Minutenfaktoren zu ändern (weniger Zeit- und Rechenaufwand).

4. Vgl. Stofftelegramm

5. a) **Akkordrichtsatz** = Mindestlohn + Akkordzuschlag
   = Stundenverdienst bei Normalleistung

   b) **Stückakkordsatz** = Akkordrichtsatz : Normalleistung je Std.
   = Verdienst je Stück bei Normalleistung

   c) **Zeitakkordsatz** = 60 (bzw. 100) : Normalleistung je Std.
   = (Dezimal-)Minuten je Stück bei Normalleistung

   d) **Minutenfaktor** = Akkordrichtsatz : 60 (bzw. 100)
   = Verdienst in 1 Minute bei Normalleistung

6. a) Bruttolohn = Stück · Stückakkordsatz

   b) Bruttolohn = Stück · Zeitakkordsatz · Minutenfaktor

7. a)

Mindestlohn	9,00 EUR
+ Akkordzuschlag 10 %	0,90 EUR
Akkordrichtsatz 30 St.	9,90 EUR

   b) Zeitakkordsatz = 60 : 30 St. = 2 Min.
   bzw.: 30 St. = 60 Min.
   1 St. = 2 Min.

   c) Minutenfaktor = 9,90 : 60 = 0,165 EUR bzw.: 60 Min. = 9,900 EUR
   1 Min. = 0,165 EUR

d)

Arbeiter	Stückzahl/Std.	Zeitakkordsatz	Minutenfaktor	Stundenlohn
Üblich	30	2 Min.	0,165	9,90
Flott	31	2 Min.	0,165	10,23
Oberflott	32	2 Min.	0,165	10,56

8.1 a)

Mindestlohn	8,35 EUR
+ Akkordzuschlag 15 %	1,25 EUR
Akkordrichtsatz	9,60 EUR

   b) • Höhere Belastungen bei Akkordarbeit
   • Bei Stockungen, z. B. in der Materialzufuhr, würde ein unverschuldeter Minderverdienst entstehen.

   c) Min.faktor = 9,60 : 60 = 0,16 EUR

8.2 a) Minutenfaktor = Akkordrichtsatz : 60
   Akkordrichtsatz = Minutenfaktor · 60 = 0,15 · 60 = 9,00 EUR

   b) Bruttolohn/Std. = Stück · Zeitakkordsatz · Minutenfaktor = 7 · 12 · 0,15 = 12,60 EUR

   c) Normalleistung: 12 Min. je Stück = 5 Stück in 60 Minuten
   Stückakkordsatz = Akkordrichtsatz : Normalleistung je Std. = 9 : 5 = 1,80 EUR

9.

Mindestlohn	8,00 EUR
+ Akkordzuschlag 20 %	1,60 EUR
Akkordrichtsatz	9,60 EUR

   Minutenfaktor = 9,60 : 60 = 0,16 EUR

   Bruttolohn = 2.000 · 5 · 0,16 = 1.600,00 EUR

10. a) • gleichartige Tätigkeiten • sich ständig wiederholende Tätigkeiten
   • Arbeitstempo beeinflussbar • Leistung muss messbar sein

   b)

Grundlohn	9,00 EUR
+ Akkordzuschlag 20 %	1,80 EUR
Akkordrichtsatz	10,80 EUR

   Minutenfaktor = 10,80 : 60 = 0,18 EUR

Bruttolohn	=	Stück	·	Zeitakkordsatz	·	Minutenfaktor	
405	=	500	·	x	·	0,18	–> x = 4,5 Min./St.

11. Vgl. Stofftelegramm

5.11 Prüfungsaufgaben

Prüfungsaufgaben Winter 2009/2010 (Aufgabe 1)

1 Laut dem Zukunftspanel wird es in Zukunft vor allem im gewerblich-technischen Bereich in den fachlichen Ebenen des Meisters, des Technikers und der Ingenieure zu Rekrutierungsproblemen kommen. Langfristiges Ziel müsste es daher sein, Schüler/-innen frühzeitig auch für einen Beruf in diesen Bereichen zu gewinnen. Ausweitung der Ausbildungszahlen im gewerblich-technischen Bereich, Kooperation mit Schulen (Anbieten von Praktika, Unterstützung betriebsnaher Projekte), vor allem mit Haupt- und Realschulen in den sogenannten MINT-Fächern (Mathematik, Informatik, Naturwissenschaft, Technik), Ausweitung des Fortbildungsangebots. Flexible Unterstützung (Zeit/Geld) von Mitarbeitern, die sich weiterqualifizieren wollen (z. B. Techniker, Meister). Frühzeitige Gewinnung von zukünftigen Mitarbeitern durch das Anbieten von Praktika/Diplomarbeitsthemen, längerfristige Förderprogramme für Studenten und ehemalige Auszubildende (z. B. studienbegleitende Praktika auch im Ausland), um diese an das eigene Unternehmen zu binden.

2.1 Die im Betrieb vorkommenden Arbeiten werden beispielhaft beschrieben, als Ganzes bewertet und entsprechend ihrem Schwierigkeitsgrad einem Katalog von Lohngruppen pauschal zugeordnet. Vorteil ist die einfache Handhabung; Nachteile ergeben sich z. B. aus der geringen Differenzierung nach Anforderungsarten.

2.2 Schlüssige Abweichungen bei der Punktevergabe sind zulässig.

Analytische Arbeitsplatzbewertung: Tätigkeit des Industriemechanikers – Produktionstechnik		
Anforderungen	Bewertung	
	Höchstpunktzahl	Ist-Punktzahl
1. Können		
a) Ausbildung, Fachkenntnisse, Erfahrung	8	6
b) Geschicklichkeit	4	2
2. Belastung		
a) geistige Beanspruchung	5	4
b) körperliche Beanspruchung	6	4
3. Verantwortung		
a) für Betriebsmittel und Erzeugnisse	4	3
b) für die Gesundheit anderer	3	2
c) für die Arbeit anderer	3	3
4. Umwelteinflüsse		
a) Temperatur, Erkältungsgefahr	2	1
b) Öl, Fett, Schmutz, Staub	4	3
c) Unfallgefährdung	2	1
d) Lärm	3	2
e) hinderliche Schutzkleidung	1	1
Gesamtarbeitswert	**45**	**32**

2.3 Zur Durchführung von unterschiedlichen Reparaturmaßnahmen an den Produktionsmaschinen wird eine mittlere Geschicklichkeit verlangt. Der Umgang mit NC-Maschinen, die Anwendung verschiedener Metallbearbeitungstechniken sowie die selbstständige Problemlösungsfähigkeit aufgrund von Fehleranalysen erfordern sehr große Fachkenntnisse und Erfahrungen.

2.4 Schülerindividuelle Lösung, z. B.: AW-Gruppe 6, Stundenlohn: 12,19 EUR

2.5 Aufgrund der wechselnden Tätigkeiten sind Zeitaufnahmestudien als Grundlage der Vorgabezeitermittlung nicht sinnvoll. Auch die bei Reparaturen gebotene Sorgfalt verbietet gerade eine Leistungsentlohnung im Akkord.

3.1 Akkordrichtsatz = Grundentgelt + Akkordzuschlag = 15,00 EUR + 20 % = 18,00 EUR
Minutenfaktor = Akkordrichtsatz : 100 DezMin = 18,00 EUR : 100 Min. = 0,18 EUR : DezMin
Normalleistung = 100 Min. : Vorgabezeit = 100 Min. : 5 DezMin : Stk. = 20 St. : Std.
Istleistung = (Leistungsgrad · Normalleistung) : 100 = 125 · 20 St. : Std. : 100 = 25 St. : Std.
Wochen-Istleistung = 25 St. : Std. · 40 Std. = 1.000 Stück

3.2 Wochenverdienst = Vorgabezeit · Minutenfaktor · Stückzahl
= 5 Min./St. · 0,18 EUR/Min. · 1.000 St. = 900,00 EUR

Durchschnittlicher Stundenlohn = Wochenverdienst : 40 Std. = 22,50 EUR/Std.

3.3 Der von Unternehmen und Beschäftigten gemeinsam finanzierte Beitragssatz zur gesetzlichen Krankenversicherung beträgt von Januar an einheitlich 14,6 Prozent. Hinzu kommen 0,9 Prozent, den die Mitglieder allein tragen.

Gehaltsabrechnung in EUR		
Steuer- und sozialversicherungspflichtiges Entgelt	3.210,00	3.210,00
Lohnsteuer	327,50	
Solidaritätszuschlag	0,00	
Kirchensteuer	7,59	335,09
RV AN	319,40	
AV AN	44,94	
KV AN	263,22	
PV AN	31,30	658,86
		993,95
Nettoverdienst		2.216,05
So. Abzüge (vL)	40,00	40,00
Überweisungsbetrag		2.176,05

4.1 Aufgrund der Spezialisierung und der Marktkenntnis kann eine effektivere Versandabwicklung vermutet werden, schlussendlich daher Zeit- und Kostenersparnis.

Chancen: Bessere Auswahl geeigneter Versendungsformen, dadurch geringere Versandkosten (Vertriebsgemeinkosten), schnellere Reaktionsgeschwindigkeiten, aufgrund der Spezialisierung weniger Fehler

Risiken: Verlust an Unabhängigkeit, Know-how-Verlust, Image, Personalentlassungen, Informationsbarrieren, fehlende Kundenbeziehungen, Kundenakzeptanz (z. B. bei Mängeln)

4.2 Es handelt sich um betriebsbedingte Kündigungen. Das KSchG greift, da die Elto GmbH mehr als 10 Beschäftigte hat. Nach § 1 KSchG sind sozial ungerechtfertigte Kündigungen rechtsunwirksam. Nach der Reform des KSchG im Jahr 2004 ist die bei betriebsbedingten Kündigungen oft erforderliche Sozialauswahl jetzt auf die Kriterien Dauer der Betriebszugehörigkeit, Lebensalter, Unterhaltspflichten des Arbeitnehmers sowie Schwerbehinderung beschränkt.

Herr Schneider ist zu 50 % schwerbehindert und genießt entsprechend der §§ 85 ff. des SGB IX besonderen Kündigungsschutz. Zwar sind auch Schwerbehinderte kündbar, allerdings sind die Auflagen (z. B. Genehmigung des Integrationsamtes) vergleichsweise hoch.

Für Frau Hambach gilt noch nicht das KSchG, da ihr Arbeitsverhältnis im Unternehmen noch keine 6 Monate bestand (§ 1 Abs. 1 KSchG). Sie genießt nach § 622 Abs. 1 BGB eine Kündigungsfrist von 4 Wochen (in der Probezeit 2 Wochen). Ihr sollte daher spätestens Ende November auf Ende Dezember 2009 gekündigt werden. Problematisch mag hierbei erscheinen, dass ihr Ehemann in leitender Funktion im Unternehmen beschäftigt ist.

Herr Winterkorn genießt als Betriebsratsmitglied gemäß § 15 Abs. 1 KSchG einen besonderen Kündigungsschutz und ist nicht kündbar.

(*Hier schülerindividuelle Antwort möglich, es kommt allerdings auf die Begründung an*)
Frau Meisner hat erhebliche familiäre Belastungen zu tragen. Darüber hinaus hat sie die höchste Qualifikation von allen vier Arbeitnehmern im Versand. Eine Kündigung könnte auch aufgrund ihrer Betriebszugehörigkeit als sozial ungerechtfertigt bewertet werden: Herr Schneider ist erst seit 2005 im Unternehmen. Er genießt allerdings ebenso wie Herr Winterkorn einen besonderen Kündigungsschutz. Allerdings ist Frau Meisner gut qualifiziert und noch jung, und daher erscheint u. U. eine Kündigung auch als sozial gerechtfertigt. Würde ihr gekündigt, sollte dies spätestens Ende Oktober auf Ende Dezember geschehen, da sie gemäß § 622 Abs. 2 Nr. 2 BGB mit ca. 6,5 Jahren Betriebszugehörigkeit eine Kündigungsfrist von zwei Monaten zum Ende des Kalendermonats hat.

Bei allen Arbeitnehmern bis auf Frau Hambach ist gemäß § 1 Abs. 2 Nr. 1b KSchG bzw. § 89 Abs. 1 SGB IX außerdem zu prüfen, ob ein anderer Arbeitsplatz im Unternehmen für die Arbeitnehmer in Frage kommen könnte.

Prüfungsaufgaben Winter 2010/2011 (Aufgabe 1)

1 Beschreibung: Mitarbeiter werden in die Entscheidungsfindung einbezogen, Verwirklichung gemeinsam gesetzter Ziele, Ausschöpfung der vorhandenen Mitarbeiterpotenziale, zeitgemäßes Motivationsinstrument

Vorteile:
- besseres Betriebsklima
- mehr Motivation der Mitarbeiter
- höhere Entscheidungsqualität

Nachteile:
- Entscheidungen werden verzögert
- Mitarbeiter benötigen entsprechende Qualifikation
- Engagement der Mitarbeiter ist notwendig

2

	Facharbeiter	Meister
Kapazitätserweiterung	30	2
+ sichere Abgänge	6	1
+ statistische Abgänge	4	0
– Übernahme Auszubildende	8	0
– Rückkehrer	5	0
– Rationalisierung	0	1
= Nettopersonalbedarf	27	2

3.1 Vorteile:
- neue Impulse
- größere Auswahl an geeigneten Bewerbern
- weniger Rivalität und Unzufriedenheit
- anderes Know-how

3.2 Z. B.:
- Anforderungen an den Stelleninhaber (z. B. Arbeitsaufgabe)
- besondere Belastungen, Flexibilität, Schichtarbeit, äußere Belastungseinflüsse
- Beschreibung des Unternehmens
- Fähigkeiten (z. B. Ausbildung, Berufserfahrung, spezielle Kenntnisse)
- Leistungen des Unternehmens (z. B. Vergütung, Arbeitszeit)
- Mitarbeiterführung

4.1

	Grundzeit	Verteilzeit	Gesamtzeit
Rüstzeit	20 Min.	1 Min.	21 Min.
+ Ausführungszeit	360 Min.	36 Min.	396 Min.
= Auftragszeit 417 Min.			

4.2 1. Schritt: Betrieb bestimmt die Höchstpunktwerte für die 4 Hauptanforderungsarten (evtl. mit Gewichtung)

2. Schritt: Bewertung der Arbeit anhand der Stellenbeschreibung mit der jeweiligen Ist-Punktzahl

3. Schritt: Ermittlung der Summe der Arbeitswerte

4. Schritt: Einstufung in die Entgeltgruppen nach der Gesamtpunktzahl (Umsetzung in Lohnsätze)

5.1 Akkordrichtsatz = 16,00 EUR + 15 % = 18,40 EUR

$$\text{Stückakkordsatz} = \frac{\text{Akkordrichtsatz}}{\text{Normalleistung je Std.}} = \frac{18{,}40}{12} = 1{,}5333\ldots \text{ EUR}$$

Bruttolohn = Stück · Stückakkordsatz = 525 · 1,5333... = 805,00 EUR

5.2 Effektiver Stundenlohn = 805 : 37,5 = 21,47 EUR

6.1

Bruttogehalt		2.780,00
– Lohnsteuer (Steuerklasse I)		467,50
– Solidaritätszuschlag	–	25,71
– Kirchensteuer	–	
– Krankenversicherung (7,9 %)	–	219,62
– Rentenversicherung (9,95 %)	–	276,61
– Arbeitslosenversicherung (1,4 %)	–	38,92
– Pflegeversicherung (0,975 %)	–	27,11
= Nettogehalt		1.724,53

6.2

63	Gehälter	2.780,00	an	280 Bank	1.724,53
				483 Vbl. gegen FA	493,21
				484 Vbl. gegen SV	562,26

6.3

KV	194,60 EUR
RV	276,61 EUR
AV	38,92 EUR
PV	27,11 EUR
	537,24 EUR

640	AGA SV	537,24	an 484 Vbl. gegen SV	537,24

7 Vorteile:
- einfache Handhabung
- leichte Auswertung
- gute Vergleichbarkeit
- größere Objektivität

Nachteile:
- Vorgesetzter hat keinen Spielraum bei den Kriterien.
- Auf individuelle Verhältnisse kann nicht eingegangen werden.
- keine Gewichtung
- Schlüsselqualifikationen wurden zu wenig berücksichtigt.

8.1 Innerbetrieblicher Zeitvergleich sowie Branchenvergleich (Benchmarking) ermöglichen dem Betrieb, die aktuelle Lage zu beurteilen, um entsprechende Schritte für eine positive Unternehmensführung einzuleiten.

8.2
- besseres Entlohnungssystem (evtl. mit verstärkten Leistungsanreizen)
- Änderungen beim Führungsstil
- Prämien, Erfolgsbeteiligung
- Aufbau einer betrieblichen Altersvorsorge

Folge: besseres Betriebsklima, geringere Fluktuationsrate

9.1 Die Kündigungsfrist beträgt vier Wochen zum 15. oder zum Ende eines Monats. Frühestes Ausscheiden ist mit Ablauf des 31.08.2009 möglich.

9.2
- Auszubildende
- Schwerbehinderte
- werdende Mütter
- Wehr- und Zivildienstleistende
- Betriebsräte

Prüfungsaufgaben Sommer 2012 (Aufgabe 1)

1 Stellenanzeige

Wir sind ein mittelständisches Unternehmen der Kunststoffindustrie mit Hauptsitz unmittelbar an der Schweizer Grenze und beschäftigen derzeit ca. 200 Mitarbeiter. Zum 01.12.2011 ist nun die Stelle des/der

Assistenten/Assistentin der Abteilung Verkauf

neu zu besetzen.

Zu Ihrem Aufgabengebiet gehören:

- Unterstützung des Verkaufsleiters
- Umsetzung organisatorischer Vorgaben
- Auftrags- und Terminkoordinierung
- Korrespondenz
- Abwicklung von Aufträgen
- Absprachen mit der Produktion
- Planung von verkaufsfördernden Maßnahmen

Sie vertreten den Leiter Verkauf und haben Kontakt mit allen außerbetrieblichen Stellen. Alle Sachbearbeiter Verkauf sowie das Sekretariat sind Ihnen unterstellt.

Sie bringen idealerweise folgende Eigenschaften mit:

- langjährige Berufserfahrung
- Organisationsgeschick
- Belastbarkeit
- Fremdsprachenkenntnisse (Englisch und Spanisch)
- Teamfähigkeiten
- Kontaktfreudigkeit

Wenn Sie sich vorstellen können, diese Aufgabe in einem jungen, aufgeschlossenen Team zu bewältigen, dann freuen wir uns auf Ihre Bewerbung an:
Bla-Sa GmbH, Bahnhofstr. 97, 79855 Freiburg, Personalbüro, Herr Blauer

2

Kriterien	Gewicht	Frau Bercher		Frau Dressler	
		Bewertung	G · B	Bewertung	G · B
Berufserfahrung	40	5	200	5	200
Belastbarkeit	30	4	120	4	120
Sprachkenntnisse	20	2	40	3	60
Kommunikations-/ Teamfähigkeit	10	4	40	5	50
Summe	100		400		430

schülerabhängige Antworten

3 **Arbeitsvertrag**

Zwischen *BLa-SA GmbH* – nachfolgend Firma genannt – und *Claudia Dressler* – nachfolgend Mitarbeiter genannt – wird folgender Arbeitsvertrag geschlossen.

§ 1 Beginn des Arbeitsverhältnisses
Das Arbeitsverhältnis beginnt am *01.10.2012.*

§ 2 Tätigkeit
Der Mitarbeiter wird als kaufmännischer Angestellter eingestellt. Ihm wird die stellvertretende Leitung der Abteilung *Verkauf* übertragen. Das Aufgabengebiet umfasst die *Unterstützung des Verkaufsleiters* sowie die *Umsetzung organisatorischer Vorgaben.* Für den Umfang des Aufgabengebietes ist im Übrigen die dem Mitarbeiter ausgehändigte Stellenbeschreibung maßgebend.

§ 3 Vergütung
Der Mitarbeiter erhält ein monatliches Bruttogehalt in Höhe von EUR *3.729,00,* zahlbar nachträglich am letzten Werktag des Monats.

§ 4 Arbeitszeit
Die wöchentliche Arbeitszeit beträgt 37 Stunden. Der Mitarbeiter verpflichtet sich, seine ganze Arbeitskraft für die Firma einzusetzen und soweit erforderlich und zumutbar auch über die betriebsübliche Arbeitszeit von Wochenstunden hinaus tätig zu werden.

§ 5 Urlaub
Der Erholungsurlaub beträgt *24* Arbeitstage im Kalenderjahr. Die Lage des Urlaubs ist mit der Firma abzustimmen. ~~Nach einem Anstellungsverhältnis von 2 Jahren verkürzt sich der Urlaub um *5* Tage.~~

§ 6 Arbeitsverhinderung/Krankheit
(1) Ist der Mitarbeiter durch Krankheit oder sonstige Ereignisse an der Arbeitsleistung verhindert, so hat er der Firma unverzüglich Mitteilung zu machen und dabei die Gründe der Verhinderung anzugeben. Er hat dabei gleichzeitig auf etwaige dringliche Arbeiten hinzuweisen.
(2) Eine Arbeitsunfähigkeit durch Krankheit ist außerdem binnen drei Tagen durch eine ärztliche Bescheinigung oder eine entsprechende Mitteilung der Krankenkasse nachzuweisen; dabei ist die voraussichtliche Dauer der Arbeitsunfähigkeit anzugeben.

§ 7 Gehaltsfortzahlung bei Krankheit/Tod
Die Fortzahlung der Vergütung erfolgt im Krankheitsfall nach den gesetzlichen Bestimmungen und beträgt daher derzeit *6 Wochen.*

Freiburg, den ____________________

Arbeitgeber/ges. Vertreter ____________________ Arbeitnehmer ____________________

Kurzmitteilung an Herrn Blauer

Im Arbeitsvertrag fehlen folgende Punkte:

- *Anschrift der Vertragsparteien*
- *Arbeitsort*
- *Zusammensetzung des Arbeitsentgelts*
- *Hinweis auf Tarifvertrag etc.*
- *Kündigungsfristen*

4

Gehalt für Frau Dressler	3.729,00
Abgaben	
– Rentenversicherung (9,95 %)	371,04
– Arbeitslosenversicherung (1,5 %)	55,94
– Pflegeversicherung (1,225 %) BBG berücksichtigen!	45,68
– Krankenversicherung (8,2 %) BBG berücksichtigen!	304,43
Summe Sozialabgaben	777,09
Steuern	
– Lohnsteuerklasse I ledig	688,58
– Soli-Zuschlag	37,87
– Kirchensteuer[1]	61,97
Summe Steuern	788,42
Netto	2.163,49

Buchung der Gehaltsabrechnung

Arbeitgeberanteil SV	
– Rentenversicherung (9,95 %)	371,04
– Arbeitslosenversicherung (1,5 %)	55,94
– Pflegeversicherung (0,975 %) BBG berücksichtigen!	36,20
– Krankenversicherung (7,3 %) BBG berücksichtigen!	271,01
Summe	734,19

63	Gehälter	3.729,00	an	483	Vbl FB	788,42
				484	Vbl SV	777,09
				28	Bank	2.163,49

AG-Anteil:

64	AG-Anteil SV	734,19	an	484	Vbl SV	734,19

Abführung der Beiträge an Finanzamt und SV-Träger:

483 Vbl FB	788,42	an	28	Bank	2.299,70
484 Vbl SV	1511,28				

[1] (Annahme Sie ist kirchensteuerpflichtig alternativ ohne Berechnung der Kirchensteuer Lösung auch möglich)

6 Investition und Finanzierung

6.1 Bilanzieller Zusammenhang zwischen Investition und Finanzierung

1. Finanzierung = Mittelherkunft: sichtbar auf der Passivseite der Bilanz (Eigen-, Fremdkap.)
   Investition = Mittelverwendung: Umwandlung des Geldkapitals in Produktionsgüter
   –> sichtbar auf der Aktivseite der Bilanz

2. Vgl. Stofftelegramm

6.2 Kapitalbedarfs- und Investitionsrechnung, Finanzplan

1. **Kapitalbedarf für das Anlagevermögen:**

   Baukosten + Nebenkosten + Werkzeuge + div. Maschinen + Transportmittel + Eis. Bestand
   = **3.080.000,00 EUR**

   Kapitalbedarf für das Umlaufvermögen:

	tägl. Ausg. pro St.	Tagesbedarf	Kapitalbindg.	Kapitalbedarf
Material	30,00	30.000,00	50 Tage	1.500.000,00
Löhne	40,00	40.000,00	40 Tage	1.600.000,00
FGK		4.000,00	40 Tage	160.000,00
Lagerung FE		500,00	35 Tage	17.500,00
Vertriebs-GK		500,00	18 Tage	9.000,00
Verwalt.-GK		1.000,00	60 Tage	60.000,00
Kapitalbedarf für das Anlagevermögen:				**3.346.500,00**

   3.080.000,00 + 3.346.500,00 = **6.426.500,00** EUR Kapitalbedarf insgesamt

2./3. Vgl. Stofftelegramm

4. a) <u>Kosten Verfahren I</u> = <u>Kosten Verfahren II</u>
   200 x + 10.000 = 300 x + 8.000
   kritische Menge x = 20

   b) Bis zur Produktionsmenge von 20 Stück ist Verfahren II günstiger, danach Verfahren I.

5.	**Anlage A**	**Anlage B**
Abschreibungen	100.000,00 EUR	150.000,00 EUR
Kapitalrückfluss	150.000,00 + 100.000,00 = 250.000,00 EUR	170.000,00 + 150.000,00 = 320.000,00 EUR
Kapitalrückfl.zeit (Amortisationszeit) = Kapitaleinsatz/ Kapitalrückfluss	$\frac{1.000.000}{250.000}$ = 4 Jahre	$\frac{1.200.000}{320.000}$ = 3,75 Jahre

6. Rentabilität Investition A: 8 %; Investition B: 10 % –> Investition B ist vorzuziehen.

7.1

		Protex 518		20900/43
Preis		366.000,00		399.000,00
+ Werkzeug		108.000,00		86.000,00
+ Montage		6.700,00		0,00
+ Bezugskosten		8.900,00		
= Summe		489.600,00		
– Liefererskonto	2 %	9.792,00	3 %	14.874,00
= Anschaffg.kosten		479.808,00		480.926,00
Abschreibungen	8 Jahre	59.976,00	8 Jahre	60.115,75
+ Gewinn		35.000,00		58.000,00
= Summe		94.976,00		118.115,75

Amortisationszeit „Protex 518“ = 479.808,00 : 94.976,00 = 5,05 Jahre

Amortisationszeit „20900/43“ = 480.926,00 : 118.115,75 = 4,07 Jahre

Die Maschine 20900/43 ist trotz höherem Einstandspreis aufgrund der geringeren Amortisationszeit zu bevorzugen.

7.2 $\text{Rentabilität} = \frac{\text{Gewinn} \cdot 100}{\text{eingesetztes Kapital}}$

$$\text{Rentabilität (Protex)} = \frac{35.000 \cdot 100}{479.808} = 7{,}29\ \%$$

$$\text{Rentabilität (20900)} = \frac{58.000 \cdot 100}{480.926} = 12{,}06\ \%$$

Auch unter Renditegesichtspunkten ist die Anlage 20900 vorzuziehen.

8.1.1 Vorbereitung:

		EUR
Anlagen		1.700.000,00
Behörden		60.000,00
Organisation		50.000,00
Werbung		80.000,00
Mindestbestand R, H, B		60.000,00
		1.950.000,00
Laufender Geschäftsbetrieb:		
Materialeinzelkosten (20 + 45 + 40 – 30 = 75)	75 · 6.000,00	450.000,00
Materialgemeinkosten	25 %	112.500,00
Fertigungslöhne (45 + 40 + 30 = 115)	115 · 8.000,00	920.000,00
Fertigungsgemeinkosten	110 %	1.012.000,00
Verwaltungs- u. Vertriebsgemeinkosten	135 · 3.500,00	472.500,00
		2.967.000,00
Gesamtkapitalbedarf		4.917.000,00

8.1.2 Zu geringe Nachfrage, verspätete Kundenzahlungen, Kostenänderungen u. a.

8.2.1

	Maschine 1	Maschine 2
Abschreibung	25.000,00	29.000,00
kalk. Zinsen	12.500,00	14.500,00
sonstige fixe Kosten	15.000,00	12.000,00
variable Kosten	50.000,00	52.500,00
Gesamtkosten	102.500,00	108.000,00
Gesamterlös	116.000,00	145.000,00
Gewinn	13.500,00	37.000,00
Rentabilität	5,40 %	12,76 %
Amortisation 250.000 : (13.500 + 25.000) = 6,5	6,5	4,4

Bei der Zinsberechnung wurde vom durchschnittlich gebundenen Kapital ausgegangen. Alternative Lösungen sind zulässig.

8.2.2 Sowohl unter Rentabilitäts- als auch unter Amortisationsgesichtspunkten ist die Maschine 2 vorzuziehen.

8.2.3

	Maschine 1	Maschine 2
Abschreibung	25.000,00	29.000,00
kalk. Zinsen	12.500,00	14.500,00
sonstige fixe Kosten	15.000,00	12.000,00
variable Kosten	50.000,00	42.000,00
Gesamtkosten	102.500,00	97.500,00
Gesamterlös	116.000,00	116.000,00
Gewinn	13.500,00	18.500,00
Rentabilität	5,40 %	6,38 %
Amortisation	6,5	6,1

Die Entscheidung fällt weiterhin zugunsten von Maschine 2 aus.

6.4 Beteiligungsfinanzierung (Eigenfinanzierung)

1. Einzelunternehmung: Einbringung von Kapital durch Einzelunternehmer; aus Privatvermögen wird Eigenkapital

   KG: Kapitalerhöhung durch bisherige Gesellschafter oder neue Gesellschafter

   AG: Kapitalerhöhung (Erhöhung des gezeichneten Kapitals) durch Ausgabe (Emission) junger Aktien

2. Vgl. Stofftelegramm

6.5 Fremdfinanzierung: Kontokorrentkredit und Darlehen

1. Vgl. Stofftelegramm

2. a) Vgl. Stofftelegramm
   b) Tilgung des Gesamtbetrages auf einmal
   c) Nicht kündbar durch den Kreditgeber vor Vertragsablauf

d) Vorteile:
- nur laufende Zinsbelastung (keine laufende Tilgung)
- Während der Laufzeit ist der Gesamtbetrag verfügbar.

Nachteile:
- hohe Liquiditätsbelastung bei Gesamttilgung
- höhere Zinsbelastung insgesamt

3.

Alternative 1: Fälligkeitsdarlehen

Jahr	Anfangsschuld	Zinsen	Tilgung	Zins + Tilgung	Restschuld
01	120.000,00	12.000,00	---	12.000,00	120.000,00
02	120.000,00	12.000,00	---	12.000,00	120.000,00
03	120.000,00	12.000,00	---	12.000,00	120.000,00
...					
10	120.000,00	12.000,00	120.000,00	132.000,00	---
Summen	---	120.000,00	120.000,00	240.000,00	---

Alt. 2: (Kündigungsdarlehen) Unterschiede zu Alt. 1: Laufzeit unbestimmt; andere Summen

Alternative 3: Abzahlungsdarlehen (Ratendarlehen)

Jahr	Anfangsschuld	Zinsen	Tilgung	Zins + Tilgung	Restschuld
01	120.000,00	12.000,00	12.000,00	24.000,00	108.000,00
02	108.000,00	10.800,00	12.000,00	22.800,00	96.000,00
03	96.000,00	9.600,00	12.000,00	21.600,00	84.000,00
04	84.000,00	8.400,00	12.000,00	20.400,00	72.000,00
05	72.000,00	7.200,00	12.000,00	19.200,00	60.000,00
06	60.000,00	6.000,00	12.000,00	18.000,00	48.000,00
07	48.000,00	4.800,00	12.000,00	16.800,00	36.000,00
08	36.000,00	3.600,00	12.000,00	15.600,00	24.000,00
09	24.000,00	2.400,00	12.000,00	14.400,00	12.000,00
10	12.000,00	1.200,00	12.000,00	13.200,00	---
Summen ---		66.000,00	120.000,00	186.000,00	---

Alternative 4: Annuitätendarlehen

Jahr	Anfangsschuld	Zinsen	Tilgung	Zins + Tilgung	Restschuld
01	120.000,00	12.000,00	8.000,00	20.000,00	112.000,00
02	112.000,00	11.200,00	8.800,00	20.000,00	103.200,00
03	103.200,00	10.320,00	9.680,00	20.000,00	93.520,00
04	93.520,00	9.350,00	10.650,00	20.000,00	82.870,00
05	82.870,00	8.290,00	11.710,00	20.000,00	71.160,00
06	71.160,00	7.120,00	12.880,00	20.000,00	58.280,00
07	58.280,00	5.830,00	14.170,00	20.000,00	44.110,00
08	44.110,00	4.410,00	15.590,00	20.000,00	28.520,00
09	28.520,00	2.850,00	17.150,00	20.000,00	11.370,00
10	11.370,00	1.140,00	11.370,00	12.510,00	---
Summen ---		72.510,00	120.000,00	192.510,00	---

Kostenvergleich: Summe der Zinsen insgesamt beim

- Fälligkeitsdarlehen (Alternative 1): 120.000,00 EUR
- Kündigungsdarlehen (Unterstellung: Kündigung nach 10 Jahren): 120.000,00 EUR
- Abzahlungsdarlehen: 66.000,00 EUR
- Annuitätendarlehen: 72.510,00 EUR

6.6 Innenfinanzierung: Offene Selbstfinanzierung

1. a) Offene Selbstfinanzierung = Nichtausschüttung von Gewinnen
   b) Eigenkapital c) Vgl. Stofftelegramm

2. KG: Gutschrift nicht ausgeschütteter Gewinne der Komplementäre auf Kapitalkonten
   GmbH: Einstellung nicht ausgeschütteter Gewinne in Rücklagen (Erhöhung Eigenkapital)

3. a) Geschäftsführer: Interesse an hoher Rücklagenbildung (geringer Ausschüttung), um der GmbH möglichst wenig liquide Mittel zu entziehen
   Gesellschafter: Interesse an hoher Ausschüttung (geringer Rücklagenbildung), da zumeist „Geldbedarf"
   Weiteres vgl. Stofftelegramm

   b) Vgl. Stofftelegramm

4 Gewinnverteilung: 420.000,00 EUR

	Komplementär Bruckmüller	Komplementär Neuer	Kommanditist Mager
Anfangskapital	600.000,00	600.000,00	250.000,00
Verzinsung 6 %	36.000,00	36.000,00	15.000,00
Restgewinn	133.200,00	133.200,00	66.600,00
	2	2	1
Gesamter Gewinnanteil	169.200,00	169.200,00	81.600,00
Privatentnahmen	34.000,00	28.000,00	0
im Unternehmen verbleibender Gewinn	135.200,00	141.200,00	

Selbstfinanzierung –> 135.200,00 + 141.200,00 = 276.400,00 EUR. Die 81.600,00 EUR des Kommanditisten stellen eine Verbindlichkeit der KG gegenüber dem Kommanditisten dar. Es wäre eine Fremdfinanzierung.

6.7 Innenfinanzierung: Umfinanzierung -> vgl. Stofftelegramm

6.8 Innenfinanzierung: Finanzierung aus Abschreibungen

1.–4. Vgl. Stofftelegramm

5. Vorteile:
   - Kapital steht zinsfrei zur Verfügung
   - keine Mitspracherechte von Kapitalgebern

   Probleme:
   - unsichere zukünftige Absatzlage –> kalkulatorische Abschreibungen evtl. nicht in Preise kalkulierbar
   - Investitionen auf Basis der Abschreibungsrückflüsse bedeuten Unstetigkeit im betrieblichen Wachstum. Bei plötzlichem Investitionsbedarf ist diese Finanzierungsart untauglich.

6.9 Leasing (= Sonderform der Fremdfinanzierung)

1. bis 4. Vgl. Stofftelegramm 5. a) Financial Leasing

5. b)

Ende des Jahres	Kreditkauf			Leasing	Differenz
	Tilgung	Zinsen von der Restschuld	Summe		Kredit-Leasing
1	40.000,00	20.000,00	60.000,00	50.000,00	10.000,00
2	40.000,00	16.000,00	56.000,00	50.000,00	6.000,00
3	40.000,00	12.000,00	52.000,00	50.000,00	2.000,00
insgesamt	120.000,00	48.000,00	168.000,00	150.000,00	+18.000,00
Liquiditätsvorteil bei Leasing in den ersten drei Jahren: 18.000,00 EUR –> Entscheidung: Leasing					

5. c)

Ende des Jahres	Aufwand Kreditkauf			Aufwand Leasing	50 % Steuerminderung	
	Abschreib.	Zinsen	Summe	Leasingrate	Kreditkauf	Leasing
1	40.000,00	20.000,00	60.000,00	50.000,00	30.000,00	25.000,00
2	32.000,00	16.000,00	48.000,00	50.000,00	24.000,00	25.000,00
3	25.600,00	12.000,00	37.600,00	50.000,00	18.800,00	25.000,00
					72.800,00	75.000,00
–> Steuerminderungsvorteil bei Leasing in den ersten drei Jahren: 2.200,00 EUR						

6.1 Vorteile Darl. geg. Leasing:
- Problematik einer unkündbaren Grundmietzeit entfällt
- freie Verfügbarkeit der finanzierten Anlagen

6.2 Vgl. Stofftelegramm

6.3.1

	Kreditfinanzierung					Mietfinanzierung	
Jahr	Zins	Tilgung	Geldabfluss	Abschreibungen	Aufwand	%-Satz	Mietzahlung
1	13.000,00	40.000,00	53.000,00	25.000,00	38.000,00	46	92.000,00
2	10.400,00	40.000,00	50.400,00	25.000,00	35.400,00	36	72.000,00
3	7.800,00	40.000,00	47.800,00	25.000,00	32.800,00	36	72.000,00
4	5.200,00	40.000,00	45.200,00	25.000,00	30.200,00	4	8.000,00
5	2.600,00	40.000,00	42.600,00	25.000,00	27.600,00	4	8.000,00
6	---	---	---	25.000,00	25.000,00	4	8.000,00
7	---	---	---	25.000,00	25.000,00	4	8.000,00
8	---	---	---	25.000,00	25.000,00	4	8.000,00
	39.000,00	200.000,00	239.000,00	200.000,00	239.000,00		276.000,00

6.3.2 Aufwandsverteilung: bei Kredit gleichmäßiger, was steuerlich evtl. vorteilhaft ist
Gesamtbelastung: bei Kredit geringer
Investitionsrisiko: bei Leasing nach drei Jahren gering, davor hoch

6.10 Kreditsicherheiten

1. a)

b) Personalkredite: Kreditsicherung durch eine (mehrere) Person(en)
Realkredite: Kreditsicherung durch eine Sache

2. **Kreditvertrag** zwischen Schuldner und Gläubiger (formfrei, i. d. R. schriftlich)
Bürgschaftsvertrag zwischen Bürgen und Gläubiger (Schriftform; formfrei, wenn Kaufmann i. S. des HGB die Bürgschaft im Rahmen seines Handelsgeschäfts abgibt)

3. 1. Bürgschaft kann auch mündlich abgeschlossen werden.
2. Stets selbstschuldnerische Bürgschaften

4. Gläubiger wird Eigentümer, Schuldner bleibt Besitzer (Besitzkonstitut).

5./6./7. Vgl. Stofftelegramm

8. • Rangsicherung • Schnelle Kreditaufnahme möglich (kein Zeitverlust durch Eintragung)

9./10. Vgl. Stofftelegramm

11. Bei einer Zwangsversteigerung des Grundstücks werden die Forderungen in der Reihenfolge 1., 2., 3., ... Rang befriedigt. Je niedriger der Rang, umso größer ist also die Sicherheit.

12.

Sparkasse Goggelshausen:	volle Befriedigung in Höhe von 200.000,00 EUR
Voba Hasenbüttel:	Erstattung von 130.000,00 EUR (Defizit: 20.000,00 EUR)
Firma Teufel & Co.:	geht leer aus

13. Grundstücke, Gebäude: **Grundschuld**
Maschinen, Betriebs- und Geschäftsausstattung, Fuhrpark: **Sicherungsübereignung**

14.1 **Investitionskredit:** langfristiger Kredit zur Errichtung und Erweiterung von Anlagen, häufig durch Grundpfandrechte gesichert

1. Rang: Reihenfolge der Eintragung im Grundbuch bestimmt Platz des Berechtigten bei Verwertung des Grundstücks. 1. Rang wird zuerst befriedigt.

Eigentümergrundschuld: Rechte aus der Grundschuld stehen Eigentümer selbst zu.

14.2 • Einigung und Übergabe des Grundschuldbriefes in Höhe von 250.000,00 EUR
• Bestellung einer Grundschuld in Höhe des Restes von 500.000,00 EUR

14.3.1 **Sicherungsübereignung:** Bedingtes Eigentum an beweglicher Sache wird durch Einigung auf Gläubiger übertragen. Übergabe wird durch Besitzkonstitut ersetzt.

14.3.2 Gefahren bei Sicherungsübereignung:
- Sache anderweitig bereits übereignet
- Sache evtl. an gutgläubigen Dritten veräußert
- Beschädigung/Zerstörung der Sache
- Sache evtl. schwer verwertbar

14.3.3 Sicherungsübereignung:

Anschaffungswert	600.000,00 EUR
– Abschreibung 3 · 25 %	450.000,00 EUR
Restwert	150.000,00 EUR

Nominal ausreichend, jedoch bei Berücksichtigung einer Sicherheitsmarge zu niedrig

6.12 Prüfungsaufgaben

Prüfungsaufgaben Sommer 2009 (Aufgabe 2)

1.1 Grundschuld (Realkredit): Im Grundbuch eingetragene Belastung eines Grundstückes mit einer bestimmten Geldsumme zugunsten des Berechtigten (Pfandrecht an Grundstück). Ein abstraktes, dingliches Recht, nur Grundstück haftet, keine persönliche Haftung. Bei Nichtzahlung kann der Gläubiger die Versteigerung bewirken und sich hieraus befriedigen.

1.2 Zustandekommen:

Das Eigentum (bedingtes Eigentum) an den CNC-Fräsmaschinen wird in einem Vertrag durch Einigung an die Bank übertragen. Die Übergabe wird durch ein Besitzkonstitut ersetzt. Die Bank wird treuhänderische Eigentümerin, der Kreditnehmer bleibt Besitzer.

Vorteil für den Kreditnehmer:

Der Kreditnehmer kann mit der übereigneten CNC-Maschine arbeiten und damit die Voraussetzungen für pünktliche Zinszahlungen und Schuldentilgung schaffen.

Risiken für die Bank:

Gefahr der Mehrfachübereignung, da die Sicherungsübereignung nach außen nicht erkennbar ist. Bei Beschädigung oder Zerstörung des übereigneten Gegenstandes ungewisser Verwertungserlös. Die Sache kann vom Kreditnehmer an einen gutgläubigen Dritten weiterveräußert werden.

1.3 Die Bank darf entsprechend dem Kreditvertrag/Sicherungsübereignungsvertrag die Sicherheit nur verwerten, wenn Störungen in der Kreditabwicklung eintreten. Beispielsweise der Kreditnehmer zahlt nicht oder nicht rechtzeitig die Zinsen und/oder Tilgungsraten. Die Bank ist nur treuhänderischer Eigentümer.

1.4 Ratentilgungsdarlehen, weil die Rückzahlung (Tilgung) in gleichen Beträgen über die Laufzeit hinweg erfolgt. Während der Laufzeit fallen auch Zinszahlungen an.

2.1 Nach dem Leasinggegenstand: Mobilienleasing, da es sich um eine Maschine handelt.

Nach dem Leasinggeber: Indirektes Leasing, da eine Leasinggesellschaft zwischen Hersteller und Leasingnehmer steht.

Nach der Vertragsgestaltung: Financial Leasing, da der Vertrag in der Grundmietzeit 4 Jahre unkündbar ist.

Vollamortisationsvertrag mit Mietverlängerungsoption: Die Leasingraten decken die Ansprüche des Leasinggebers in der unkündbaren Grundmietzeit vollständig. Die Maschine kann nach Ablauf der Grundmietzeit weiter gemietet werden.

2.2 Die Grundmietzeit liegt zwischen 40 und 90 % der betriebsgewöhnlichen Nutzungsdauer des Leasinggutes. Es erfolgte deshalb eine Aktivierung der Maschine beim Leasinggeber. Daher kein Ausweis in der Bilanz der Energietechnik GmbH. Die GuV-Rechnung erfasst die Leasingraten als Aufwand.

3.1 Kreditbetrag: 96 % = 1.500.000,00 EUR

100 % = x –> x = 1.562.500,00 EUR

3.2 Auswirkung auf die Liquidität

Jahr	Kreditsumme am Jahresanfang	Kreditaufnahme			Leasing
		Tilgung	Zinsen	Summe	
1	1.562.500,00	312.500,00	125.000,00	437.500,00	450.000,00
2	1.250.000,00	312.500,00	100.000,00	412.500,00	450.000,00
3	937.500,00	312.500,00	75.000,00	387.500,00	450.000,00
4	625.000,00	312.500,00	50.000,00	362.500,00	450.000,00
5	312.500,00	312.500,00	25.000,00	337.500,00	210.000,00
Summe		1.562.500,00	375.000,00	1.937.500,00	2.010.000,00

Bei 96 % Auszahlung sind 1.562.500,00 EUR Darlehen erforderlich. Die Tilgungsrate beträgt 1.562.500,00 EUR : 5 Jahre = 312.500,00 EUR/Jahr.

Erfolgswirksamkeit (ohne Berücksichtigung der Gewinnsteuerminderung)

Jahr	Kreditaufnahme				Leasing
	Zinsen	Disagio	Abschreibung	Summe	
1	125.000,00	12.500,00	187.500,00	325.000,00	450.000,00
2	100.000,00	12.500,00	187.500,00	300.000,00	450.000,00
3	75.000,00	12.500,00	187.500,00	275.000,00	450.000,00
4	50.000,00	12.500,00	187.500,00	250.000,00	450.000,00
5	25.000,00	12.500,00	187.500,00	225.000,00	210.000,00
Summe	375.000,00	62.500,00	937.500,00	1.375.000,00	2.010.000,00

Begründung der Finanzierungsentscheidung:

Bei der Kreditfinanzierung müssen über den Betrachtungszeitraum von 5 Jahren 72.500,00 EUR weniger Liquidität bereitgestellt werden. Leasing verursacht im gleichen Zeitraum 635.000,00 EUR höhere Aufwendungen. Fazit: Sowohl im Hinblick auf die Liquidität als auch auf den Erfolg ist der Kreditkauf günstiger, d. h., die Energietechnik GmbH sollte sich unter diesen Gesichtspunkten für die Kreditfinanzierung der CNC-Maschine entscheiden.

3.3 Gründe für die eventuelle Bevorzugung der Leasingfinanzierung:

- Der Kreditspielraum wird bei Leasing nicht eingeengt.
- Es ist keine Kreditsicherung notwendig.
- Leasinggeber übernimmt besondere Servicedienstleistungen (z. B. Wartung, Reparaturen, Versicherungsprämien etc.).

4.1 • Kapital steht unbefristet zur Verfügung.

- keine Liquiditätsbelastung durch Zinsen und Tilgung
- Unabhängigkeit von Gläubigern
- Erhaltung der Kreditsicherheiten

4.2 • Weitere Gesellschafter für die GmbH zu finden ist schwierig.

- Mitspracherecht weiterer Gesellschafter in der Gesellschafterversammlung ist unerwünscht.
- Mehrheitsverhältnisse ändern sich.
- Gewinnanteile der einzelnen Gesellschafter würden sich verändern.
- HR-Eintrag verursacht zusätzliche Kosten.

4.3 • Kreditaufnahme:

Außenfinanzierung – Fremdfinanzierung

- Aufnahme neuer Gesellschafter:

Außenfinanzierung – Eigenfinanzierung (Beteiligungsfinanzierung)

5 Vorteile: kurzfristige zusätzliche Liquidität, flexible Ausschöpfung bei der Inanspruchnahme bzw. Rückzahlung

Nachteile: hoher Zinssatz, Bereitstellungsprovision, täglich kündbar durch die Bank

Prüfungsaufgaben Sommer 2010 (Aufgabe 2)

2.1.1

Abzahlungsdarlehen				
Jahr	**Kreditsumme am Jahresanfang**	**Tilgung**	**Zinsen**	**Mittelabfluss/ Liquiditätsbelastung**
1	369.000,00 EUR	92.250,00 EUR	23.985,00 EUR	116.235,00 EUR
2	276.750,00 EUR	92.250,00 EUR	17.988,75 EUR	110.238,75 EUR
3	184.500,00 EUR	92.250,00 EUR	11.992,50 EUR	104.242,50 EUR
4	92.250,00 EUR	92.250,00 EUR	5.996,25 EUR	98.246,25 EUR
	Summe	**369.000,00 EUR**	**59.962,50 EUR**	**428.962,50 EUR**

Annuitätendarlehen				
Jahr	**Kreditsumme am Jahresanfang**	**Tilgung**	**Zinsen**	**Mittelabfluss/ Liquiditätsbelastung**
1	369.000,00 EUR	83.109,17 EUR	25.830,00 EUR	108.939,17 EUR
2	285.890,82 EUR	88.926,81 EUR	20.012,36 EUR	108.939,17 EUR
3	196.964,00 EUR	95.151,70 EUR	13.787,48 EUR	108.939,18 EUR
4	101.812,30 EUR	101.812,32 EUR	7.126,86 EUR	108.939,18 EUR
	Summe	**369.000,00 EUR**	**66.756,70 EUR**	**435.756,70 EUR**

Fälligkeitsdarlehen				
Jahr	**Kreditsumme am Jahresanfang**	**Tilgung**	**Zinsen**	**Mittelabfluss/ Liquiditätsbelastung**
1	384.375,00 EUR	0,00 EUR	25.368,75 EUR	25.368,75 EUR
2	384.375,00 EUR	0,00 EUR	25.368,75 EUR	25.368,75 EUR
3	384.375,00 EUR	0,00 EUR	25.368,75 EUR	25.368,75 EUR
4	384.375,00 EUR	384.375,00 EUR	25.368,75 EUR	409.743,75 EUR
	Summe	**384.375,00 EUR**	**101.475,00 EUR**	**485.850,00 EUR**

2.1.2 Abzahlungsdarlehen führt zum geringsten Mittelabfluss.

Leasing 36 · 10.500 + 12 · 2.500 = 408.000,00 EUR

In den ersten drei Jahren ist der Liquiditätsbedarf beim Leasing höher, in vier Jahren insgesamt geringer.

2.1.3 Beim Leasing sind zur Anschaffung keine Kreditsicherheiten erforderlich. Es ist kein großer Geldkapitalbedarf notwendig. Keine Fremdkapitalausweisung in der Bilanz. Rasche Anpassung an den technischen Fortschritt möglich. Flexible Ausgestaltung der Leasingverträge, z. B. Fullservice.

2.1.4 $p = \frac{z \cdot 100}{K} = \frac{(25.369{,}00 + 3.843{,}75) \cdot 100}{369.000{,}00} = \underline{7{,}92\ \%}$

(384.375,00 – 369.000,00 = 15.375,00 : 4 = 3.843,75)

2.1.5

Grundstück/Gebäude, davon 80 %	1.000.000,00 EUR
– bereits eingetragene Grundschuld	900.000,00 EUR
für Kredit zur Verfügung stehend	100.000,00 EUR
Sicherungsübereignung 50 % von 369.000,00 EUR	184.500,00 EUR
Sicherungsübereignung 50 % von 530.000,00 EUR	265.000,00 EUR
Kreditsicherheit insgesamt	549.500,00 EUR

Kreditsicherheiten sind ausreichend vorhanden.

2.1.6 Eigenkapitalquote vor der Kreditfinanzierung: $\frac{1.350.000{,}00 \cdot 100}{3.220.000{,}00} = 41.93\ \%$

Eigenkapitalquote nach der Kreditfinanzierung: $\frac{1.350.000{,}00 \cdot 100}{3.589.000{,}00} = 37{,}61\ \%$

Die Eigenkapitalquote verringert sich. Im Vergleich mit den Durchschnittswerten der Industrie ist dies immer noch ein weit überdurchschnittlicher Wert.

2.2 Ein oder mehrere Gesellschafter leisten Einlagen aus ihrem Privatvermögen, die ihren Kapitalkonten gutgeschrieben werden. Es können auch neue Gesellschafter (Komplementäre oder Kommanditisten) aufgenommen werden. Kommanditisten sind im Gegensatz zu den Komplementären von der Geschäftsführung und Vertretung ausgeschlossen (Vollhafter).

2.3

	Lineare Abschreibung
AK	369.000,00 EUR
– Abschreibung	30.750,00 EUR
Buchwert	338.250,00 EUR
– Abschreibung	46.125,00 EUR
Buchwert	292.125,00 EUR

Lineare Abschreibung jährlich: 12,5 % von 369.000,00 = 46.125,00 EUR

Zeitanteilige Abschreibung 2010: 46.125,00 · 8 : 12 = 30.750,00 EUR

Die Abschreibungsbeträge mindern das Betriebsergebnis in der Höhe der Abschreibungsbeträge. Die Liquidität des Unternehmens wird durch die Abschreibungsbeträge nicht beeinflusst, da die Aufwendungen nicht liquiditätswirksam sind.

2.4.1 Kritische Menge: 320 x = 120.000 + 295 x
x = 4.800
Ab einer Menge von 4.800 Stück wird ein Gewinn erzielt.

2.4.2

	1. Jahr (8.000 Stück)	2. Jahr (8.800 Stück)
Umsatz	2.560.000,00 EUR	2.816.000,00 EUR
– Kosten	2.480.000,00 EUR	2.716.000,00 EUR
zusätzl. Gewinn	80.000,00 EUR	100.000,00 EUR

2.5 Chancen: Neues Produktfeld schafft einen Risikoausgleich, zukunftsträchtige Geschäftsfelder, Erschließung neuer Märkte, Sicherung der Beschäftigung u. Ä.

Risiken: fehlende Vertriebsstrukturen, fehlendes Know-how, Investitionsrisiken, subventionsabhängiger Markt u. Ä.

Prüfungsaufgaben Sommer 2011 (Aufgabe 1)

1 Ermittlung der Ausgaben für die Herstellung der Betriebsbereitschaft:

Anschaffungswert des Grundstücks	531.000,00 EUR
+ Kosten für die Produktionshalle	3.750.000,00 EUR
+ Kosten für Maschinen u. sonst. Einrichtungen	4.250.000,00 EUR
+ Betriebsorganisation	250.000,00 EUR
Ausgaben für die Herstellung der Betriebsbereitschaft	8.781.000,00 EUR

Ermittlung des Kapitalbedarfs für die Durchführung des betrieblichen Leistungsprozesses:

Fertigungsmaterial für 42 Tage : 4.000 Stück zu 25,00 EUR	4.200.000,00 EUR
+ MGK 75 % = 3.150.000,00 EUR	
davon ausgabewirksam 50 %	1.575.000,00 EUR
Materialkosten für 42 Tage	5.775.000,00 EUR
Fertigungslöhne für 39 Tage : 1.500,00 EUR je Tag	58.500,00 EUR
+ FGK 150 % = 87.750,00 EUR	
davon ausgabewirksam 60 %	52.650,00 EUR
Fertigungskosten für 39 Tage	111.150,00 EUR
Ausgabewirksame Herstellkosten	5.886.150,00 EUR
+ Verw. u. Vertr. GK 40 %	2.354.460,00 EUR
Ausgaben für die Durchführung des betrieblichen Leistungsprozesses	8.240.610,00 EUR

Ermittlung des Gesamtkapitalbedarfs:

Kapitalbedarf für die Herstellung der Betriebsbereitschaft	8.781.000,00 EUR
+ Kapitalbedarf für die Durchführung des betrieblichen Leistungsprozesses	8.240.610,00 EUR
Gesamtkapitalbedarf	17.021.610,00 EUR

Kapitalbindung:
Material: 18 + 4 + 10 + 25 – 15 = 42 Tage
Fertigung: 4 + 10 + 25 = 39 Tage

2.1

	A. Wäschle	C. Wendelin	D. Sawitzki	R. Wäschle	insgesamt
Einlage	7.500.000,00	3.200.000,00	160.000,00	100.000,00	10.960.000,00
5 % Verzinsung – Zins für Privatentn. + Zins f. Einlage	375.000,00 3.000,00	160.000,00 5.000,00	8.000,00	5.000,00	548.000,00 3.000,00 5.000,00
Zinsanteil	372.000,00	165.000,00	8.000,00	5.000,00	550.000,00
Arbeitsvergütung	120.000,00	120.000,00			240.000,00
Restanteil	522.000,00	522.000,00	18.000,00	18.000,00	1.080.000,00
Gewinnanteil	1.014.000,00	807.000,00	26.000,00	23.000,00	1.870.000,00

2.2 Betrag der offenen Selbstfinanzierung:

1.014.000,00 EUR
+ 807.000,00 EUR
– 240.000,00 EUR
1.581.000,00 EUR

2.3 Notwendige Kredithöhe:

Gesamtkapitalbedarf	17.021 610,00 EUR
– Betrag der offenen Selbstfinanzierung	1.581.000,00 EUR
Notwendige Kredithöhe	15.440 610,00 EUR

3.1 Effektivverzinsung Kredit A: 6,5 % = günstigere Alternative

Effektivverzinsung Kredit B:

$$p = \frac{z \cdot 100}{k \cdot j} = \frac{33 \cdot 100}{97 \cdot 5} = 6{,}8\ \%$$ k sei 100,00 EUR

Kreditangebot der A-Bank (Beträge in EUR)

Jahr	Darlehenshöhe	Tilgung	Zins	Liquiditätsbelastung
1	15.500.000,00		1.007.500,00	1.007.500,00
2	15.500.000,00		1.007.500,00	1.007.500,00
3	15.500.000,00		1.007.500,00	1.007.500,00
4	15.500.000,00		1.007.500,00	1.007.500,00
5	15.500.000,00	15.500.000,00	1.007.500,00	16.507.000,00
insg.		15.500.000,00	5.037.500,00	20.537.500,00

Kreditangebot der C-Bank (Beträge in EUR)

Jahr	Darlehenshöhe	Tilgung	Zins	Liquiditätsbelastung
1	16.000.000,00	3.200.000,00	960.000,00	4.720.000,00 (inkl. Disagio)
2	12.800.000,00	3.200.000,00	768.000,00	3.968.000,00
3	9.600.000,00	3.200.000,00	576.000,00	3.776.000,00
4	6.400.000,00	3.200.000,00	384.000,00	3.584.000,00
5	3.200.000,00	3.200.000,00	192.000,00	3.392.000,00
insg.		16.000.000,00	2.880.000,00	19.440.000,00

Schülerabhängig,

z. B. Ratentilgungsdarlehen: Liquiditätsbelastung einigermaßen gleichmäßig, von Jahr zu Jahr leicht fallend, geringere Zinsbelastung, Darlehen muss nicht auf einmal am Ende der Laufzeit zurückbezahlt werden (hohe Liquiditätsbelastung im letzten Jahr).
Fälligkeitsdarlehen: wesentlich geringere Liquiditätsbelastung in der Anfangsphase (unmittelbar nach der Investition)

3.2 Sicherungsübereignung für die Maschinen

Grundschuld für die Produktionshalle und das Grundstück

3.3 Die jährliche Belastung ist beim Annuitätendarlehen immer gleich. Es wird eine feste Annuität vereinbart (Summe aus Zins und Tilgung). Die Zinsbelastung nimmt jährlich ab, entsprechend steigen die Tilgungsbeträge.

3.4 Vorteile beim Leasing:

- Finanzierung hoher Anschaffungskosten entfällt
- günstige Beeinflussung der Liquidität
- keine Beanspruchung von Kreditsicherheiten
- rasche Anpassung an neuesten Stand der Technik
- evtl. Betreuung und Wartung durch Leasinggeber

Nachteile beim Leasing:

- hohe Leasingkosten
- Gesamtaufwendungen in der Regel höher als beim Kreditkauf
- kein Eigentum am Investitionsgut (nicht frei verfügbar)
- Leasinggegenstand ist nicht als Kreditsicherungsmittel verwendbar
- Grundmietzeit (Ausschluss der Kündigung)

3.5 Die Abschreibungsbeträge stellen Kosten dar, die in die Preiskalkulation eingehen. Da Abschreibungen nicht ausgabewirksam sind, stehen sie dem Unternehmen als flüssige Mittel (über Umsatzerlöse) zur Verfügung, sofern die Produkte mindestens zu dem kalkulierten Preis verkauft werden können.

3.6
- hohe Zins- und Tilgungsbelastung
- Abhängigkeit von Fremdkapitalgebern
- Einschränkung weiterer Kreditaufnahmemöglichkeiten
- hohes Risiko bei rückläufiger Wirtschaftsentwicklung usw.

Prüfungsaufgaben Winter 2012/2013 (Aufgabe 2)

1

		Maschine A	Maschine B
Kaufpreis		105.000,00 EUR	156.000,00 EUR
jährliche Kapazität		2.400	3.750
Nutzungsdauer in Jahren		7	6
lineare Abschreibung		15.000,00 EUR	26.000,00 EUR
kalkulatorischer Zins (7 %)		3.675,00 EUR	5.460,00 EUR
sonstige Fixkosten pro Jahr		1.325,00 EUR	3.540,00 EUR
Fixkosten pro Jahr:		**20.000,00 EUR**	**35.000,00 EUR**
Fertigungslöhne		30,00 EUR	22,00 EUR
Fertigungsmaterial		45,00 EUR	45,00 EUR
sonstige Variable Kosten		5,00 EUR	3,00 EUR
Variable Kosten je Stück		**80,00 EUR**	**70,00 EUR**
Gesamtkosten bei	**2.000 St.**	**180.000,00 EUR**	**175.000,00 EUR**
Stückkosten bei	**2.000 St.**	**90,00 EUR**	**87,50 EUR**

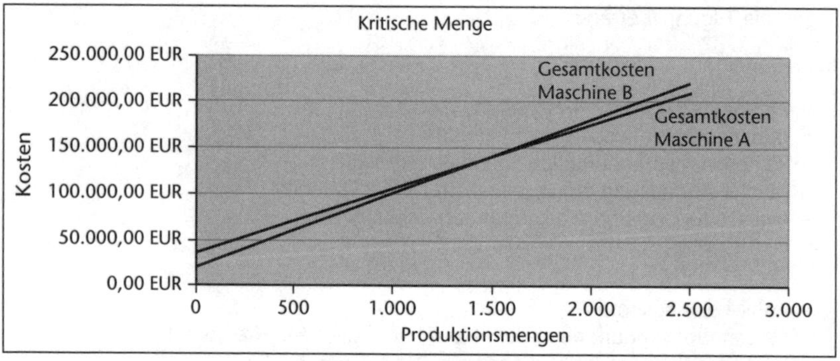

Rentabilität A in Prozent: 72,38 Stückgewinn A: 19,00 EUR

Rentabilität B in Prozent: 55,13 Stückgewinn B: 21,50 EUR

=> Stückgewinn · Menge · 100/Durchsch. Anschaffungskosten

Mögliche Vorschläge:
Maschine A: ausreichende Kapazität, höhere Rentabilität, geringere Anschaffungsausgabe
Maschine B: höhere Kapazitäten, höherer Gewinn, deutlich geringere Fertigungslöhne

2

Jahre	Darlehen am Jahresbeginn	Darlehen am Jahresende	Tilgung	Zins	Abschreibung	Liquiditätsbelastung	Aufwand
1	156.000,00 EUR	124.800,00 EUR	31.200,00 EUR	10.140,00 EUR	26.000,00 EUR	41.340,00 EUR	36.140,00 EUR
2	124.800,00 EUR	93.600,00 EUR	31.200,00 EUR	8.112,00 EUR	26.000,00 EUR	39.312,00 EUR	34.112,00 EUR
3	93.600,00 EUR	62.400,00 EUR	31.200,00 EUR	6.084,00 EUR	26.000,00 EUR	37.284,00 EUR	32.084,00 EUR
4	62.400,00 EUR	31.200,00 EUR	31.200,00 EUR	4.056,00 EUR	26.000,00 EUR	35.256,00 EUR	30.056,00 EUR
5	31.200,00 EUR	0 EUR	31.200,00 EUR	2.028,00 EUR	26.000,00 EUR	33.228,00 EUR	28.028,00 EUR
6	– EUR	– EUR	– EUR	– EUR	26.000,00 EUR	– EUR	26.000,00 EUR
Summe			**156.000,00 EUR**	**30.420,00 EUR**	**156.000,00 EUR**	**186.420,00 EUR**	**186.420,00 EUR**

Leasing:

Jahre	Leasingrate
1	42.500,00 EUR
2	42.500,00 EUR
3	42.500,00 EUR
4	42.500,00 EUR
5	15.000,00 EUR
6	15.000,00 EUR
Summe	**200.000,00 EUR**

Vergleich: Leasing – Darlehen

Jahre	Liquiditätsdifferenz	Aufwandsdifferenz
1	1.160,00 EUR	6.360,00 EUR
2	3.188,00 EUR	8.388,00 EUR
3	5.216,00 EUR	10.416,00 EUR
4	7.244,00 EUR	12.444,00 EUR
5	–18.228,00 EUR	–13.028,00 EUR
6	15.000,00 EUR	–11.000,00 EUR
Summe	**13.580,00 EUR**	**13.580,00 EUR**

Mögliche Kriterien:

- Wartungskosten fallen noch zusätzlich beim Kreditkauf an
- Kreditspielraum bleibt bei der Leasingalternative erhalten
- Unterschiedliche Verwendungsmöglichkeiten nach der Grundmietzeit
- Auswirkungen auf die Bilanzkennziffern etc.

	Kaufpreis	Aktueller Beleihungswert	Beleihungssatz in %	Max. Beleihungswert:	Differenz
neue Maschine B	156.000,00 EUR	156.000,00 EUR	60	93.600,00 EUR	93.600,00 EUR

Positionen	Bilanzwert zum	Aktueller Beleihungswert	Beleihungssatz in %	Max. Beleihungswert:	Differenz
bebaute Grundstücke	2.345.000,00 EUR	1.756.000,00 EUR	80	1.876.000,00 EUR	120.000,00 EUR
Maschinen/Anlagen	1.113.000,00 EUR	603.000,00 EUR	60	667.800,00 EUR	64.800,00 EUR
Fuhrpark	57.000,00 EUR	25.650,00 EUR	45	25.650,00 EUR	0,00 EUR

Summe der freien Beleihungswerte:					**278.400,00 EUR**

=> Es gibt noch ausreichende Kreditsicherheiten.

Kreditsicherungsarten:

- Bebaute Grundstücke: Grundschuld
  Pfandrecht an Immobilie, aus der sich der Berechtigte im Falle der Nicht-Zahlung der Kreditverpflichtung befriedigen kann.
- Maschinen/Anlagen/Fuhrpark: Sicherungsübereignung
  Gläubiger wird Eigentümer der Sache, Schuldner bleibt Besitzer und kann Sache weiter nutzen.

4

Art:	**Möglichkeiten:**	**Vorteile:**	**Nachteile:**
Beteiligungsfinanzierung	Eigentümer erhöhen Einlage oder neue Anteilseigner werden aufgenommen (Komplementäre/ Kommanditisten).	Keine Zinsbelastung Keine Tilgungsleistung Kapital steht unbefristet zur Verfügung	Gewinnteilung evtl. Machtverschiebung
Offene Selbstfinanzierung	Gewinne werden ganz oder teilweise einbehalten.	Keine Zinsbelastung Keine Tilgungsleistung Keine Änderung der Machtverhältnisse Kapital steht unbefristet zur Verfügung	Eigentümer müssen auf Gewinnausschüttung verzichten evtl. risikoreichere Investitionsentscheidungen

1 Geschäftsvorfälle erfassen und buchen

1.1 Bedeutung und Notwendigkeit des Rechnungswesens

1. Information: Unternehmer benötigt Infos für seine Planungen (Gewinne, Preise ...).

   Dokumentation: Durch fortlaufende, lückenlose Aufzeichnung aller Geschäftsfälle wird die auch vom Gesetzgeber geforderte Beweissicherungsaufgabe erfüllt.

   Planung: Vorliegende, aufbereitete Zahlen (Statistiken, Bilanzen ...) = Unterlagen für Planungen

   Kontrolle: Überwachung der Betriebsabläufe aufgrund vorliegender Zahlen des ReWe

2. • Dokumentation: s. o.
   • Gewinnermittlung
   • Grundlage für Steuerermittlung
   • Überblick über Vermögen, Schulden und Erfolgslage (Gewinn oder Verlust)
   • Information des Unternehmers und sonstiger Bilanzadressaten

1.2 Inventur – Inventar – Bilanz

1. a) • Feststellung der Bestände am Bilanzstichtag • Soll-Ist-Bestandsvergleiche

   b) **Inventur:** Aufnahme und Bewertung der Bestände

   Inventar: Bestandsverzeichnis, das alle Vermögensteile und Schulden am Bilanzstichtag enthält (= Ergebnis der Inventur)

   c) Vermögen – Schulden = Reinvermögen (Eigenkapital)

   d) **Stichtagsinventur:** Zeitnahe körperliche Bestandsaufnahme (10 Tage vor oder nach dem Bilanzstichtag)

   Permanente Inventur: Laufende Inventur mittels Lagerkartei. Mindestens einmal jährlich körperliche Bestandsaufnahme dennoch notwendig (beliebiger Zeitpunkt)

   e) **Körperliche Inventur:** Mengenmäßige Aufnahme aller körperlichen Vermögensgegenstände durch Zählen, Messen, Wiegen

   Buchinventur: Aufnahme der nichtkörperlichen Gegenstände (Forderungen, Bankguthaben, Schulden) aufgrund buchhalterischer Aufzeichnungen und Belege

2. a) **Inventar:** Ausführliche Aufstellung der Vermögensteile und Schulden in Staffelform

   Bilanz: Kurzgefasste Gegenüberstellung von Vermögen (Aktiva) und Kapital (Passiva) in Kontenform

   b) Gliederungsgesichtspunkte:

   - Vermögen –> Flüssigkeit (Liquidität; Dauer der Kapitalbindung –> erst Anlage-, dann Umlaufvermögen)
   - Kapital –> Fälligkeit (erst langfristiges, dann kurzfristiges Kapital)

3. a) Gliederung des Vermögens nach Flüssigkeit; Forderungen werden durch baldigen Zahlungseingang schneller „flüssig" (zu Geld) als Waren, die erst noch verkauft werden müssen.

   b) Grundstücke – Maschinen – Rohstoffe – unfertige Erzeugnisse – Forderungen – Bank

4. **Anlagevermögen:** Dient längerfristig dem Unternehmen

   Umlaufvermögen: Verbleibt nur kurzfristig im Unternehmen; wird ständig umgesetzt; verändert sich ständig

1.3 Wertänderungen in der Bilanz

1. a) Einkauf von Rohstoffen auf Ziel
   b) Darlehensrückzahlung durch Banküberweisung
   c) Einzahlung Kasse bei der Bank
   d) Umwandlung Verbindl. in Darlehen

2. a) Aktivtausch
   b) Aktiv – Passivminderung
   c) Aktiv – Passivmehrung
   d) Passivtausch

1.5 Ergebniskonten (Erfolgskonten) mit Abschluss

1. Bestandskonten: Aktiv- und Passivkonten – Erfolgskonten: Aufwands- und Ertragskonten

2. Erfolge wirken sich auf den Gewinn bzw. Verlust des Unternehmens aus. Aufwendungen verringern, Erträge erhöhen den Gewinn.

3. Aufwendungen verringern das Eigenkapital. Das Eigenkapitalkonto ist ein Passivkonto, Minderungen sind somit im Soll zu buchen. Aufwandskonten = Unterkonten des EK-Kontos; Erträge analog

4. Aufwendungen dürfen nicht mit Erträgen verrechnet werden; z. B.: 20.000,00 EUR Zinsaufwendungen dürfen nicht mit 25.000,00 EUR Zinserträgen zu 5.000,00 EUR Zinserträgen saldiert und ausgewiesen werden.

5. - Eigenkapital-Schlussbestand – Eigenkapital-Anfangsbestand = Gewinn bzw. Verlust
   - Erträge – Aufwendungen = Gewinn bzw. Verlust

1.6 Die Umsatzsteuer

1.	Maschinen	80.000,00	an	Verbindl. aus L. u. L.	95.200,00
	Vorsteuer	15.200,00			
2.	Forderungen	71.400,00	an	Umsatzerlöse	60.000,00
			an	Umsatzsteuer	11.400,00
3.	a) Umsatzsteuer		an	Vorsteuer	14.000,00
	Umsatzsteuer		an	Bank	7.000,00
	b) Umsatzsteuer		an	Schlussbilanz	7.000,00

4. a) **Vorsteuer:** Forderung gegenüber dem Finanzamt (Aktivkonto); entsteht bei Eingangsrechnungen; Sollbuchung
   Umsatzsteuer: Verbindlichkeit gegenüber dem Finanzamt (Passivkonto); entsteht bei Ausgangsrechnungen; Habenbuchung
   b) • Lieferungen und Leistungen gegen Entgelt
   • Eigenverbrauch
   c) Endverbraucher (Privatmann)

5. a) Summe Vorsteuerbuchungen > Summe Umsatzsteuerbuchungen
   b) Aktivposten (Forderung gegenüber dem Finanzamt)
   c) Summe Umsatzsteuerbuchungen > Summe Vorsteuerbuchungen
   d) Passivposten (Verbindlichkeit gegenüber dem Finanzamt)

6. Keinen! Es handelt sich um durchlaufende Posten, somit kein Einfluss auf Gewinn/Verlust.

7. Keine Auswirkung! Durchlaufender Posten, somit keine Kosten.

8. a) Aktivkonto b) Passivkonto

9. Zahllast eher üblich; Begründung: Die Verkaufserlöse übersteigen die Einkaufspreise, da eine Mehrwertschöpfung stattfindet. Somit übersteigt üblicherweise die Umsatzsteuer (Basis: Nettoverkaufserlöse) die Vorsteuer (Basis Nettoeinkaufspreise).

10. Der Unternehmer soll grundsätzlich nicht mit Umsatzsteuer (Mehrwertsteuer) belastet werden, da er nicht Endverbraucher ist (Ausnahme: Eigenverbrauch). Ihm in Rechnung gestellte MwSt (= Vorsteuer) erhält er vom Finanzamt zurückvergütet. MwSt, die er in Rechnung stellt (Umsatzsteuer), muss er ans Finanzamt abführen, sodass per Saldo keine erfolgsmäßige Auswirkung erfolgt.

11. Sie ist i. d. R. monatlich beim Finanzamt einzureichen (innerh. von 10 Tagen nach Ablauf des Monats). Vordruck, auf dem die Zahllast bzw. der Vorsteuerüberhang ermittelt wird.

12. a) Vorsteuerkorrektur:
   • Liefererskontoabzug bei Zahlung
   • Rücksendung an Lieferanten
   • Nachlass durch Lieferanten

   b) Umsatzsteuerkorrektur:
   • Kunde zieht bei Zahlung Skonto ab.
   • Rücksendung durch Kunden
   • Nachlass an Kunden

1.7 Lohn- und Gehaltsabrechnung und -buchung

1.7.2 Lohn- und Gehaltsabrechnung

Abkürzungen: **vL-AG** = vermögenswirksame Leistung des Arbeitgebers
Soli = Solidaritätszuschlag
KiSt. = Kirchensteuer
RV, KV, PV, AV = Renten-, Kranken-, Pflege-, Arbeitslosenversicherung
vS = vermögenswirksames Sparen
st + sv Gehalt = steuer- und sozialversicherungspflichtiges Gehalt

Lösung Fall 1		West (EUR)		Ost (EUR)
Bruttogehalt		**2.500,00**		**2.500,00**
+ vL-AG		20,00		20,00
= st + sv Gehalt		2.520,00		2.520,00
– Lohnsteuer		250,00		250,00
– Soli	(5,5 % v. 250,00)	13,75		13,75
– KiSt	(8,0 % v. 250,00)	20,00	(9 % v. 250,00)	22,50
– KV	(8,2 % v. 2.520,00)	206,64		206,64
– RV	(9,45 % v. 2.520,00)	238,14		238,14
– AV	(1,5 % v. 2.520,00)	37,80		37,80
– PV	(1,025 % v. 2.520,00)	25,83		25,83
= Nettogehalt		1.727,84		1.725,34
– vS		40,00		40,00
= Überweisungsbetrag		**1.687,84**		**1.685,34**

Beim **KiSt.-Satz** von **9 % (West)** gelten in den **Fällen 1 und 2** die Abrechnungen **Ost.**

Lösung Fall 2		West (EUR)		Ost (EUR)
Bruttogehalt		**3.000,00**		**3.000,00**
+ vL-AG		20,00		20,00
= st + sv Gehalt		3.020,00		3.020,00
– Lohnsteuer		400,00		400,00
– Soli	(5,5 % v. 400,00)	22,00		22,00
– KiSt	(8,0 % v. 400,00)	32,00	(9 % v. 400,00)	36,00
– KV	(8,2 % v. 3.020,00)	247,64		247,64
– RV	(9,45 % v. 3.020,00)	285,39		285,39
– AV	(1,5 % v. 3.020,00)	45,30		45,30
– PV	(1,025 % v. 3.020,00)	30,96		30,96
= Nettogehalt		1.956,71		1.952,71
– vS		40,00		40,00
= Überweisungsbetrag		**1.916,71**		**1.912,71**

Lösung Fall 3		West (EUR)		Ost (EUR)
Bruttogehalt		**4.275,00**		**4.275,00**
+ vL-AG		20,00		20,00
= st + sv Gehalt		4.295,00		4.295,00
– **Lohnsteuer**		600,00		600,00
– **Soli**	(5,5 % v. 600,00)	33,00		33,00
– **KiSt**	(8,0 % v. 600,00)	48,00	(9 % v. 600,00)	54,00
– **KV**	(8,2 % v. 4.050,00)	332,10		332,10
– **RV**	(9,45 % v. 4.295,00)	405,88		405,88
– **AV**	(1,5 % v. 4.295,00)	64,43		64,43
– **PV**	(1,025 % v. 4.050,00)	41,51		41,51
= Nettogehalt		**2.770,08**		**2.764,08**
– vS		40,00		40,00
– Vorschuss		500,00		500,00
= Überweisungsbetrag		**2.230,08**		**2.224,08**

Beim **KiSt.-Satz** von **9 % (West)** gilt im **Fall 3** die Abrechnung **Ost**.

Beim **KiSt.-Satz** von **9 % (West)** ergäben sich im **Fall 4** folgende Werte:

- Kirchensteuer: 9 % von 1.000,00 EUR = 90,00 EUR
- Nettogehalt somit: 3.849,86 EUR
- Überweisungsbetrag somit: 3.809,86 EUR

Lösung Fall 4		West (EUR)		Ost (EUR)
Bruttogehalt		**6.000,00**		**6.000,00**
+ vL-AG		20,00		20,00
= st + sv Gehalt		6.020,00		6.020,00
– **Lohnsteuer**		1.000,00		1.000,00
– **Soli**	(5,5 % v. 1.000,00)	55,00		55,00
– **KiSt**	(8,0 % v. 1.000,00)	80,00	(9 % v. 1.000,00)	90,00
– **KV**	(8,2 % v. 4.050,00)	332,10		332,10
– **RV**	(9,45 % v. 5.950,00)	562,28	(9,45 % v. 5.000,00)	472,50
– **AV**	(1,5 % v. 5.950,00)	89,25	(1,5 % v. 5.000,00)	75,00
– **PV**	(1,025 % v. 4.050,00)	41,51		41,51
= Nettogehalt		**3.859,86**		**3.953,89**
– vS		40,00		40,00
= Überweisungsbetrag		**3.819,86**		**3.913,89**

1.7.3 Lohn- und Gehaltsbuchungen

1.	265	Forder. an Mitarbeiter	800,00	282	Kasse	800,00
2.a)	264	SV-Vorauszahlung	1.701,40	280	Bank	1.701,40
b)	63	Gehälter	4.289,00	280	Bank	1.466,85
				483	Vbl. geg. FA	1.074,15
				264	SV-Vorauszahlung	870,00
				486	Vbl. a. v. S.	78,00
				265	Ford. an Mitarbeiter	800,00
c)	640	AGA SV	831,40	264	SV-Vorauszahlung	831,40
d)	483	Vbl. geg. FA	1.074,15	280	Bank	1.152,15
	486	Vbl. aus v. S.	78,00			
3.a)	264	SV-Vorauszahlung	1.564,90	280	Bank	1.564,90
b)		Bruttogehalt				3.900,00
	+	vermögenswirksame Leistung des Arbeitgebers				39,00
	=	steuer- und sozialversicherungspflichtiges Gehalt				3.939,00
	–	Lohn- und Kirchensteuer, Solidaritätszuschlag				800,00
	–	Beiträge zu Sozialversicherung: Renten-, Kranken-, Arbeitslosen-, Pflegeversicherung				790,00
	–	vermögenswirksames Sparen (Sparrate)				78,00
	–	Vorschussverrechnung				500,00
	=	Nettogehalt (Auszahlung)				1.771,00
c)	63	Gehälter	3.939,00	280	Bank	1.771,00
				483	Vbl. geg. FA	800,00
				264	SV-Vorauszahlung	790,00
				486	Vbl. aus v. S.	78,00
				265	Ford. an Mitarbeiter	500,00
d)	640	AGA SV	764,90	264	SV-Vorauszahlung	764,90
e)	483	Vbl. geg. FA	800,00	280	Bank	878,00
	486	Vbl. aus v. S.	78,00			
4.	620	Löhne	86.340,00	483	So. Vbl. geg. FA	13.250,00
				264	SV-Vorauszahlung	14.720,00
				486	Vbl. aus vL	1.404,00
				265	Ford. an Mitarbeiter	2.000,00
				571	Zinserträge	780,00
				280	Bank	54.186,00
	640	AG-Anteil SV	13.942,94	264	SV-Vorauszahlung	13.942,94

5. Vgl. Stofftelegramm

6.
• Lohn- und Kirchensteuern, Solidaritätszuschlag:	Finanzamt
• Sozialversicherungsbeiträge:	Krankenkassen
• Vermögenswirksames Sparen:	Bausparkassen
• Fondssparpläne, Bausparverträge und Banksparpläne:	Banken, Sparkassen und Versicherungen

7. Einkünfte aus nichtselbstständiger Arbeit

8. Die Lohnsteuer belastet den Unternehmer erfolgsmäßig nicht. Im Rahmen der Lohn- bzw. Gehaltsabrechnung wird sie dem Arbeitnehmer abgezogen und ans Finanzamt abgeführt.

9.
Bruttogehalt	4.000,00
+ vermögenswirksame Leistung des Arbeitgebers	19,50
= steuer- und sozialversicherungspflichtiges Gehalt	4.019,50
– Lohn- und Kirchensteuer, Solidaritätszuschlag	600,00
– Beiträge zur Sozialversicherung	800,00
– vermögenswirksames Sparen (Sparrate)	78,00
– Vorschussverrechnung	500,00
= Nettogehalt (Auszahlung)	2.041,50

1.8 Kontenrahmen – Kontenplan – Bücher

1. Industrie – Großhandel – Einzelhandel – Banken

2. Vgl. Stofftelegramm

3. • übersichtliche Kontendarstellung • Zeitvergleiche möglich • Betriebsvergleiche möglich

4. Vgl. Stofftelegramm

5. Kontokorrentkonten = Geschäftsfreundebuch = Kundenkonten (Debitoren) und Lieferantenkonten (Kreditoren)

6. a) Debitorenkonten = Kundenkonten = einzelne Forderungen
   Kreditorenkonten = Lieferantenkonten = einzelne Verbindlichkeiten

   b) Sachkonten: Konten des Hauptbuches; sachlich geordnete Konten
   Personenkonten: Debitoren- und Kreditorenkonten

1.9 Buchungen: Einkauf, Produktion und Verkauf

Hinweis: bestandsorientierte Buchungen beim Materialverbrauch

1.	280	Bank	45.472,00	240	Forderungen	46.400,00
	5002	Kundenskonti	779,83			
	480	Umsatzsteuer	148,17			
2.1	200	Rohstoffe	3.200,00	44	Verbindlichkeiten	3.808,00
	260	Vorsteuer	608,00			
2.2	44	Verbindlichkeiten	3.808,00	281	Postgiro	3.693,76
				2003	Liefererskonti	96,00
				260	Vorsteuer	18,24
3.	240	Forderungen	7.758,80	500	Umsatzerlöse	6.520,00
				480	Umsatzsteuer	1.238,80
4.	44	Verbindlichkeiten	29.000,00	280	Bank	28.420,00
				2002	Nachlässe Rohstoffe	487,39
				260	Vorsteuer	92,61
5.	240	Forderungen	2.499,00	501	UE für Handelswaren	2.100,00
				480	Umsatzsteuer	399,00
6.	5011	Preisnachl. Handelswaren	210,00	240	Forderungen	249,90
	480	Umsatzsteuer	39,90			
7.	602	Aufw. für Hilfsstoffe	60.200,00	202	Hilfsstoffe	60.200,00
8.1	240	Forderungen	40.698,00	500	Umsatzerlöse	34.200,00
				480	Umsatzsteuer	6.498,00
8.2	5001	Erlösschmälerungen	205,20	240	Forderungen	244,19
	480	Umsatzsteuer	38,99			
9.	240	Forderungen	30.940,00	501	Umsatzerlöse HW	26.000,00
				480	Umsatzsteuer	4.940,00
	5011	Preisnachlässe HW	1.169,75	240	Forderungen	1.392,00
	480	Umsatzsteuer	222,25			
	280	Bank	29.548,00	240	Forderungen	29.548,00
10.1	200	Rohstoffe	33.725,00	44	Verbindlichkeiten	41.055,00
	2001	Bezugskosten	775,00			
	260	Vorsteuer	6.555,00			
10.2	44	Verbindlichkeiten	5.950,00	2002	Preisnachlässe	5.000,00
				260	Vorsteuer	950,00
11.1	240	Forderungen	34.272,00	500	Umsatzerlöse	28.800,00
				480	Umsatzsteuer	5.472,00

11.2	281	Postgiro	33.243,84	240	Forderungen	34.272,00
	5002	Kundenskonti	864,00			
	480	Umsatzsteuer	164,16			
12.	44	Vbl.	833,00	2042	Nachlässe	700,00
			oder	6042	Nachl. sonst. Material	
				260	Vorsteuer	133,00
13.	240	Forderungen	702,10	500	Erlöse	590,00
				480	USt	112,10
14.	44	Verbindlichkeiten	1.701,94	6002	Preisn. u. Rücks.	1.430,20
				260	Vorsteuer	271,74
15.	614	Frachten	120,00	282	Kasse	142,80
	260	Vorsteuer	22,80			
16.	280	Bank	688,06	240	Forderungen	702,10
	5002	Kundenskonti	11,80			
	480	USt	2,24			
17.1	600	Aufw. f. Rohst.	12.000,00	44	Verb. a. LuL	14.280,00
	260	Vorsteuer	2.280,00			
17.2	44	Verb. a. LuL	14.280,00	280	Bank	13.851,60
				6003	Liefererskonti	360,00
				260	Vorsteuer	68,40
17.3	240	Ford. a. LuL	2.380,00	500	Umsatzerlöse	2.000,00
				480	Umsatzsteuer	380,00
18.1	240	Forderungen	66.283,00	500	Umsatzerlöse	55.700,00
				480	USt	10.583,00
18.2	614	Frachten	1.324,80	44	Verbindlichkeiten	1.576,51
	260	Vorsteuer	251,71			
18.3	5003	Kundenboni	6.100,00	240	Forderungen	7.259,00
	480	USt	1.159,00			
19.1	200	Rohstoffe und FB	3.000,00	44	Verbindlichkeiten	3.748,50
	2001	Bezugskosten	150,00			
	260	VSt	598,50			
	44	Verbindlichkeiten	1.428,00	2002	Preisnachl. + Rücksend.	1.200,00
				260	VSt	228,00
	Lösung nach dem aufwandsorientierten Verfahren ebenso zulässig.					
	24	Forderungen	6.307,00	500	UE	5.300,00
				480	USt	1.007,00

19.2	280 Bank	6.117,79		
	5002 Kundenskonti	159,00		
	480 USt	30,21	24 Forderungen	6.307,00
20.1	Ausgangsrechnung:			
	2400 Forderungen	13.506,50	5000 Umsatzerlöse	11.350,00
			4800 Umsatzsteuer	2.156,50
	Eingangsrechnung:			
	082 Werkzeuge	3.000,00	4400 Verbindlichkeiten	3.617,36
	2000 Fremdbezugsteile	39,80		
	2600 Vorsteuer	577,56		
20.2	Bezahlung:			
	Ausgangsrechnung:			
	2800 Bank	13.101,31	2400 Forderungen	13.506,50
	5002 Kundenskonti	340,50		
	4800 Umsatzsteuer	64,69		
	Eingangsrechnung:			
	44 Verbindlichkeiten	3.617,36	2800 Bank	3.617,36

21. a) **Rohstoffeinsatz** = Materialeinsatz = Rohstoffverbrauch = Fertigungsmaterial = Materialeinzelkosten

    b) **Wareneinsatz:** Einstandspreis der verkauften Ware

22. **Direkte Methode:** Jeder Stoffverbrauch wird mit Hilfe von Materialentnahmescheinen sofort erfasst und gebucht.

    Indirekte Methode: Der gesamte Stoffverbrauch der Periode wird nachträglich durch Inventur ermittelt. AB + Zugänge – EB laut Inventur = Verbrauch

23. Wenn eingekaufte Rohstoffe sofort in die Produktion gehen (z. B. Just-in-time).

24. **Liefererskonti:** Verringerung der Rohstoff-Anschaffungskosten, somit Verringerung des Rohstoffaufwandes –> Gewinn steigt

    Kundenskonti: Verringerung der Umsatzerlöse –> Gewinn sinkt

1.10 Prüfungsaufgaben

Prüfungsaufgaben Winter 2009/2010 (Aufgabe 2)

2.1	0870	Geschäftsausstatt.	2.340,00	an	44	Verbindl. a. L. L.	3.399,83
	0890	Sammelkonto 2009 GWG	475,00				
	6800	Büromaterial	42,00				
	2600	Vorsteuer	542,83				
2.2	44	Verbindl. a. L. L.	3.399,83	an	2800	Bank	3.331,83
					0870	Geschäftsausstattung	46,80
					0890	Sammelkonto 2009 GWG	9,50
					6800	Büromaterial	0,84
					2600	Vorsteuer	10,86

2.3 Berechnung der Abschreibung:
Aktenschrank: 2.293,20 EUR : 6 = 382,20 EUR : 12 = 31,85 EUR · 4 Monate = 127,40 EUR
Aktenvernichter: 465,50 EUR auf 5 Jahre = 93,10 EUR

Buchung der Abschreibung:

	6500	Abschr. auf Sachanl.	127,40	an	0870	Geschäftsausstattung	127,40
	6540	Abschreibung GWG	93,10	an	0890	Sammelkonto 2009 GWG	93,10
2.4.1	2800	Bank	57.600,00	an	4200	Verb. geg. Kreditinst.	60.000,00
	2910	Disagio	2.400,00				

2.4.2 Das Disagio wird über die Laufzeit verteilt abgeschrieben. Am 31.12.2009 sind zeitanteilig für drei Monate 150,00 EUR abzuschreiben.

2.5	3900	Sonst. Rückst.	7.550,00	an	2800	Bank	7.350,00
					5480	Ertr. a. Auflösung oder Herabs. von Rückst.	200,00
2.6	2800	Bank	17.255,00	an	6961	Erlöse AV	14.500,00
					4800	Umsatzsteuer	2.755,00
	6961	Erlöse AV	14.500,00	an	0870	Geschäftsausstattung	15.000,00
	696	Verluste AV	500,00				

Prüfungsaufgaben Sommer 2010 (Aufgabe 1, teilweise)

3.1	2000 Fremdbauteile	6.677,50 EUR	an	4400	Verbindl. a. L. u. L.	7.946,23 EUR
	2600 Vorsteuer	1.268,73 EUR				

3.2 Verlängerung Zahlungsziel bei Verzicht auf Skontoabzug 50 T – 10 T = 40 T
Kosten durch Verlust des Skontoabzugs ca. 2 %

$$p = \frac{z \cdot 100 \cdot 360}{K \cdot t} = \frac{2 \cdot 100 \cdot 360}{98 \cdot 40} = 18{,}37\ \%$$

Da der Kontokorrentkredit mit 13 % p. a. günstiger ist, lohnt es sich auf jeden Fall, den Skontoabzug vorzunehmen.

3.3 Zahlung am letzten Tag der Skontofrist: 14.04. + 10 T. = 24.04.2010

4400 Verbindl. a. L. u. L.	7.946,23 EUR	an	2800 Bank	7.787,31 EUR
			2003 Liefererskonti	133,55 EUR
			2600 Vorsteuer	25,37 EUR

Prüfungsaufgaben Sommer 2010 (Aufgabe 1, teilweise)

1.1	Beleg 1				
	2400 Forderungen	14.678,65	an	5000 Umsatzerlöse	12.335,00
				4800 Umsatzsteuer	2.343,65
	Beleg 2				
	2000 RHB, Fremdbauteile	6.085,00	an	4400 Verbindlichkeiten	7.241,15
	2600 Vorsteuer	1.156,15			
	Beleg 3				
	6130 Inst.haltg., Reparaturen	77,40	an	2820 Kasse	92,11
	2600 Vorsteuer	14,71			
	Beleg 4				
	0710 Maschinen	70.000,00	an	4400 Verbindlichkeiten	83.300,00
	2600 Vorsteuer	13.300,00			
1.2	Zahlung Anlage 4				
	4400 Verbindlichkeiten	83.300,00	an	2800 Bank	81.634,00
				0710 Maschinen	1.400,00
				2600 Vorsteuer	266,00

1.5

S	2600 Vorsteuer		H
	1.268,40	4400	3.690,00
	2.421,60	4400	**266,00**
4400	**1.156,15**		
2820	**14,71**		
4400	**13.300,00**	4800	**14.204,86**
	18.160,86		18.160,86

S	4800 Umsatzsteuer		H
2600	12.190,00		5.495,00
2600	**14.204,86**		6.635,58
8010	890,58		12.811,21
(Zahllast)		2400	**2.343,65**
	27.285,44		27.285,44

1.6	4800 Umsatzsteuer	1.050,00	an	8010 Schlussbilanzkonto	1.050,00

Prüfungsaufgaben Winter 2010/2011 (Aufgabe 2, teilweise)

2.1.1	2400	Forderungen (Debitor 24006)	5.533,50	an	5010	Umsatzerlöse Handelsw.	4.650,00
					4800	Umsatzsteuer	883,50
	6080	Aufw. f. Handelsw. (1.050,00 + 1.650,00)	2.700,00	an	2210	Handelswaren	2.700,00
2.1.2	2800	Bank	5.367,50	an	2400	Forderungen (Debitor 24006)	5.533,50
	4800	Umsatzsteuer	26,50				
	5012	Kundenskonti	139,50				

2.1.3 Rohgewinn bei diesem Geschäft:

Erlöse (4.650,00 – 139,50)	4.510,50 EUR
– Aufwendungen	2.700,00 EUR
Rohgewinn	1.810,50 EUR

Prüfungsaufgaben Sommer 2011 (Aufgabe 2, teilweise)

2.1	0710	Maschinen	62.870,00	an	4400 Verb. a. L. u. L.	74.815,30
	2600	Vorsteuer	11.945,40			
	2400	Forderungen	11.876,20	an	5000 Umsatzerlöse	9.980,00
					4800 Umsatzsteuer	1.896,20

2.2

Rechnungsbetrag brutto	74.815,30 EUR
– 2 % Skonto	1.496,31 EUR
Zahlungsbetrag	73.318,99 EUR

$$\text{Zinsen} = \frac{73.318{,}99 \cdot 14 \cdot 20}{100 \cdot 360} = \quad 570{,}26 \text{ EUR}$$

Finanzierungserfolg (1.496,31 – 570,26) 926,05 EUR

Skontoabzug lohnt sich, da der Finanzierungserfolg positiv ist.

2.3	4400	Verb. a. L. u. L.	74.815,30	an	2800 Bank	73.318,99
					0710 Maschinen	1.257,40
					2600 Vorsteuer	238,91

2 Kosten- und Leistungsrechnung I: Grundlagen – Abgrenzungsrechnung

2.1 Grundbegriffe und Aufgaben

1. Vgl. Stofftelegramm
2. a) Aufwendungen b) Ausgaben + Aufwendungen c) Ausgaben d)–e) Aufwendungen
3. Betriebsfremde, periodenfremde, außerord. Aufwendungen, Verluste aus AV-Abgängen
4. | | |
   |---|---|
   | a) Neutrale Aufwendungen: | Aufwendungen, die nicht als Kosten erfasst werden (vgl. 3.) |
   | b) Zweckaufwand: | kostengleicher Aufwand |
   | c) Grundkosten: | aufwandsgleiche Kosten |
   | d) Zusatzkosten: | Kosten, die in der GuV nicht als Aufwand erfasst werden |
   | e) Anderskosten: | Kosten, die in der GuV in anderer Höhe als in der KLR erfasst werden |
5. Vgl. Stofftelegramm
6. | | | | |
   |---|---|---|---|
   | a) Kosten | b) periodenfremd | c) Verluste aus AV-Abgang | d) Kosten |
   | e) betriebsfremd | f) Kosten | g) betriebsfremd | h) Kosten |
7. Abgrenzung der Kosten und Leistungen (= Größen der KLR) von den Aufwendungen und Erträgen (= Größen der GuV-Rechnung). Neutrale Aufwendungen und Erträge werden herausgefiltert, um die für die KLR notwendigen reinen Kosten und Leistungen zu erhalten.
8. Vgl. Stofftelegramm

2.2 Kalkulatorische Kosten

1. Vgl. Stofftelegramm
2. Unterscheidungsmerkmale: Vgl. auch Stofftelegramm

   Begründungen für den unterschiedlichen Ansatz kalkulatorischer Abschreibungen:

   - **Abschreibung des betriebsnotwendigen Vermögens:** Nur dieses dient dem ordnungsgemäßen Betriebsablauf. Darüber hinausgehendes Vermögen darf kalkulatorisch nicht berücksichtigt werden, weil z. B. Konkurrenten dieses auch nicht kalkulieren.
   - **Lineare Abschreibung:** Im Unterschied zur degressiven Abschreibung führt die lineare Abschreibung zu einer kostenrechnerisch erwünschten gleichmäßigen Kostenbelastung der einzelnen Perioden.
   - **Abschreibungsgrundlage = Wiederbeschaffungskosten:** Bei Preissteigerungen kann die neue Maschine aus den Abschreibungsrückflüssen beschafft werden. Hierdurch wird eine substanzielle Kapitalerhaltung erreicht.
3. Vgl. Stofftelegramm
4. - Zweckaufwand = Grundkosten = 100.000,00 EUR
   - Zusatzkosten = 0,00 EUR
   - Neutrale Aufwendungen = 20.000,00 EUR

5. • Wiederbeschaffungskosten sind gesunken: kalkulator. Abschreibung < bilanzielle Abschreibung.
   • Bilanzielle degressive Abschreibung, die in den Anfangsjahren > lineare Abschreibung.

6. a) Gesamtergebnis = E – A = **–40.000,00 EUR** c) Neutrales Ergebnis = **–50.000,00 EUR**
   b) Betriebsergebnis = **+10.000,00 EUR** d) Kosten = **50.000,00 EUR**

   Nebenrech.: *Neutrale Erträge = Erträge – Leistungen = 70.000 – 60.000 = 10.000,00 EUR*
   Neutrales Ergebnis = *Neutrale Erträge – Neutr. Aufw. = 10.000 – 60.000* = **–50.000,00 EUR**
   Betriebsergebnis = *Ges.erg. – Neutr. Erg. = –40.000 – (–50.000)* = **+10.000,00 EUR**
   Betriebsergebnis = *Leistungen – Kosten –> **Kosten** = 60.000 – 10.000* = **+50.000,00 EUR**

2.3 Ergebnistabelle

1. a) **Ergebnistabelle in Tsd. EUR**

Konto Nr.	**GuV**		**UA**		**KK**		**KLR**	
	Aufw.	Erträge	nA	nE	A(GuV)	K (KLR)	Kosten	Leistungen
500		3.200						3.200
521		100						100
53		60						60
571		40		40				
600	880						880	
602/3	250						250	
613	120						120	
620	540						540	
6201	100						100	
63	380						380	
64	260						260	
65	280				280	250	250	
679	40						40	
696	50		50					
70	90						90	
751	80		80				150	
kalk. U'lohn						300	300	
	3.070	3.400	130	40	280	550	3.210	3.360
	330			90	270		150	
	3.400	3.400	130	130	550	550	3.360	3.360

Ergebnis aus unternehmensbezogenen Abgrenzungen	–90,00 EUR
Ergebnis aus kostenrechnerischen Korrekturen	+270,00 EUR
Neutrales Ergebnis	+180,00 EUR
Betriebsergebnis	+150,00 EUR
Gesamtergebnis laut GuV	+330,00 EUR

b) • Die kalkulatorische Abschreibung erfasst die tatsächliche Wertminderung.
   • Die einzelnen Perioden sollen gleichmäßig belastet werden; daher lineare Abschreib.
   • Eine Wiederbeschaffung aus den in die Preise kalkulierten und zurückfließenden Abschreibungsbeträgen soll ermöglicht werden. Folglich Abschreibung vom Wiederbeschaffungswert –> substanzielle Kapitalerhaltung (Erhaltung der Untern.substanz).

2.

Rechnungskreis I				Rechnungskreis II					
Geschäftsbuchführung				Abgrenzungsbereich				Kosten- und Leistungsrechnung	
GuV-Konto				Unternehmensbezogene Abgrenzung		Kostenrechnerische Korrekturen		Betriebsergebnisrechnung	
Kto.-Nr.	Kontenbezeichnung	Aufwendungen	Erträge	Aufwendungen	Erträge	Aufwendungen	Erträge	Kosten	Leistungen
500	Umsatzerlöse		1.500.400						**1.500.400**
571	Zinserträge		50.000		**50.000**				
600	Rohstoffaufwand	760.000						**760.000**	
62/63	Löhne, Gehälter	304.000						**304.000**	
640	Arbeitgeberanteil zur Sozialversicherung	38.760						**38.760**	
650	Abschreibungen auf Sachanlagen	120.000				120.000	100.000	**100.000**	
670	Mieten und Pachten	24.000						**24.000**	
677	Rechts- und Beratungskosten	3.800						**3.800**	
680	Büromaterial	16.000						**16.000**	
696	Verluste Abgang Sachanlage-vermögen	8.240		**8.240**					
770	Gewerbesteuer	35.350		**5.350**				**30.000**	
	Summe	1.310.150	1.550.400	**13.590**	**50.000**	**120.000**	**100.000**	**1.276.560**	**1.500.400**
		240.250		**36.410**			20.000	**223.840**	
	Unternehmensergebnis	**240.250**							
	Neutrales Ergebnis			**16.410**					
	Betriebsergebnis							**223.840**	

2.4 Prüfungsaufgaben

Prüfungsaufgaben Sommer 2009 (Aufgabe 1, teilweise)

1.6.1 Abschreibungsgrundlage in der **Finanzbuchhaltung** sind die Anschaffungskosten. Die betriebsgewöhnliche Nutzungsdauer und somit der jährliche Abschreibungssatz werden vom Gesetzgeber vorgegeben.

In der **Kostenrechnung** sind die Wiederbeschaffungskosten Grundlage der Berechnung. Die Höhe der Abschreibung richtet sich nach der tatsächlichen Nutzungsdauer der Anlagegegenstände sowie nach dem Prinzip der gleichmäßigen Kostenbelastung.

1.6.2 Grundkosten: 300.000,00 EUR; Zweckaufwand: 300.000,00 EUR;
Neutraler Aufwand: 0,00 EUR; Zusatzkosten: 20.000,00 EUR

Prüfungsaufgaben Sommer 2011 (Aufgabe 1, teilweise)

1.1 Ermittlung der Kosten und Leistungen, die durch die betriebliche Leistungserstellung einer Periode entstehen.

1.2 Siehe **Anlage**

1.3 Z. B.:

buchhalterische Abschreibung	kalkulatorische Abschreibung
Abschreibung von den Anschaffungskosten	Abschreibung von den geschätzten Wiederbeschaffungskosten

Anlage Ergebnistabelle 1. Quartal

Rechnungskreis I				Rechnungskreis II					
Erfolgsrechnung				Abgrenzungsbereich				KLR-Bereich	
Geschäftsbuchführung				Unternehmensbezogene Abgrenzung		kosten- und leistungsrechnerische Korrekturen			
Konto	Kto.-Nr.	Aufwendungen Tsd. EUR	Erträge Tsd. EUR	Aufwendungen Tsd. EUR	Erträge Tsd. EUR	Aufwendungen Tsd. EUR	Verr. Kosten Tsd. EUR	Kosten Tsd. EUR	Leistungen Tsd. EUR
Umsatzerlöse Erzeugnisse	5000		16.500						16.500
Mieterträge	5400		520		520				
Zinserträge	5710		10		10				
Rohstoffaufw.	6000	3.850						3.850	
Löhne/Gehälter	6200/6300	4.020		20				4.000	
Abschreibung	6500	2.010		10		2.000	1.500	1.500	
Mietaufwand	6700	1.780						1.780	
Zinsaufwand	7510	1.920				1.920	1.100	1.100	
Steuernachzahlungen	7790	110		110					
	Summe	13.690	17.030	140	530	3.920	2.600	12.230	16.500
		3.340		390			1.320	4.270	
		17.030	17.030	530	530	3.920	3.920	16.500	16.500

Neutrales Ergebnis:	Verlust 930 Tsd. EUR
Betriebsergebnis:	Gewinn 4.270 Tsd. EUR
Unternehmensergebnis:	Gewinn 3.340 Tsd. EUR

Prüfungsaufgaben Sommer 2013 (Aufgabe 1, teilweise)

1.1

Abgrenzungstabelle HaRo GmbH
1. Quartal 2013

Rechnungskreis I			Rechnungskreis II					
	A	B	C	D	E	F	G	H
Finanzbuchführung			Abgrenzungsbereich				Kosten- und Leistungsrechnung	
			Unternehmensbezogene Abgrenzung		Kosten- und leistungsrechnerische Korrekturen			
Kto.- Nr.	Aufwendungen Tsd. EUR	Erträge Tsd. EUR	Aufwendungen Tsd. EUR	Erträge Tsd. EUR	Aufwendungen Tsd. EUR	Verr. Kosten Tsd. EUR	Kosten Tsd. EUR	Leistungen Tsd. EUR
5000 Umsatzerlöse fert. Erz.		14.900						14.900
5220 Bestandsveränderungen fert. Erz.	400						400	
5400 Erträge aus Vermietung		70		70				
5460 Erträge a. d. Abgang von Vermögensgegenständen		20		20				
5710 Zinserträge		50		50				
6000 Aufwendungen für Rohstoffe	5.500						5.500	
6130 Instandhaltung/Reparaturen	80		30				50	
6200 Löhne	1.700						1.700	
6400 Soziale Abgaben	900						900	
6500 Abschreibungen auf Sachanlagen	800				800	860	860	
6870 Werbung	250						250	
7020 Grundsteuer	100		20				80	
7510 Zinsaufwendungen	200				200	320	320	
7600 Außerordentliche Aufwendungen	150		150					
Summe	10.080	15.040	200	140	1.000	1.180	10.060	14.900
	4.960			60	180		4.840	
	15.040	15.040	200	200	1.180	1.180	14.900	14.900
Betriebsergebnis	(+) 4.840							
Neutrales Ergebnis	(+) 120							
Unternehmensergebnis	(+) 4.960							

1.2

Grundkosten:	Aufwendungen für Rohstoffe
Zweckaufwand:	Aufwendungen für Rohstoffe (siehe Grundkosten)
Anderskosten:	Kalkulatorische Abschreibung
Neutrale Aufwendungen:	Außerordentliche Aufwendungen
Grundleistungen:	Umsatzerlöse
Neutrale Erträge:	Mieterträge
Andere Beispiele sind möglich.	

1.3 Aufwendungen für Rohstoffe fließen nicht in den BAB ein, da sie i. d. R. direkt auf einen Kostenträger zurechenbar sind (Einzelkosten).

Die Kalkulatorischen Abschreibungen sind Gemeinkosten und werden im BAB auf die Kostenstellen verteilt.

3 Kosten- und Leistungsrechnung II: Vollkostenrechnung

3.4 Aufgaben zu den Kapiteln 3.1 bis 3.3

1. • Verursachungsgerechte Zuordnung (Verteilung) der Gemeinkosten nach Belegen oder Verteilungsschlüsseln auf die einzelnen Kostenstellen; die Verteilung erfolgt im BAB.
   • Ermittlung von Zuschlagsätzen für die Kostenträgerstück- und Kostenträgerzeitrechnung
   • Ermöglichung der Kostenkontrolle in einzelnen Kostenstellen (Wirtschaftlichkeitskontrolle)

2. Vgl. Stofftelegramm

3. **Kostenstellen:** Diejenigen Orte im Unternehmen, an denen die Gemeinkosten entstehen – zumeist Betriebsabteilungen. Die Kostenstelle muss ein selbstständiger Verantwortungsbereich sein, damit eine wirksame Kostenkontrolle möglich ist.

4. Verursachungsgerechte Verteilung der Gemeinkosten auf die Kostenstellen, in denen sie entstanden sind

5. **Kostenstelleneinzelkosten:** Gemeinkosten, die mithilfe von Belegen direkt den Kostenstellen zugerechnet werden können. Beispiel: Abschreibungen können aufgrund der Anlagenkartei eindeutig den Kostenstellen zugerechnet werden.
   Kostenstellengemeinkosten: Gemeinkosten, die lediglich indirekt mithilfe von Verteilungsschlüsseln auf die Kostenstellen umgelegt werden können. Beispiel: Gewerbesteuer

6. Einkaufsabteilung, Materialannahme, Materialprüfung, Materiallager

7. a) MEK 100.000,00 EUR = 100 %   FEK 70.000,00 EUR = 100 %
   MGK 65.000,00 EUR = **65 % MGKZ**   FGK 105.000,00 EUR = **150 % FGKZ**

MEK		100.000,00
MGK	65 %	65.000,00
FEK		70.000,00
FGK	150 %	105.000,00
HKP		340.000,00
– Mehrbestand		10.000,00
HKU		330.000,00
VwGK	**15,00 %**	49.500,00
VtGK	**5 %**	16.500,00
SK		396.000,00

b)

MEK		200,00
MGK	65 %	130,00
FEK	(3 · 14,00 EUR)	42,00
FGK	150 %	63,00
HK		435,00
VwGK	15,00 %	65,25
VtGK	5 %	21,75
SK		522,00

8.

Beispiel 1: Bestandsminderung sei 100 Stück:			**Beispiel 2:** Bestandsmehrg. = 100 St.:		
AB	+ Produktion	– Verkäufe = EB	AB	+ Produkt. – Verk.	= EB
300 Stück	+ 1.000 St.	– 1.100 St. = 200 St.	300 St.	+ 1.000 St. – 900 St.	= 400 St.
EB (200 St.)		< AB (300 St.)	EB (400 St.)		> AB (300 St.)
Produktion	(1.000 St.)	< Verkäufe (1.100 St.)	Produkt. (1.000 St.)		> Verk. (900 St.)
↘		↘	↘		↘
HK der Produktion		< HK des Umsatzes	HK der Produkt.		> HK d. Umsatzes
Folge: HKP + HK Minderbestand = HKU			**Folge: HKP – HK Mehrbest. = HKU**		

9. Die Vertriebsgemeinkosten hängen in erster Linie davon ab, wie viel im Laufe der Periode verkauft wurde. Somit sind die Herstellkosten des Umsatzes (= Herstellkosten der verkauften Erzeugnisse) als Zurechnungsbasis zu wählen.

10. a)

Aufw. f. Hilfs- u. Betr.stoffe:	Materialentnahmescheine, sofern nicht unwirtschaftlich
Freiw. soz. Aufwand:	Zahl der Belegschaft in den Kostenstellen
Fuhrparkkosten:	Fahrtenbücher, gefahrene km ...
Techn. Betriebsleitung:	Fertigungslöhne, Fertigungskosten, Belegschaftszahl ...

b)

Zuschlagsgrundlage Fertigungsstelle II:	82.000,00 EUR	
Zuschlagsgrundlage Vertrieb:	460.000,00 EUR	
Istzuschlag Fertigungsstelle II:	97,56 %	(siehe unten 2.)
Istzuschlag Vertrieb:	5,00 %	(siehe unten 4.)
Zuschlagsgrundl. Verwaltung (Normal):	452.000,00 EUR	(siehe unten 3.)
Normalgemeinkosten Material:	9.600,00 EUR	(siehe unten 1.)
Normalgemeinkosten Verwaltung:	58.760,00 EUR	(siehe unten 3.)
Unterdeckung Fertigung I:	–2.000,00 EUR	
Unterdeckung Verwaltung:	–4.240,00 EUR	

Nebenrechnungen:

*HK-Berechnung **(Ist)***		***(Normal)***
MEK	*160.000,00*	*160.000,00*
MGK	*8.000,00*	*9.600,00*
FEK I	*50.000,00*	*50.000,00*
FGK I	*70.000,00*	*68.000,00*
FEK II	*82.000,00*	*82.000,00*
FGK II	*80.000,00*	*82.400,00*
HKP	*450.000,00*	*452.000,00*
+ B'minderg.	*30.000,00*	*30.000,00*
– B'mehrg.	*20.000,00*	*20.000,00*
HKU	***460.000,00***	***462.000,00***

*1) 6 % von 160.000,00 = **9.600,00 EUR***

2) 82.000,00 = 100 %
*80.000,00 = **97, 56 %***

3) Vgl. HK-Berechnung!

*13 % von 452.000,00 = **58.760,00 EUR***

4) 460.000,00 = 100 %
*23.000,00 = **5 %***

11. a)

Kosten nach Umlage I:	71.100,00 – 29.800,00 – 127.000,00 – 358.000,00 – 120.800,00 – 170.300,00
Kosten nach Umlage II:	136.800,00 – 378.000,00
Normalgemeinkosten:	72.000,00 – 144.000,00 – 379.500,00 – 111.775,00 – 178.840,00
Über-, Unterdeckung:	+900,00/+7.200,00/+1.500,00/–9.025,00/+8.540,00

Nebenrechnungen:

*HK-Berechnung **(Ist)***		***(Normal)***
MEK	*1.200.000,00*	*1.200.000,00*
MGK	*71.100,00*	*72.000,00*
FEK I	*120.000,00*	*120.000,00*
FGK I	*136.800,00*	*144.000,00*
FEK II	*330.000,00*	*330.000,00*
FGK II	*378.000,00*	*379.500,00*
HKP	*2.235.900,00*	*2.245.500,00*
– B'mehrg.	*10.000,00*	*10.000,00*
HKU	***2.225.900,00***	***2.235.500,00***

b)
- Um Kostenschwankungen zu verhindern (Kalkulationsprobleme bei ständig schwankenden Preisen)
- Istgemeinkosten i. d. R. noch nicht verfügbar

12.

MEK		2.650,00
MGK	12 %	318,00
FEK		3.400,00
FGK	120 %	4.080,00
SEKF		352,00
HK		10.800,00
VwtGK	15 %	1.620,00
SK		12.420,00
Gewinn	10 %	1.242,00
BVP		13.662,00
KSK/VPr.	10 %	1.518,00
ZVP = NVP		**15.180,00**

13.

MEK		**94,00**
MGK	8 %	7,52
FEK I		40,00
FGK I	120 %	48,00
FEK II		56,00
FGK II	125 %	70,00
SEKF		4,48
HK		320,00
VwtGK	25 %	80,00
SK		400,00
Gewinn	8 %	32,00
BVP		432,00
KSK/VPr.	10 %	48,00
ZVP		480,00
KR	20 %	120,00
NVP		600,00

3.5 Maschinenstundensätze

1.1	Abschreibungen 64.800 : 6 =	10.800,00 EUR	
	Zinsen 6 % von 32.400 =	1.944,00 EUR	
	Instandhaltung	336,00 EUR	
	Raumkosten 10 · 12 · 20 =	2.400,00 EUR	Maschinenstundensatz:
	Energie 14 · 0,1 · 1800 =	2.520,00 EUR	↓
	Maschinenkosten insgesamt	18.000,00 EUR	: 1.800 Std. = **10,00 EUR**
1.2	MEK 72.000 · 0,5 =	36.000,00 EUR	
	MGK 10 %	3.600,00 EUR	
	FEK 72.000 : 480 · 20 =	3.000,00 EUR	
	Rest-FGK 10 %	300,00 EUR	
	Masch.kosten 150 Std. · 10,00 EUR	1.500,00 EUR	
	Herstellkosten	44.400,00 EUR	
	VwGK 20 %	8.880,00 EUR	
	Selbstkosten für 72.000 Stück	**53.280,00 EUR**	: 72.000 Stück = **0,74 EUR/Stück**

2. a)

MEK		25.000,00
MGK	40 %	10.000,00
FEK I		20.000,00
RFGK I	75 %	15.000,00
FEK II		16.000,00
RFGK II	31,25 %	5.000,00
Mako I		75.000,00
Mako II		50.000,00
HKP		216.000,00
+ Bestandsminderung		3.000,00
– Bestandsmehrung		5.000,00
HKU		214.000,00
VwGK	4 %	8.560,00
VtGK	6 %	12.840,00
SK		235.400,00

b) Ma.std.satz I = 75.000 : 500 = **150,00 EUR**
Ma.std.satz II = 50.000 : 400 = **125,00 EUR**

c)

MEK		1.600,00
MGK	40 %	640,00
FEK I		600,00
RFGK I	75 %	450,00
FEK II		800,00
RFGK II	31,25 %	250,00
Mako I	(4 · 150)	600,00
Mako II	(1 · 125)	125,00
HK		5.065,00
VwGK	4 %	202,60
VtGK	6 %	303,90
SK		5.571,50
+ Gewinn	20 %	1.114,30
BVP		6.685,80
KSK	2 %	136,44
ZVP		6.822,24
KR	10 %	758,03
NVP		**7.580,27**

3.6 Prüfungsaufgaben

Prüfungsaufgaben Winter 2008/2009 (Aufgabe 1, teilweise)

1.1

Kostenstellen (Werte in EUR)	allgemeine Hilfskostenstelle	spezielle Hilfskostenstelle		Hauptkostenstellen (HKS)			
				Fertigung			
	Kantine	F & E	Material	Teileanfertigung	Montagefertigung	Verwaltung	Vertrieb
Gemeinkosten (EUR)	2.016,00	7.250,00	32.546,00	37.458,00	29.785,00	17.567,00	15.648,00
Umlage 1 Kantine		160,00	256,00	480,00	640,00	256,00	224,00
Zwischensumme	–	7.410,00	32.802,00	37.938,00	30.425,00	17.823,00	15.872,00
Umlage 2 F & E	–		3.705,00	2.470,00	1.235,00		
Endsumme		–	36.507,00	40.408,00	31.660,00	17.823,00	15.872,00

1.2.1 Berechnung der Ist-Zuschläge

Kostenart	Wert in EUR	Ist-Zuschlagsätze in %	
Materialverbrauch	42.961,81		
+ MGK	36.517,54	MGKZ	85,00
+ Fertigungslöhne Teileanfertigung	64.156,29		
+ FGK-Teileanfertigung	40.418,46	FGKZ-Teilefert.	63,00
+ Sondereinzelkosten Teileanfertigung	12.645,45		
+ Fertigungslöhne Montagefertigung	71.168,83		
+ FGK-Montagefertigung	31.670,13	FGKZ-Montagefert.	44,50
= HK d. Rechnungsperiode	299.538,51		
– Bestandserhöhungen unfert. Erz.	1.000,00		
– Bestandserhöhungen fert. Erz.	750,00		
= HK d. Umsatzes	297.788,51		
+ Verwaltungs-GK	17.672,77	VwGKZ in %	5,93
+ Vertriebs-GK	15.633,90	VtGKZ in %	5,25
+ SEK d. Vertriebs	2.645,00		
= Selbstkosten	333.740,18		

1.2.2

Ist-MGK:	36.517,54 EUR
Normal-MGK: 42.961,81 EUR · 90 %	38.665,63 EUR
Kostenüberdeckung	2.148,09 EUR

Gründe für Kostenüberdeckung, z. B.:

- geringerer Verbrauch von Betriebsstoffen
- geringerer Schwund

1.3

	Kostenart	Wert in EUR	Kalkulationsdaten in %	
=	Selbstkosten	164.228,65		
+	Gewinnzuschlag	24.634,30	Gewinn in %	15,00
=	Barverkaufspreis	188.862,95		
+	Vertreterprovision	6.689,05	V-Provision	3,32
+	Kundenskonto	6.048,00	K-Skonto	3,00
=	Zielverkaufspreis	201.600,00		
+	Kundenrabatt	22.400,00	K-Rabatt	10,00
=	Listenverkaufspreis (1.120,00 EUR · 200)	224.000,00		

Zielverkaufspreis: 201.600,00 EUR = 100,00 %
Vertreterprovision: 6.689,05 EUR = 3,32 %

Prüfungsaufgaben Sommer 2010 (Aufgabe 2)

2.1

Kostenarten	Zahlen der BER	Material	Fertigung I (Teile)	Fertigung II (Montage)	Verwaltung	Vertrieb
Zwischen-summe	310.800,00	31.307,00	83.860,00	72.573,00	76.277,00	46.783,00
Energie-kosten	38.700,00	5.000,00	12.500,00	11.200,00	7.500,00	2.500,00
Soziale Abgaben	18.900,00	2.520,00	5.040,00	6.300,00	3.780,00	1.260,00
Summe	368.400,00	38.827,00	101.400,00	90.073,00	87.557,00	50.543,00

2.2 +
2.3

Kalkulationsschema	%	Istkosten	%	Normalkosten	Über-/Unterd.
FM		290.000,00		290.000,00	
+ MGK	**13,39**	38.827,00	9	26.100,00	**–12.727,00**
FL I		119.000,00		119.000,00	
+ FGK I	**85,21**	101.400,00	110	130.900,00	**29.500,00**
FL II		100.400,00		100.400,00	
+ FGK II	**89,71**	90.073,00	110	110.440,00	**20.367,00**
HK der Fertigung		739.700,00		776.840,00	
– Mehrbestand an FE		–9.700,00		–9.700,00	
HK des Umsatzes		730.000,00		767.140,00	
+ VwGK	**11,84**	87.557,00	15	116.526,00	**28.969,00**
+ VtGK	**6,92**	50.543,00	10	76.714,00	**26.171,00**
Selbstkosten d. U.		868.100,00		960.380,00	**92.280,00**

2.4
- gestiegene Personalkosten im Lager/Beschaffungsbereich
- Lagermiete hat sich erhöht, steigende Versicherungskosten

2.5

Kalkulationsschema	Rückwärtskalkulation	
	%	EUR
FM	100	**17.218,35**
+ MGK	9	1.549,65
Zwischensumme		18.768,00
FL I		4.500,00
+ FGK I	110	4.950,00
FL II		5.500,00
+ FGK II	110	6.050,00
SEK d. F.		1.000,00
HK		40.768,00
+ VwGK	15	6.115,20
+ VtGK	10	4.076,80
Selbstkosten		50.960,00
+ Gewinn	12,5	6.370,00
Barverkaufspreis		57.330,00
+ Kundenskonto	2	1.170,00
Zielverkaufspreis		58.500,00
+ Kundenrabatt	10	6.500,00
Verkaufspreis (netto)		65.000,00

Prüfungsaufgaben Winter 2010/2011 (Aufgabe 1, teilweise)

1.5

Selbstkosten	175.000,00 EUR	
Gewinn	750,00 EUR	= 0,43 %
Barverkaufspreis	175.750,00 EUR	
Vertriebsprovision (4,5 %)	8.550,00 EUR	
Kundenskonto (3 %)	5.700,00 EUR	
Zielverkaufspreis	190.000,00 EUR	
Rabatt (5 %)	10.000,00 EUR	
Listenverkaufspreis	200.000,00 EUR	

Prüfungsaufgaben Sommer 2011 (Aufgabe 1, teilweise)

1.4

Bezeichnung	Istkosten gesamt	Normalkosten gesamt	Kostenüberdeckung Kostenunterdeckung
FM	1.280.000,00	1.280.000,00	
+ MGK	154.000,00	179.200,00	+25.200,00
+ FL	840.000,00	840.000,00	
+ FGK	1.504.000,00	1.512.000,00	+8.000,00
= HK der Rechnungsperiode	3.778.000,00	3.811.200,00	
– Bestandsmehrung	20.000,00	20.000,00	
+ Bestandsminderung	10.000,00	10.000,00	
= HK des Umsatzes	3.768.000,00	3.801.200,00	
+ VwGK	380.000,00	381.120,00	+1.120,00

+ VtGK	390.000,00	380.120,00	–9.880,00
= Selbstkosten d. U.	4.538.000,00	4.562.440,00	+24.440,00
Nettoverkaufserlöse	5.400.000,00	5.400.000,00	
– Selbstkosten d. U.	4.538.000,00	4.562.440,00	
= Umsatzergebnis		+837.560,00	
+ Kostenüberdeckung – Kostenunterdeckung		+24.440,00	
= Betriebsergebnis	+862.000,00	+862.000,00	

Prüfungsaufgaben Winter 2011/2012 (Aufgabe 1)

1 BAB

Anlage 1

Internes Rechnungswesen Neu KG

Betriebsabrechnungsbogen

BAB-Nummer: 2289 Monat/Jahr April 2011

Kostenstelle	1000	2000	3000	4000	5000	6000	7000
Bezeichnung	Kantine	Material	Metall	Kunststoff	AV	Verwaltung	Vertrieb
Summe der Gemeinkosten	24.800,00	**378.650,00**	**384.680,00**	**280.400,00**	88.560,00	312.480,00	180.050,00
Umlage Kantine	→	**3.348,00**	**7.316,00**	**6.076,00**	**1.240,00**	**4.836,00**	**1.984,00**
		381.998,00	**391.996,00**	**286.476,00**	**89.800,00**	**317.316,00**	**182.034,00**
Umlage AV			**53.880,00**	**35.920,00**	←		
Summen Hauptkostenstellen		**381.998,00**	**445.876,00**	**322.396,00**		**317.316,00**	**182.034,00**

2 Kostenträgerblatt

Anlage 2

Zuschlagsätze und Kostenabweichung

Kostenart	Ist-Beträge	Ist-Sätze	Normal-Beträge	Normal-Sätze	Über-/ Unterdeckung
MEK	1.860.500,00		1.860.500,00		
MGK	381.998,00	20,5	386.984,00	20,8	4.986,00
MK	2.242.498,00		2.247.484,00		
FEK Metall	354.060,00		354.060,00		
FGK Metall	445.876,00	125,9	419.561,10	118,5	–26.314,90
FEK Kunststoff	285.080,00		285.080,00		
FGK Kunststoff	322.396,00	113,1	325.561,36	114,2	3.165,36
FK	1.407.412,00		1.384.262,46		
HK der Rechnungsperiode	3.649.910,00		3.631.746,46		
Bestandsveränderungen UE	16.280,00		16.280,00		
Bestandsveränderungen FE	42.330,00		42.330,00		
HK des Umsatzes	3.708.520,00		3.690.356,46		
VwGK-GK	317.316,00	8,7	319.593,69	8,8	2.277,69
VtGK	182.034,00	4,9	184.517,82	5,0	2.483,82
Selbstkosten	4.207.870,00		4.194.467,97		
Unterdeckung					–13.402,03

3 Stellungnahme zu den Kostenabweichungen:

Material: Kostenüberdeckung
Weniger Personalkosten als geplant durch Personaleinsparungen im Bereich Beschaffung.

Fertigung Metall: Kostenunterdeckung
Da die Fertigung sich im April an der Kapazitätsgrenze befand, mussten Überstundenzuschläge gezahlt werden, um die Fertigungstermine einzuhalten (vgl. **Anlage** Kostenstellenauswertung Metall).
Fertigung Kunststoff: Kostenüberdeckung
Verminderter Reparaturaufwand als geplant, wurde geleistet durch eigenes Personal.
Geringe Stillstandzeiten.

Prüfungsaufgaben Winter 2012/2013 (Aufgabe 1, teilweise)

1.1 **Berechnung der Zuschlagssätze**

	in %
MGKZ	18,0
FGKZ	170,0
VerwGKZ	2,8
VertrGKZ	10,6

Ermittlung der Herstellkosten

FM	2.816.000,00 EUR
MGK	507.000,00 EUR
FL	1.435.290,00 EUR
FGK	2.440.000,00 EUR
Herstellkosten der Fertigung	7.198.290,00 EUR

Vorwärtskalkulation/Verkaufskalkulation **pro Stück**

FM	90,00 EUR	
MGK	16,20 EUR	18 %
FL	50,00 EUR	
FGK	85,00 EUR	170 %
Herstellkosten der Fertigung	241,20 EUR	
VerwGK	6,75 EUR	2,8 %
VertrGK	25,57 EUR	10,6 %
Selbstkosten	273,52 EUR	
Gewinn	21,88 EUR	8 %
Barverkaufspreis	295,40 EUR	
Kundenskonto	6,03 EUR	2 %
Zielverkaufspreis	301,43 EUR	
Kundenrabatt	15,86 EUR	5 %
Verkaufspreis netto	**317,29 EUR**	

1.2

Differenzkalkulation	**pro Stück**	
Selbstkosten	273,52 EUR	
Gewinn	11,91 EUR	**Verlust!**
Barverkaufspreis	261,61 EUR	
Kundenskonto	8,09 EUR	3 %
Zielverkaufspreis	269,70 EUR	
Kundenrabatt	47,59 EUR	15 %
Verkaufspreis netto	317,29 EUR	

Mitteilung an die Vertriebsabteilung:

> Sehr geehrter Herr Haller,
> die Bestellung der „Spielewelt“ kann nicht angenommen werden. Die Gewährung von 15 % Kundenrabatt sowie 3 % Kundenskonto würde einen Verlust von 11,91 EUR pro Stück verursachen.
>
> Mit freundlichem Gruß
> ....

Prüfungsaufgaben Sommer 2013 (Aufgabe 1, teilweise)

1.4.1

Materialeinzelkosten:	80,00 EUR
Materialgemeinkosten:	24,00 EUR
Materialkosten:	104,00 EUR
Fertigungseinzelkosten:	3,75 EUR
Fertigungsgemeinkosten:	5,25 EUR
Fertigungskosten:	9,00 EUR
Herstellkosten	113,00 EUR

1.4.2

Herstellkosten		113,00 EUR
Vw-/VertrGK	25,00 %	28,25 EUR
Selbstkosten		141,25 EUR
Gewinn		–0,60 EUR
Barverkaufspreis		140,65 EUR
Kundenskonto	3,00 %	4,35 EUR
Zielverkaufspreis		145,00 EUR

Aus Sicht der Vollkostenrechnung wäre es nicht sinnvoll, den Kundenauftrag anzunehmen, da pro Stück ein Verlust von 0,60 EUR bzw. 300,00 EUR für den Auftrag entstehen würde.

1.4.3

Variable Kosten:	MEK	80,00 EUR		
	MGK (var.)	4,80 EUR		(20 % v. 24,00)
	FEK	3,75 EUR		
	FGK (var.)	3,15 EUR		(60 % v. 5,25)
		91,70 EUR		
	BarVKPreis	140,65 EUR		
	– kv	91,70 EUR		
	= db	48,95 EUR		

Aus Sicht der Vollkostenrechnung würde zwar ein Verlust entstehen, aus Sicht der Teilkostenrechnung wäre es aber sinnvoll, den Auftrag anzunehmen, da ein Stückdeckungsbeitrag von 48,95 EUR erwirtschaftet wird, d. h. für den gesamten Auftrag 24.475,00 EUR (48,95 EUR · 500 Stück).

4 Kosten- und Leistungsrechnung III: Deckungsbeitragsrechnung

4.1 Deckungsbeitragsrechnung

1. a)

	A	B	C	insgesamt
Erlöse (EUR)	900.000,00	1.700.000,00	1.250.000,00	3.850.000,00
Gesamtkosten (EUR)	850.000,00	1.350.000,00	1.360.000,00	3.560.000,00
Betriebsergebnis (EUR)	50.000,00	350.000,00	–110.000,00	290.000,00

b1)

	A	B	C	insgesamt
Erlöse (EUR)	900.000,00	1.700.000,00	1.250.000,00	3.850.000,00
Variable Kosten (EUR)	650.000,00	1.200.000,00	860.000,00	2.710.000,00
Betriebsergebnis (EUR)	250.000,00	500.000,00	390.000,00	1.140.000,00
Fixkosten				850.000,00
Betriebsergebnis insgesamt (vgl. a)				**290.000,00**

b2)

	A	B		insgesamt
Erlöse (EUR)	900.000,00	1.700.000,00		2.600.000,00
Variable Kosten (EUR)	650.000,00	1.200.000,00		1.850.000,00
Betriebsergebnis (EUR)	250.000,00	500.000,00		750.000,00
Fixkosten				850.000,00
Betriebsergebnis insgesamt (vgl. a)				**–100.000,00**

Fehlender Deckungsbeitrag C (390.000,00 EUR) vermindert Betriebsergebnis in dieser Höhe.

b3) Arbeitsplatzerhaltung, „Vorzeigeartikel“, Sortimentsvielfalt, negativer DB evtl. nur vorübergehend, Komplementärartikel ...

b4) Preisuntergrenze = variable Stückkosten:

A: 650.000 : 30.000 = **21,67 EUR** B: **40,00 EUR** C: **24,57 EUR**

2. Vgl. Stofftelegramm

3. Vgl. Stofftelegramm

4.1

	Min.wasser	Bier	insgesamt
Erlöse (EUR)	420.000,00	180.000,00	600.000,00
Variable Kosten (EUR)	217.200,00	90.000,00	307.200,00
Deckungsbeitrag (EUR)	202.800,00	90.000,00	292.800,00
Fixkosten			185.000,00
Betriebsergebnis			**107.800,00**

4.2.1

Deckungsbeitrag ohne zusätzlichen Absatz von 30.000 Kasten Bier:	
Verkaufserlös	180.000,00 EUR
– Einstandspreis (15.000 · 7,50)	112.500,00 EUR
Deckungsbeitrag	67.500,00 EUR

Deckungsbeitrag mit zusätzlichem Absatz von 30.000 Kasten Bier:	
Verkaufserlös (15.000 · 12 + 30.000 · 8)	420.000,00 EUR
– Einstandspreis (45.000 · 7,50)	337.500,00 EUR
Deckungsbeitrag	82.500,00 EUR

4.2.2 Der zusätzliche Deckungsbeitrag trägt zur Erhöhung des Betriebsergebnisses bei.

4.2.3 Bei einer Bierumsatzerhöhung um 200 % steigen neben den Fixkosten evtl. auch die variablen Kosten.

5.1.1

	A	B	C	D	
Erlöse EUR/100 Liter	200,00	170,00	270,00	285,00	Rangfolge:
Variable Kosten EUR/100 L.	100,00	100,00	100,00	100,00	D – C – A – B
Deckungsbeitrag EUR	100,00	70,00	170,00	185,00	

5.1.2 DB in EUR: 200.000,00 (A), 35.000,00 (B), 374.000,00 (C), 185.000,00 (D). Rangfolge: C – A – D – B

5.2 Erhaltung der Arbeitsplätze, „Vorzeigeartikel“, Sortimentsvielfalt, evtl. Komplementärartikel, Preisausgleich mit anderen Produkten ...

5.3 Ohne Teilkostenrechnung würde man diejenigen Aufträge ablehnen, deren Erlöse die Vollkosten nicht decken. Jeder Auftrag trägt jedoch zur Gewinnsteigerung bei, bei dem die Erlöse die variablen Kosten übersteigen (positiver Deckungsbeitrag).

6.1
- Kurzfristige Preisuntergrenze Typ 1 = variable Kosten pro Stück 13.200,00 : 400,00 St. = 33,00 EUR/Stück

  max. Preissenkung (in %) 55,00 EUR = 100 %
  22,00 EUR = 40 %

- allmähliche Aufzehrung des Eigenkapitals durch Verluste in Höhe der fixen Kosten (in voller Höhe ungedeckt) plus der Differenz zwischen den variablen Kosten und den (niedrigeren) Umsatzerlösen

6.2 variable Stückkosten Typ 1 = (2.800,00 + 3.660,00 + 6.740,00) : 400 St. = 33,00 EUR
variable Stückkosten Typ 2 = (6.400,00 + 4.500,00 + 6.600,00) : 500 St. = 35,00 EUR
variable Stückkosten Typ 3 = (1.800,00 + 2.350,00 + 4.650,00) : 200 St. = 44,00 EUR

	Typ1	Typ 2	Typ 3
Verkaufserlöse/Stück	55,00 EUR	150,00 EUR	110,00 EUR
– variable Stückkosten	33,00 EUR	35,00 EUR	44,00 EUR
= Deckungsbeitrag/Stück	22,00 EUR	115,00 EUR	66,00 EUR
Fertigungszeit/Stück	2 Stunden	4 Stunden	2 Stunden
rel. Deckungsbeitrag	11,00 EUR/Std.	28,75 EUR/Std.	33,00 EUR/Std.
Produktrangfolge	3	2	1

Hinweis: Relativer Deckungsbeitrag = $\frac{\text{Absoluter Deckungsbeitrag}}{\text{Fertigungszeit je Stück}}$

Verfügbare Produktionszeit	2.560 Stunden
– Produktionsdauer Typ 3 (280 St. · 2)	560 Stunden
– Produktionsdauer Typ 2 (500 St. · 4)	2.000 Stunden
= verfügbare Produktionszeit Typ 1	0 Stunden
DB Typ III (66,00 – 280 St.)	18.480,00 EUR
DB Typ II (115,00 – 500 St.)	57.500,00 EUR
Summe DB	75.980,00 EUR
– Fixkosten (111.400,00 – 39.500,00)	71.900,00 EUR
= Betriebsergebnis	**4.080,00 EUR**

7.1

	AXXON	DELTA	XYLON
Erlöse	236,00 EUR	148,00 EUR	132,00 EUR
Fertigungslöhne	80,00 EUR	80,00 EUR	40,00 EUR
Sonstige variable Kosten	72,00 EUR	16,00 EUR	34,00 EUR
Stückdeckungsbeitrag	84,00 EUR	52,00 EUR	58,00 EUR
Produktbeitrag (gesamt)	20.160,00 EUR	15.600,00 EUR	23.200,00 EUR
Gesamtdeckungsbeitrag		58.960,00 EUR	

7.2 Benötigte Fertigungszeit ohne Kapazitätsbeschränkung:

AXXON	240 St. 4 = 960 Stunden
DELTA	300 St. 4 = 1.200 Stunden
XYLON	400 St. 2 = 800 Stunden
Summe	2.960 Stunden

Es liegt eine Engpasssituation vor. Deshalb richtet sich die Rangfolge nach dem relativen Deckungsbetrag.

	AXXON	DELTA	XYLON
Stückdeckungsbeitrag	84,00 EUR	52,00 EUR	58,00 EUR
Engpassfaktor Zeit	4 Stunden	4 Stunden	2 Stunden
relativer Deckungsbeitrag	21,00 EUR/Std.	13,00 EUR/Std.	29,00 EUR/Std.
Rangfolge	2	3	1
Optimales Produktionsprogramm	**240 Stück**	**200 Stück**	**400 Stück**
Fertigungszeit	960 Stunden	800 Stunden	800 Stunden

4.2 Prüfungsaufgaben

Prüfungsaufgaben Winter 2008/2009 (Aufgabe 1, teilweise)

1.4.1

Kostenart/Varianten		V-Street	V-Mountain	V-Race
x	= Stückzahl	200 St.	250 St.	225 St.
k	= Stückkosten	950,00 EUR	800,00 EUR	900,00 EUR
p	= Verkaufspreis	1.100,00 EUR	980,00 EUR	1.060,00 EUR
k_v	= variable Stückkosten	750,00 EUR	600,00 EUR	700,00 EUR
K_f	= fixe Gesamtkosten	135.000,00 EUR		
dB	= Stückdeckungsbeitrag	350,00 EUR	380,00 EUR	360,00 EUR
G	= Gesamter Gewinn	111.000,00 EUR		

- V-Mountain: Verkaufspreis = dB + k_v = 380,00 EUR + 600,00 EUR = 980,00 EUR
- V-Street: variable Stückkosten = p – dB = 1.100,00 EUR – 350,00 EUR = 750,00 EUR
- V-Race: Stückdeckungsbeitrag = p – k_v = 1.060,00 EUR – 700,00 EUR = 360,00 EUR
- Gesamtgewinn = dB – K_f
  111.000,00 EUR =
  (350,00 EUR · 200 St. + 380,00 EUR · 250 St. + 360,00 EUR · 225 St.) – 135.000,00 EUR
  (alternativer Berechnungsweg möglich)

1.4.2 Langfristige PuG V-Mountain = Stückkosten (k) = 800,00 EUR
Kein Gewinn/St., aber immer noch Beitrag zur Deckung der fixen Kosten, deshalb auch langfristig möglich

Kurzfristige PuG V-Mountain = var. Stückkosten (k_v)
kein Beitrag zur Deckung der Fixkosten, nur kurzfristig möglich

1.4.3 Preiserhöhung bei V-Street: $\frac{11.000{,}00 \text{ EUR}}{200 \text{ Stk.}} = 55{,}00$ EUR pro St.

1.100,00 EUR = 100 %
55,00 EUR = 5 % Preissteigerung

Prüfungsaufgaben Sommer 2009 (Aufgabe 1, teilweise)

1.1 Kapazität = 5.000 Stück

Januar	2.000 Stück	= 40 % Kapazitätsauslastung =	1.420.000,00 EUR	Gesamtkosten
Februar	2.750 Stück	= 55 % Kapazitätsauslastung =	1.663.750,00 EUR	Gesamtkosten
Differenz	750 Stück		243.750,00 EUR	variable Kosten

k_v = 243.750,00 EUR : 750 Stück = 325,00 EUR

K_f = 1.420.000,00 EUR – 2.000 Stück · 325,00 EUR = 770.000,00 EUR

Betriebsergebnis in EUR	Januar	Februar
Umsatzerlöse	1.200.000,00	1.650.000,00
– K_v	650.000,00	893.750,00
Deckungsbeitrag	550.000,00	756.250,00
– K_f	770.000,00	770.000,00
Monatsergebnis	–220.000,00	–13.750,00

Die niedrigere Kapazitätsauslastung im Monat Januar führt zu einem negativen Ergebnis. Im Februar hat sich das Ergebnis verbessert, ist aber immer noch im negativen Bereich.

1.2 Umsatzerlöse = Kosten

$P \cdot x = k_v \cdot x + K_f$

$600\,x = 320\,x + 756.000$ –> x = 2.700 Stück

Um Gewinn zu erzielen, müssen mindestens 2.701 Stück abgesetzt werden.

1.3 $\text{Umsatzrentabilität} = \frac{\text{Gewinn} \cdot 100}{\text{Umsatzerlöse}}$

$$10 = \frac{(600\,x - 320\,x - 756.000) \cdot 100}{600\,x}$$

$6.000\,x = (600\,x - 320\,x - 756.000) \cdot 100$

$6.000\,x = 60.000\,x - 32.0000\,x - 75.600.000$

$6.000\,x = 28.000\,x - 75.600.000$

$75.600.000 = 22.000\,x$ –> x = 3.436,36 Stück

Die Umsatzrentabilität von 10 % wird bei einer Ausbringungsmenge von 3.437 Stück erreicht.

1.4 Die Fertigung ist innerhalb der gegebenen Kapazität möglich:

Kapazität	5.000 Stück
– Auslastung 60 %	3.000 Stück
Freikapazität	2.000 Stück

Ergebnisauswirkung:

Kurzfristige Preisuntergrenze = variable Stückkosten = 320,00 EUR

Damit liegt ein positiver Deckungsbeitrag in Höhe von 10,00 EUR/Stück vor.

Insgesamt wird ein zusätzlicher Deckungsbeitrag von 1.500 Stück · 10,00 EUR = 15.000,00 EUR erwirtschaftet.

Der Auftrag sollte angenommen werden, aber die Gefahr des Preisverfalls ist zu bedenken.

1.5.1

Fertigungskosten	= 2.000 Stück · 50,00 EUR + 10.000,00 EUR	= 110.000,00 EUR
Einkaufskosten	= 2.000 Stück · 58,00 EUR	= 116.000,00 EUR
Vorteil bei Fertigung		6.000,00 EUR

1.5.2

Selbstkosten			65,00 EUR
+ Gewinn 8 %			5,20 EUR
Barverkaufspreis	93 %		70,20 EUR
+ Kundenskonto	2 %		1,51 EUR
+ Vertreterprovision	5 %		3,77 EUR
Zielverkaufspreis	100 %	90 %	75,48 EUR
+ Kundenrabatt		10 %	8,39 EUR
Nettoverkaufspreis		100 %	83,87 EUR

Prüfungsaufgaben Sommer 2011 (Aufgabe 1, teilweise)

1.5 Der Fremdbezug hat einen Kostenvorteil, wenn der Einstandspreis je Stück kleiner ist als die variablen Herstellkosten je Stück.

1.6 Berechnung der variablen Kosten:

			EUR/Stück
variable FM	500.000,00 EUR : 2.500 St.	=	200,00
variable MGK			0,00
variable FL	300.000,00 EUR : 2.500 St.	=	120,00
variable FGK	(538.000,00 EUR : 2.500 St.) · 20 %	=	43,04
variable VwGK			0,00
variable VtGK	(150.000,00 EUR : 2.500 St.) · 43 %	=	25,80
= variable Kosten			388,84

Umsatzerlös	600,00
– var. Kosten	388,84
= dB	211,16

Der Zusatzauftrag sollte angenommen werden, weil der dB positiv ist und der Beschäftigungsgrad erhöht werden kann.

Prüfungsaufgaben Sommer 2012 (Aufgabe 1, teilweise)

1.1 Fenster C:

Einzelkosten	200,00 EUR
variable Gemeinkosten 32,5 %	65,00 EUR
variable Stückkosten	265,00 EUR

variable Kosten: 265,00 EUR/Stück · 800 Stück = 212.000,00 EUR

Produktgruppe	Fenster Typ A	Fenster Typ B	Fenster Typ C	Summe
Nettoverkaufserlöse	730.800,00	333.000,00	261.200,00	1.325.000,00
– variable Kosten	630.000,00	345.000,00	212.000,00	1.187.000,00
= Deckungsbeitrag	100.800,00	–12.000,00	49.200,00	138.000,00
– fixe Kosten				97.000,00
= Betriebsergebnis				41.000,00

Der dB von B ist negativ, d. h.,

- Produkt B leistet keinen Beitrag zur Deckung der fixen Kosten.
- Produkt B deckt nur einen Teil seiner variablen Kosten ab.
- Produkt B sollte ggf. aus dem Produktionsprogramm eliminiert werden.

1.2 dB von A: 100.800,00 EUR : 3.000 Stück = 33,60 EUR/Stück
Werbekosten insgesamt: 18.144,00 EUR : 33,60 EUR/Stück = 540 Stück

1.3

	Vor der Preissenkung	Nach der Preissenkung
Zielverkaufspreis	228,55	228,55
+ Rabatt	97,95	71,45
= Nettoverkaufspreis	326,50	300,00

Rabatt neu: 23,82 %

Prüfungsaufgaben Winter 2012/2013 (Aufgabe 1, teilweise)

1.3.1 Bestimmung der Preisuntergrenzen

Kurzfristige Preisuntergrenze:
Variable Stückkosten = 4.860.000,00 EUR : 45.000 = 108,00 EUR

Langfristige Preisuntergrenze:
Selbstkosten pro Stück = 12.150.000,00 EUR : 45.000 = 270,00 EUR

Beurteilung der langfristigen Umsetzbarkeit
Langfristig muss der Verkaufspreis mindestens der langfristigen Preisuntergrenze entsprechen, da das Unternehmen langfristig nur überleben kann, wenn es kostendeckend wirtschaftet.

1.3.2 Erfahren andere Kunden den reduzierten Preis, führt dies zu Unzufriedenheit und zu aggressiven Preisverhandlungen der übrigen Kunden. Somit besteht bei langfristiger Unterschreitung der Selbstkosten die Gefahr des Preisverfalls.

1.3.3 Nutzenschwelle

e = 290,00 EUR
K_f = 7.290.000,00 EUR
k_v = 108,00 EUR

290x = 108x + 7.290.000,00 EUR
182x = 7.290.000,00 EUR
x = 40.054,95 EUR

Nutzenschwelle liegt bei 40.055 Stück/Quartal.

5 Kosten- und Leistungsrechnung IV: Prozesskostenrechnung

5.1 Probleme der traditionellen Kostenrechnung

Gemeinkostenproblematik der traditionellen Kostenrechnung:

- Die Verrechnung der Gemeinkosten mithilfe von Zuschlagsätzen entspricht nicht der tatsächlichen **Kostenverursachung**, weil zwischen Einzel- und Gemeinkosten kein **proportionales Verhältnis** existiert.
- Die Gemeinkosten wurden im Laufe der Zeit im Verhältnis zu den Einzelkosten immer höher (veränderte Kostenstrukturen). Folge: **stark steigende Gemeinkostenzuschlagsätze** (oft über 1.000 %). Beispiel: Mechanisierung und Automatisierung führen zu sinkenden Anteilen der Lohneinzelkosten (FEK) und steigenden Fertigungsgemeinkosten (FGK). –> Steigende FGK-Zuschlagsätze –> ungenaue Kalkulation

5.2 Allgemeines zur Prozesskostenrechnung

1. Hauptziel der Prozesskostenrechnung: verursachungsgerechte Kostenverrechnung
2. Gemeinkostenproblematik (vgl. Aufgabe Kapitel 5.1)
3. Die PKR als eigenständiges Kostenrechnungssystem hat sich noch nicht in größerem Umfang durchgesetzt. Meist erfolgt ihre Anwendung als Ergänzung, nicht als Ersatz der traditionellen Vollkostenrechnung.

5.3.8 Prozesskostenkalkulation

1. a)

Kostenstelle Material							
Teilprozesse	**Teilprozesskosten**	**Kostentreiber (Maßgrößen)**	**lmi/ lmn**	**Teilprozessmengen**	**Teilprozesskostensatz vor Umlage**	**Umlagesatz**	**Gesamtprozesskostensatz**
Material annehmen	50.000,00	Anzahl Anlieferungen	*lmi*	4.000	*12,50*	*2,08*	*14,58*
Material einlagern	70.000,00	Anzahl Einlagerungen	*lmi*	3.000	*23,33*	*3,89*	*27,22*
Material ausgeben	120.000,00	Anzahl Ausgaben	*lmi*	6.000	*20,00*	*3,33*	*23,33*
Materialstelle leiten	40.000,00	–	*lmn*	–	–	–	–
Summe MGK	**280.000,00**						

$$\text{Teilprozesskostensätze (vor Umlage)} = \frac{\text{Teilprozesskosten}}{\text{Teilprozessmenge}}$$

50.000 : 4.000 = **12,50**
70.000 : 3.000 = **23,33**
120.000 : 6.000 = **20,00**

$$\text{Umlagesätze} = \frac{\text{lmn-Prozesskosten}}{\text{Summe lmi-Prozesskosten}} \cdot \text{Teilprozesskostensatz (vor Umlage)}$$

$\frac{40.000}{240.000} \cdot 12{,}50 = \mathbf{2{,}08}$ $\frac{40.000}{240.000} \cdot 23{,}33 = \mathbf{3{,}89}$ $\frac{40.000}{240.000} \cdot 20{,}00 = \mathbf{3{,}33}$

b)

Beispiel: Hauptprozess „Kundenauftrag bearbeiten"			
Teilprozesse	**Beteiligte prozessorientierte Kostenstelle**	**Prozesskostensatz je Kundenauftrag**	**Prozesskostensatz je Stück**
Bestellung bearbeiten	Verwaltung	10,00 EUR	
Material annehmen	Material		*14,58 EUR*
Material einlagern	Material		*27,22 EUR*
Material ausgeben	Material		*23,33 EUR*
Fertigstellung melden	Vertrieb	9,00 EUR	
Fertigerzeugnis lagern	Vertrieb		4,00 EUR
Lieferschein erstellen	Verwaltung	1,00 EUR	
Fertigerzeugnis versandfertig machen	Vertrieb		8,00 EUR
Spediteur regeln	Vertrieb	2,00 EUR	
Fertigerzeugnis verladen	Vertrieb		7,87 EUR
		22,00 EUR	**85,00 EUR**

c)

Kalkulationsschema	**1 Stück**		**1.000 Stück**	
Materialeinzelkosten MEK		20,00 EUR		20.000,00 EUR
Fertigungseinzelkosten FEK	8,00 EUR		8.000,00 EUR	
Fertigungsgemeinkosten FGK 200 %	16,00 EUR		16.000,00 EUR	
Fertigungskosten	→	24,00 EUR	→	24.000,00 EUR
Hauptprozesskostensatz je Kundenauftrag		22,00 EUR		22,00 EUR
Hauptprozesskostensatz je Stück		85,00 EUR		85.000,00 EUR
Selbstkosten		151,00 EUR		129.022,00 EUR
Selbstkosten je Stück bei 1.000-Stück-Auftrag	→			129,02 EUR

2. a)

Kostenstelle Vertrieb (FE = Fertigerzeugnisse; LS = Lieferscheine)							
Teilprozesse	**Teil-prozess-kosten**	**Kostentreiber (Maßgrößen)**	**lmi/ lmn**	**Teil-prozess-mengen**	**Teilprozess kostensatz vor Umlage**	**Um-lage-satz**	**Gesamt-prozess-kostensatz**
FE lagern	120.000,00	Anzahl Anlieferungen	lmi	750	160,00	36,92	196,92
LS erstellen	30.000,00	Anzahl Aktivitäten	lmi	400	75,00	17,31	92,31
FE versandfertig machen	90.000,00	Anzahl Paletten	lmi	3.000	30,00	6,92	36,92
Spediteur regeln	20.000,00	Anzahl Aktivitäten	lmi	300	66,67	15,39	82,06
Abteilung leiten	60.000,00	–	lmn	–	–	–	–
Summe MGK	**320.000,00**						

b)

Beispiel: Hauptprozess „Kundenauftrag bearbeiten“			
Teilprozesse	**Beteiligte prozess-orientierte Kostenstelle**	**Prozess-kostensatz je Kundenauftrag**	**Prozess-kostensatz je Stück**
Bestellung bearbeiten	Verwaltung	189,00 EUR	
Material annehmen	Material		74,50 EUR
Material einlagern	Material		61,00 EUR
Material ausgeben	Material		48,50 EUR
Fertigerzeugnis lagern	Vertrieb		196,92 EUR
Lieferschein erstellen	Vertrieb	92,31 EUR	
Fertigerzeugnis versandfertig machen	Vertrieb		36,92 EUR
Spediteur regeln	Vertrieb	82,06 EUR	
		363,37 EUR	417,84 EUR

c)

Kalkulationsschema	**1 Stück**		**100 Stück**	
Materialeinzelkosten MEK		300,00 EUR		30.000,00 EUR
Fertigungseinzelkosten FEK	120,00 EUR		12.000,00 EUR	
Fertigungsgemeinkosten FGK 120 %	144,00 EUR		14.400,00 EUR	
Fertigungskosten		264,00 EUR		26.400,00 EUR
Hauptprozesskostensatz je Kundenauftrag		363,37 EUR		363,37 EUR
Hauptprozesskostensatz je Stück		417,84 EUR		41.784,00 EUR
Selbstkosten (vor sonst. VwGk)		**1.345,21 EUR**		**98.547,37 EUR**
Verwaltungsgemeinkosten VwGk 15 %		201,78 EUR		14.782,11 EUR
Selbstkosten (nach sonst. VwGk)		1.546,99 EUR		113.329,48 EUR
Selbstkosten je St. bei 100-Stück-Auftrag	→	→	→	1.133,29 EUR

5.5 Prüfungsaufgaben

Prüfungsaufgaben Winter 2009/2010 (Aufgabe 1)

1.1.1 +

1.1.2

Betriebsabrechnungsbogen

Gemeinkostenarten	Istkosten in EUR	Kantine	Material	Forschung und Entwicklung	Fertigung	Verwaltung	Vertrieb
Gemeinkostensummen 1	641.000,00	32.000,00	69.000,00	25.000,00	270.000,00	140.000,00	105.000,00
Umlage Kantine			9.600,00	3.200,00	9.600,00	3.200,00	6.400,00
Gemeinkostensummen 2	641.000,00	–	78.600,00	28.200,00	279.600,00	143.200,00	111.400,00
Umlage Forschung und Entwicklung		–	–	–	14.100,00	14.100,00	–
Gemeinkostensummen 3	641.000,00	–	78.600,00	–	293.700,00	157.300,00	111.400,00
Zuschlagsgrundlagen		–	100.000,00	–	200.000,00	672.300,00	682.300,00
Ist-Gemeinkosten-zuschlagsätze			78,6 %		146,85 %	23,4 %	16,33 %
Normal-Gemeinkosten-zuschlagsätze			**50 %**		**145 %**	**24 %**	**18 %**
Normalgemeinkosten			**50.000,00**		**290.000,00**	**153.840,00**	**117.180,00**
Kostenüber- bzw. Kostenunterdeckung			–28.600,00		–3.700,00	–3.460,00	+5.780,00

1.2.1 Schülerabhängige Antworten, Beispiele:

- Durch die Prozessanalyse werden unwirtschaftliche betriebsinterne Abläufe erkannt und Rationalisierungsmöglichkeiten aufgedeckt.
- Die Transparenz der Gemeinkosten wird erhöht.
- Die oft kritisierte Proportionalisierung der Gemeinkosten im Verhältnis zu den Einzelkosten wird aufgehoben.

1.2.2 Leistungsmengeninduzierte (lmi) Prozesskosten sind von dem zu erbringenden Leistungsvolumen abhängig. Leistungsmengenneutrale (lmn) Prozesskosten sind vom zu erbringenden Leistungsvolumen eines Prozesses unabhängig.

1.2.3 Ermittlung des Teilprozesssatzes: Teilprozesskosten/Teilprozessmengen

Ermittlung des Umlagesatzes: Summe lmi/Summe lmn-Teilprozesskostensatz

Ermittlung der Prozesskostensätze Oktober 2009

Kostenstelle Material							
Teilprozesse	Teilprozess-kosten	Kostentreiber	lmi/lmn	Teilprozess-mengen	Teilprozess-kostensatz vor Umlage	Umla-gesatz	Gesamt-prozess-kostensatz
Materiallieferungen prüfen	18.000,00	Anzahl d. Material-anlieferungen	lmi	6.000	3,00	0,93	3,93
Schlechtleistungen rügen	2.000,00	Anzahl der Schlechtleistungen	lmi	160	12,50	3,88	16,38
Material einlagern	30.000,00	Anzahl der Einlagerungen	lmi	5.000	6,00	1,86	7,86
Material ausgeben	10.000,00	Anzahl der Ausgaben	lmi	5.000	2,00	0,62	2,62
Leitung der Materialstelle	18.600,00	–	lmn	–	–	–	–
Summen	78.600,00	–	–	–	–	–	30,79

1.2.4

Kalkulationsschema mit Istkosten	Betrag in EUR
Materialeinzelkosten	50,00
+ Hauptprozesskosten Material	30,79
+ Fertigungseinzelkosten 8 Minuten · 0,20 EUR	1,60
+ Fertigungsgemeinkosten 146,85 %	2,35
= Herstellkosten	84,74
+ Verwaltungsgemeinkosten 23,4 %	19,83
+ Vertriebsgemeinkosten 16,33 %	13,84
= Selbstkosten	118,41
+ Gewinnaufschlag 15 %	17,76
= Barverkaufspreis	136,17
+ Kundenskonto 3 %	4,21
= Zielverkaufspreis	140,38
+ Kundenrabatt 8 %	12,21
= Nettoverkaufspreis	152,59

Ersatzlösung

Kalkulationsschema mit Normalkosten	Betrag in EUR
Materialeinzelkosten	50,00
+ Hauptprozesskosten Material	30,00
+ Fertigungseinzelkosten 8 Minuten · 0,20 EUR	1,60
+ Fertigungsgemeinkosten 145 %	2,32
= Herstellkosten	83,92
+ Verwaltungsgemeinkosten 24 %	20,14
+ Vertriebsgemeinkosten 18 %	15,11
= Selbstkosten	119,17
+ Gewinnaufschlag 15 %	17,88
= Barverkaufspreis	137,05
+ Kundenskonto 3 %	4,24
= Zielverkaufspreis	141,29
+ Kundenrabatt 8 %	12,29
= Nettoverkaufspreis	153,58

Prüfungsaufgaben Winter 2010/2011 (Aufgabe 1, teilweise)

1.1

Nr.	Prozess	lmi-Prozesskostensatz in EUR	lmn-Prozesskostensatz in EUR	Gesamtprozesskostensatz in EUR
1	Material bestellen (Rahmenverträge)	375,00	37,50	412,50
2	Material bestellen (Einzelbestellung)	800,00	80,00	880,00
3	Materialeingangskontrollen	150,00	15,00	165,00
4	Material lagern	750,00	75,00	825,00
5				–

1.2

Nr.	Prozess	Gesamtprozesskostensatz in EUR (= Übertrag aus **Anlage 1**)	Prozesskosten der Produktgruppe „Getränke" in EUR	Prozesskosten der Produktgruppe „Pharma" in EUR	Prozesskosten je Stück „Getränke" in EUR	Prozesskosten je Stück „Pharma" in EUR
1	Material bestellen (Rahmenverträge)	412,50	123.750,00	41.250,00	1.546,88	825,00
2	Material bestellen (Einzelbestellung)	880,00	88.000,00	352.000,00	1.100,00	7.040,00
3	Materialeingangskontrollen	165,00	33.000,00	132.000,00	412,50	2.640,00
4	Material lagern	825,00	495.000,00	330.000,00	6.187,50	6.600,00
	Summen:	–	739.750,00	855.255,00	9.246,88	17.105,00

1.3 Zuschlagskalkulation (für jeweils eine Anlage; in EUR)

	Getränke	Pharma
Fertigungsmaterial	26.125,00	22.000,00
+ Materialgemeinkosten (50 %)	13.062,50	11.000,00
= Materialkosten	39.187,50	33.000,00

Prozesskostenrechnung (für jeweils eine Anlage; in EUR)

	Getränke	Pharma
Fertigungsmaterial	26.125,00	22.000,00
+ Prozesskosten	9.246,88	17.105,00
= Materialkosten	35.371,88	39.105,00

Alternativlösung Prozesskostenrechnung mit vorgegebenen Werten (für jeweils eine Anlage; in EUR)

	Getränke	Pharma
Fertigungsmaterial	26.125,00	22.000,00
+ Prozesskosten	10.000,00	15.900,00
= Materialkosten	36.125,00	37.900,00

Durch die Kalkulation mit Prozesskosten steigen die Materialkosten bei der Erzeugnisgruppe Pharma um 6.105,00 EUR (4.900,00 EUR) an. Dadurch erklärt sich der gesunkene Periodengewinn nach der Produktionssteigerung in der letzten Periode.
Die Materialkosten bei der Erzeugnisgruppe Getränke sinken von 39.187,50 EUR auf 35.371,88 EUR (36.125,00 EUR).
Die Produktionssenkung in diesem Bereich verstärkt den o. g. Effekt.

Die Abfüllanlagen für die pharmazeutische Industrie sind die komplexeren Erzeugnisse. Dies ist an den Prozessmengen ablesbar. So sind für dieses Erzeugnis mehr Materialeingangskontrollen insgesamt und je gefertigtem Stück erforderlich.
Die höhere Komplexität drückt sich auch in der Anzahl der teureren Einzelbestellungen bei der Erzeugnisgruppe „Pharma“ aus.

1.4 Schülerabhängige Antwort, z. B.:
Vorteile der Prozesskostenrechnung gegenüber der Zuschlagskalkulation:

- In der Regel keine Proportionalisierung der Gemeinkosten im Gegensatz zur Zuschlagskalkulation.
  Daher können mit der Prozesskostenrechnung auch Degressionseffekte deutlich gemacht werden.
- Rationalisierungsmöglichkeiten und Ansatzpunkte zur Verbesserung der betrieblichen Abläufe sind durch kostenstellenübergreifende Betrachtungen möglich.
- Transparenz und Genauigkeit der Gemeinkosten verbessern sich durch eine verursachungsgerechte Zurechnung auf die Kostenträger.

Prüfungsaufgaben Sommer 2012 (Aufgabe 1, teilweise)

2.1 Hilfskostenstellen geben ihre Leistungen an nachfolgende bzw. übergeordnete Kostenstellen ab. Hauptkostenstellen geben ihre Leistungen an Produkte ab.

2.2 Lagermiete, Gehalt der Lageristen, Energiekosten ...

2.3 Berechnung des Zuschlagsatzes für Holzfenster:

	Hilfskostenstelle Lager	Hauptkostenstelle Holz	Hauptkostenstelle Kunststoff
	60.000,00	72.000,00	82.000,00
Umlage	→	36.000,00	24.000,00
Summe		108.000,00	106.000,00
Zuschlagsatz nach Umlage		180 % $\frac{108.000 \cdot 100}{60.000}$	151,43 %

Traditionelle Zuschlagskalkulation

Fertigungsmaterial	54,00 EUR
+ MGKZ 180 %	97,20 EUR
= Materialkosten	151,20 EUR

2.4.1 Kostentreiber: Wareneingangskontrolle – Anzahl der Lieferungen
Reklamationen melden – Anzahl der Reklamationen

2.4.2 Zuschlagsatz ohne Umlage 120 %

$$\frac{100 \cdot 72.000}{60.000}$$

Fertigungsmaterial	54,00 EUR
+ MGKZ 120 % (Rest)	64,80 EUR
+ Prozesskostensatz	64,99 EUR
= Materialkosten	183,79 EUR

Kostenstelle Lager

Teilprozess	Teilprozess-mengen	Teilprozess-kosten lmi EUR	Teilprozess-kosten lmn EUR	Teilprozess-kostensatz EUR	Umlage-satz EUR	Prozess-kostensatz EUR
Wareneingangs-kontrolle	2.000	18.000,00		9,00	2,25	11,25
Reklamationen melden	200	6.000,00		30,00	7,50	37,50
Ware einlagern	1.800	12.000,00		6,67	1,67	8,34
Warendisposi-tion	1.900	12.000,00		6,32	1,58	7,90
Abteilung leiten			12.000,00			
Summe		48.000,00	12.000,00			64,99

2.4.3 Erkennen unwirtschaftlicher Abläufe
Transparenz der Gemeinkosten
kostenstellenübergreifende Kostenkontrolle usw.

6 Erstellung und Auswertung des Jahresabschlusses

6.1 Bestandteile des Jahresabschlusses einer Kapitalgesellschaft

1. bis 3. Vgl. Stofftelegramm

4. Erfolgslage leichter interpretierbar; übersichtlicher; verständlicher; leichtere Vergleichbarkeit durch Zwischenergebnisse

6.2 Die Bewertung (Ziele, Grundsätze)

1./2. Vgl. Stofftelegramm

3. **Teilhaberschutz:** Die Teilhaber (Eigentümer) haben ein berechtigtes Interesse an stabilen Gewinnausschüttungen. Somit müssen sie geschützt werden vor Unterbewertung des Vermögens bzw. Überbewertung der Schulden (= Gewinnverringerung).

   Gläubigerschutz: Die Gläubiger haben ein Interesse daran, dass die Tilgungen problemlos erfolgen können. Notwendig daher: Schutz vor zu hohen Gewinnausschüttungen. Bewertung nach dem Vorsichtsprinzip!

4. a) Gewinnverringerung b) Gewinnerhöhung c) Gewinnerhöhung d) Gewinnverringerung

5. a) **Vorsichtsprinzip:** Oberster Grundsatz der Bewertung. Bei mehreren möglichen Wertansätzen soll beim Vermögen der niedrigere (Niederstwertprinzip), bei den Schulden der höhere Wert (Höchstwertprinzip) angesetzt werden. So wird der Gewinn relativ niedrig (vorsichtig) ausgewiesen – Gefahr zu hoher Ausschüttungen (Liquiditätsentzug!) entfällt.

   b) **Imparitätsprinzip:** Nicht realisierte Gewinne dürfen nicht ausgewiesen werden (Realisationsprinzip). Nicht realisierte Verluste müssen ausgewiesen werden.

   Anschaffungswertprinzip: Die Anschaffungskosten eines Vermögensgegenstandes dürfen nie überschritten werden.

   Höchstwertprinzip: Gilt bei den Schulden. Von zwei möglichen Wertansätzen muss jeweils der höhere angesetzt werden.

   Gemildertes Niederstwertprinzip: Gilt beim Anlagevermögen. Bei vorübergehender Wertminderung darf der niedrigere Wert angesetzt werden (Wahlrecht).

   Strenges Niederstwertprinzip: Gilt beim Umlaufvermögen. Beim Anlagevermögen nur, wenn die Wertminderung voraussichtlich dauerhaft ist.
   Der niedrigere Wert muss angesetzt werden (Pflicht).

6. a) Gemildertes Niederstwertprinzip b) Strenges Niederstwertprinzip c) Höchstwertprinzip

7. a) **Stille Rücklagen:** Vorhandene, aber in Bilanz nicht ausgewiesene Teile des Eigenkapitals. Entstehung: Unterbewertung Vermögen bzw. Überbewertung Schulden, wodurch Teile des Gewinns nicht ausgewiesen werden = verdeckte (stille) Selbstfinanzierung.

   b) Grundstücke, Gebäude: Wegen des Anschaffungswertprinzips sind die Anschaffungskosten stets die Obergrenze. Die Grundstückswerte steigen oft erheblich darüber hinaus.

   Maschinen: Degressive Abschreibung bewirkt in den ersten Jahren erhebliche Unterbewertungen; abgeschriebene Maschinen werden oft noch genutzt.

   Rückstellungen: oft zu hohe Schätzung

c) • Vermögen zu niedrig, Schulden zu hoch ausgewiesen: fehlende Aussagekraft der Bilanz (Verschleierung der wirklichen Lage des Unternehmens möglich)
- Den Eigentümern werden Gewinne vorenthalten.
- Hohe Gewinne bei Auflösung der stillen Rücklagen (Verschleierung der Erfolgslage)
- Vorteil: Die Bildung stiller Rücklagen entspricht dem Vorsichtsprinzip; Finanzierung ohne Finanzierungskosten; kein Gesellschafterbeschluss nötig; Steuerverschiebung ...

8. 60 Paar · 62,00 EUR = 3.720,00 EUR
Begründung: Laut Anschaffungswertprinzip dürfen die Anschaffungs- oder Herstellungskosten niemals überschritten werden.

9. a) 25,00 EUR. Begründung siehe 8.
b) 24,00 EUR. Begründung: Strenges Niederstwertprinzip beim Umlaufvermögen

10. a) Es handelt sich um Umlaufvermögen (kurzfristige Anlage), somit gilt das strenge Niederstwertprinzip.
b) Anlagevermögen (langfr.), somit gilt gemildertes Niederstwertprinzip –> Wahlrecht 400,00 bis 450,00 EUR (Ausnahme: voraussichtlich dauernde Wertminderung –> dann 400,00 EUR)

11. Anwendung des Devisenkassamittelkurses am 31.12. (Restlaufzeit < 1 Jahr):
1,50 CHF = 1,00 EUR –> 200.000,00 CHF = **133.333,33 EUR**

12. Höchstwertprinzip gilt bei Währungsverbindlichkeiten mit einer Restlaufzeit > 1 Jahr.
1,25 USD = 1,00 EUR –> 120.000,00 USD = **96.000,00 EUR**

13. Nicht realisierte Gewinne dürfen nicht, nicht realisierte Verluste müssen ausgewiesen werden = Imparitätsprinzip.

Skonto darf hier nicht ausgewiesen werden, da es sonst zum Ausweis eines noch nicht realisierten Gewinns kommt. –> Richtiger Wertansatz: 416.500,00 EUR (Höchstwertprinzip)

14. 31. Dez. Vorjahr: 342 (strenges Niederstwertprinzip)
31. Dez. dieses Jahr: zwischen 342 und 386 (Wertaufholung möglich)

15. 220.000,00 EUR; Anschaffungswert stets Obergrenze.

16. Es wird zu einem Kurs von 315,00 EUR bilanziert.
- strenges Niederstwertprinzip beim Umlaufvermögen
- Obergrenze stets Anschaffungskosten

17. Mit 350.000,00 EUR (Vornahme einer außerplanmäßigen Abschreibung)
Begründung: Eindeutige Verluste sind stets auszuweisen (Imparitätsprinzip).

18. Vorsichtsprinzip: Vermögen eher niedrig, Schulden eher höher bewerten.

Bsp.: Bewertung Rohstoffbestände (= UV) bei fallenden Preisen zum niedrigeren Wert (strenges NWP), damit der Gewinn nicht zu hoch ausgewiesen wird.

19. Ansatz: 2.100,00 EUR – strenges Niederstwertprinzip beim Umlaufvermögen

20. Kaufmännische Vorsicht; Gläubigerschutz

6.3 Kauf von Anlagen

1.

a)	070 Maschinen	32.200,00	an	440 Verbindlichkeiten	38.318,00
	260 Vorsteuer	6.118,00			
b)	440 Verbindlichkeiten	38.318,00	an	280 Bank	37.551,64
			an	070 Maschinen	644,00
			an	260 Vorsteuer	122,36

2. a) AK = 120.000 + 11.000 + 1.200 + 1.000 + 400 = 133.600,00 2 % Skonto = 130.928,00

b)	084 Fuhrpark	133.600,00	an	440 Verbindlichkeiten	158.984,00
	260 Vorsteuer	25.384,00			
	703 Kfz-Steuer	1.600,00	an	280 Bank	4.495,00
	690 Versicherungen	2.300,00			
	605 Treibstoffe	500,00			
	260 Vorsteuer	95,00			
c)	440 Verbindlichkeiten	158.984,00	an	280 Bank	155.804,32
			an	084 Fuhrpark	2.672,00
			an	260 Vorsteuer	507,68

3. AK = 400.000 + 8.000 + 9.000 + 600 + 5.000 = 422.600,00 EUR

050	Grundstücke	422.600,00	an	280 Bank	426.160,00
702	Grundsteuer	900,00		(Annahme: Überweisung)	
260	Vorsteuer	2.660,00			

4. Aktivierung = Sollbuchung auf einem Aktivkonto.

5. Anschaffungspreis
 \+ Anschaffungsnebenkosten
 – Anschaffungskostenminderungen
 = Aktivierungsbetrag (Anschaffungskosten)

6. Anschaffungsnebenkosten = Teil der Anschaffungskosten, daher aktivierungspflichtig. Alle Ausgaben u. Aufwendungen, die im Rahmen der Anschaffung zusätzlich zum Kaufpreis einmalig auftreten. Bsp.: Transport- u. Montagekosten, Zölle, Zulassungskosten, Notariatskosten, Grunderwerbsteuer

7. Anschaffungskostenminderungen:
 Rabatte, Skonti, Boni

8. Nicht aktivierungsfähig: a – b – d – h – j
 Begründung für a, b, d, h: keine einmalig auftretenden Kosten, daher nicht aktivierungsfähig
 Begründung für j: nicht aktivierungsfähig, da durchlaufender Posten

9. Bodenwert: nicht abschreibungsfähig
 Gebäudewert: wird abgeschrieben; die Anschaffungskosten des reinen Gebäudes (ohne Grund und Boden) müssen daher als Abschreibungsbasis ermittelt werden.

10.

	Gesamt	Grundstück	Gebäude
Kaufpreis	216.000,00 EUR	50.000,00 EUR	166.000,00 EUR
Notar-, Maklerkosten 12.000,00 EUR Grunderwerbsteuer 4.000,00 EUR	16.000,00 EUR	3.704,00 EUR	12.296,00 EUR
Anschaffungskosten	232.000,00 EUR	53.704,00 EUR	178.296,00 EUR
– Abschreibung 2 % : 4 Monate			1.189,00 EUR
Gebäudewert			177.107,00 EUR
+ Grundstückswert			53.704,00 EUR
Bilanzansatz bebautes Grundstück			230.811,00 EUR

11.

Kaufpreis brutto (119 %)	60.690,00 EUR
– USt (19 %)	9.690,00 EUR
Kaufpreis netto (100 %)	51.000,00 EUR
– 3 % Skonto	1.530,00 EUR
	49.470,00 EUR
+ Montagekosten	1.600,00 EUR
+ Transportversicherung	230,00 EUR
Anschaffungskosten	51.300,00 EUR
– Abschreibung (20 % · 2/12)	1.710,00 EUR
Bilanzansatz	**49.590,00 EUR**

12.

	137.100,00 EUR
– 2 % Skonto	2.742,00 EUR
	134.358,00 EUR
+ Transportkosten	1.380,00 EUR
+ Fundamentskosten	3.800,00 EUR
+ Montagekosten	700,00 EUR
Anschaffungskosten	**140.238,00 EUR**

13.1

Kaufpreis brutto	107.100,00 EUR
– USt	17.100,00 EUR
Kaufpreis netto	90.000,00 EUR
– 3 % Skonto	2.700,00 EUR
	87.300,00 EUR
+ Fracht	1.400,00 EUR
+ Montage	3.300,00 EUR
Anschaffungskosten	92.000,00 EUR
– Ab. (10 % · 3/12)	2.300,00 EUR
Bilanzansatz	**89.700,00 EUR**

13.2 Analoge Rechnung ohne Fracht:
Bilanzansatz 88.335,00 EUR

14.

070 Maschinen	22.520,00	an 440 Verbindlichkeiten	26.798,80
260 Vorsteuer	4.278,80		

15. Alle Kosten außer der Grundsteuer.

16.

084 Fuhrpark	27.450,00	an 440 Verbindlichkeiten	32.665,50
260 Vorsteuer	5.215,50		

17. Kaufpreis + Anschaffungsnebenkosten – Anschaffungskostenminderungen = Ansch.kosten

6.4 Abschreibungen

1. a)
   - Abschreibungen berücksichtigen die Wertminderungen bei Anlagegütern. Das Anlagevermögen wird somit richtig ausgewiesen. Gleichzeitig wird der Wertverlust durch eine Aufwandsbuchung berücksichtigt.
   - Abschreibungen werden in die Verkaufspreise einkalkuliert und fließen somit in Form von liquiden Mitteln in das Unternehmen zurück. Mit diesen Abschreibungsrückflüssen können nun die Neuanschaffungen finanziert werden. Vgl.: Finanzier. aus Abschreib.

   b) Abschreibungen sind Aufwendungen und verringern somit den Gewinn.

   c) **Lineare Abschreibung:** Abschreibung vom Anschaffungswert – gleichbleibende Abschreibungsbeträge
   Degressive Abschreibung: Abschreibung vom Buchwert – fallende Abschreibungsbeträge – führt nicht zum Nullwert, daher Übergang zur linearen Methode notwendig.

   d) Der degressive Abschreibungssatz darf maximal das 2,5-Fache des linearen Satzes betragen, Obergrenze 25 % (2010).

   e) Degressive Methode; hoher Wertverlust im ersten Jahr am besten berücksichtigt

f)

	lineare Abschreibung	**degressive Abschreibung**
a) erste Nutzungsjahre	Abschreibung niedriger, daher höherer Gewinn	Abschreibung höher, daher niedrigerer Gewinn
b) spätere Nutzungsjahre	Abschreibung höher, daher niedrigerer Gewinn	Abschreibung niedriger, daher höherer Gewinn

2. a) Lineare Methode. Begründung: Abschreibungsbeträge im Vergleich zur degressiven Abschreibung in ersten Nutzungsjahren geringer, somit Gewinne und Vermögensausweis höher; Kreditwürdigkeit wirkt höher.

   b) Verlustbereich: Lineare Methode; Begründung: Momentan möglichst wenig abschreiben, da die Abschreibungen den Verlust vergrößern (Kreditwürdigkeit!) und augenblicklich Steuervorteile somit nicht erreichbar sind. Aufsparung der Abschreibungsbeträge für spätere (Gewinn) Jahre
   Gewinnbereich: Degressive Methode; Begründung: Vergleichsweise höhere Abschreibungen führen zu vergleichsweise kleinerem Gewinn. Dies bedeutet zunächst Steuerersparnisse in den ersten Jahren, allerdings bei sonst gleichen Bedingungen Steuernachteile in gleicher Höhe in späteren Jahren. Insgesamt: Steuerverschiebung = Zinsgewinn

3. Um willkürlich zu hoch angesetzte Abschreibungen zu verhindern, was eine unangemessene Steuerverschiebung bedeuten würde

4. AfA: Steuerlicher Abschreibungsbegriff („Absetzung für Abnutzung")

5.

	a)	b)	c)	d)	e)	f)
linear (%)	10	20	12,5	25	5	8,33
degressiv (%)	25	25	25	25	12,5	25

6. Anschaffungskosten, Abschreibungsmethode, Nutzungsdauer, Abschreibungssatz, genaue Bezeichnung des Gutes, exakter Anschaffungszeitpunkt

7.

linear 12,5 %	degressiv 20 %	
40.000,00	40.000,00	
5.000,00	8.000,00	
35.000,00	32.000,00	
5.000,00	6.400,00	
30.000,00	25.600,00	
5.000,00	5.120,00	
25.000,00	20.480,00	
5.000,00	4.096,00	linear
20.000,00	16.384,00	
5.000,00	4.096,00	linear
15.000,00	12.288,00	
5.000,00	4.096,00	linear
10.000,00	8.192,00	
5.000,00	4.096,00	linear
5.000,00	4.096,00	
5.000,00	4.096,00	linear
0	0	

8. Es wurde im Jahr 01 linear abgeschrieben. Ein Wechsel zur degressiven Methode ist dann in den Folgejahren nicht mehr erlaubt. Somit höchstmögliche Abschreibung: 10.000,00 EUR

9. Linearer Satz bei 15 Jahren Nutzungsdauer = 6 2/3 %, somit degressiv maximal das 2,5-Fache = 16,67 %;

   da die Anschaffung im August erfolgte, können lediglich
   16,67 % · 5/12 von 75.000,00 EUR = 5.209,00 EUR abgeschrieben werden.

10. Vgl. Stofftelegramm

11. Vgl. Stofftelegramm

12. 168.750,00 EUR = halbe Jahresabschreibung (6 Monate)

13. Um willkürlich zu hoch angesetzte Abschreibungen zu verhindern, was eine unangemessene Steuerverschiebung bedeuten würde

14. - Erfassung der Wertverluste, richtiger Ausweis des Anlagevermögens
    - Verteilung der Anschaffungskosten auf die Nutzungsdauer
    - Kalkulation der Abschreibungen in den Preisen, damit am Ende der Nutzungsdauer eine Wiederbeschaffung möglich ist
    - Steuerrechtliche Vorschriften

15. Degressiv: fallende Abschreibungsbeträge; linear: gleichbleibende Abschreibungsbeträge

16. Vgl. 14.

6.5 Verkauf von gebrauchten Anlagegütern

1.	084	Fuhrpark	59.200,00	5461	Erlöse AV	10.000,00
	260	Vorsteuer	11.248,00	480	Umsatzsteuer	1.900,00
				280	Bank	58.548,00
	5461	Erlöse AV	10.000,00	084	Fuhrpark	8.000,00
				546	Erlöse AV	2.000,00
2.	084	Fuhrpark	55.800,00	44	Verbindlichkeiten	66.402,00
	260	Vorsteuer	10.602,00			
	44	Verbindlichkeiten	66.402,00	5461	EAV	10.000,00
				480	Umsatzsteuer	1.900,00
				280	Bank	54.502,00
	5461	EAV	10.000,00	084	Fuhrpark	8.000,00
				546	EAV	2.000,00
3.	083	Transporteinrichtungen	56.000,00	44	Verbindlichkeiten	66.640,00
	260	Vorsteuer	10.640,00			
				5461	EAV	13.500,00
	44	Verbindlichkeiten	66.640,00	480	Umsatzsteuer	2.565,00
				280	Bank	50.575,00
	5461	EAV	13.500,00	083	Transporteinr.	10.800,00
				546	EAV	2.700,00
4.1	071	Maschinen	27.000,00	44	Verbindlichkeiten	32.130,00
	260	Vorsteuer	5.130,00			
4.2	44	Verbindlichkeiten	32.130,00	5461	EAV	2.000,00
				480	Umsatzsteuer	380,00
				281	Postgiro	29.750,00
	5461	EAV	2.000,00	071	Maschinen	1.500,00
				546	EAV	500,00
5.1						
			51.270,00			
			685,00			
	Anschaffungskosten		51.955,00			
	Umsatzsteuer 19 %		9.871,45			
			61.826,45			
	084	Fuhrpark	51.955,00	44	Verbindlichkeiten	61.011,30
	260	VSt	9.871,45	280	Bank	815,15
	690	Versicherungen	263,80	280	Bank	263,80

5.2	Rechnungsbetrag	61.011,30			
	Skonto 2 %	1.220,23			
		59.791,07			
	Altfahrzeug (inkl. USt)	19.635,00			
	Zahlung	40.156,07			
	(Skonto netto: 1.025,40)				
	44 Verbindlichkeiten	61.011,30	084	Fuhrpark	1.025,40
			260	VSt	194,83
			084	Fuhrpark	14.400,00
			5461	Erlöse a. d. Abg. v. S.	2.100,00
			480	USt	3.135,00
			280	Bank	40.156,07
	5461 Erlöse a. d. Abg. v. S.	2.100,00	546	Erträge a. d. Abg. v. S.	2.100,00

6.7 Bewertung FE/UFE zu Herstellungskosten

1. • Selbsterstellte Anlagen (aktivierte Eigenleistungen)
   • Fertige und unfertige Erzeugnisse

2. a)

Herstellungskosten nach § 255 HGB				
MEK	250.000,00 EUR	MEK	250.000,00 EUR	Aktivierungspflicht
MGK	62.500,00 EUR	MGK	62.500,00 EUR	
FEK	105.000,00 EUR	FEK	105.000,00 EUR	
FGK	91.350,00 EUR	FGK	91.350,00 EUR	
Transport	6.000,00 EUR	Transport	6.000,00 EUR	
Abschr.	in FGK	Abschr.	in FGK	
VwGK h	2.800,00 EUR	VwGK h	2.800,00 EUR	
VwGK nh	7.200,00 EUR			Aktivierungswahlrecht
Aufw. f. soz. Einr.	–			
freiw. soz. Leist.	–			
betr. Alt.	–			
Z FK	12.500,00 EUR			
Obergrenze	**537.350,00 EUR**	**Untergrenze**	**517.650,00 EUR**	

b) Vermögen hoch ausweisen → hoher Betrag in der Bilanz (Aktivierung) →
Ansatz: Obergrenze der Herstellungskosten hier: 537.350,00 EUR
Ermittlung s. 3.

c) minimaler Gewinn → hohe Aufwendungen (hohe Bestandsveränderungen) →
Ansatz: Untergrenze der Herstellungskosten hier: 517.650,00 EUR – zeitanteilige Abschreibung
Ermittlung s. 3.

zeitanteilige Abschreibung: ND 50 J. → linear 2,5 %/Jahr → 12.941,25 EUR/Jahr
4 Monate Nutzung → 4/12 · 12.941,25 EUR = 4.313,75 EUR

Herstellungskosten (Untergrenze)	517,650.00 EUR
– zeitanteilige Abschreibung	4,313.75 EUR
Wertansatz 31.12. (1. Jahr)	**513,336.25 EUR**

3. a)

Herstellungskosten nach § 255 HGB				
MEK	30.000,00 EUR	MEK	30.000,00 EUR	Aktivierungspflicht
MGK	9.000,00 EUR	MGK	9.000,00 EUR	
FEK	85.000,00 EUR	FEK	85.000,00 EUR	
FGK	102.000,00 EUR	FGK	102.000,00 EUR	
SEKF	3.000,00 EUR	SEKF	3.000,00 EUR	
Abschr.	2.700,00 EUR	Abschr.	2.700,00 EUR	
VwGK h	5.800,00 EUR	VwGK h	5.800,00 EUR	
VwGK nh	7.400,00 EUR			Aktivierungswahlrecht
Aufw. f. soz. Einr.	3.200,00 EUR			
freiw. soz. Leist.	1.500,00 EUR			
betr. Alt.	800,00 EUR			
Z FK	–			
Obergrenze	**250.400,00 EUR**	**Untergrenze**	**237.500,00 EUR**	**Aktivierungsverbot: Vertriebskosten**
1 Matte:	**12,52 EUR**		**11,88 EUR**	

b) Vermögen hoch ausweisen → hoher Betrag in der Bilanz (Aktivierung) →
Ansatz: Obergrenze der Herstellungskosten hier: 250.400,00 EUR
Ermittlung s. 1.

c) minimaler Gewinn → hohe Aufwendungen (hohe Bestandsveränderungen) →
Ansatz: Untergrenze der Herstellungskosten hier: 237.500,00 EUR
Ermittlung s. 1.

4. Untergrenze. Begründung: Niedrigere Bewertung bewirkt niedrigeren Gewinn –> Steuerbelastung in diesem Jahr sinkt (Steuerverschiebung –> Zinsgewinn).

5. § 255 Abs. 2 HGB (Vertriebskosten nicht aktivieren). Begründung: Der Vertrieb hat bei FE u. UFE noch nicht stattgefunden. Aktivierung würde gegen das Vorsichtsprinzip verstoßen.

6.8 Zweifelhafte und uneinbringliche Forderungen

1. a)	241	Zweifelhafte Forderg.	9.520,00	240	Forderungen	9.520,00
b)	695	Abschreibungen a. Ford.	8.000,00	241	Zweifelh. Forderungen	9.520,00
	480	Umsatzsteuer	1.520,00			
c)	280	Bank	952,00	241	Zweifelh. Forderungen	9.520,00
	695	Abschreibungen a. Ford.	7.200,00			
	480	Umsatzsteuer	1.368,00			
2.	695	Abschreibungen a. Ford.	4.200,00	241	Zweifelh. Forderungen	4.998,00
	480	Umsatzsteuer	798,00			
3.	280	Bank	2.415,00	241	Zweifelh. Forderungen	4.025,00
	695	Abschreibungen a. Ford.	1.352,94			
	480	Umsatzsteuer	257,06			
4.	280	Bank	2.380,00	547	Erlöse a. F.	2.000,00
				480	Umsatzsteuer	380,00

5. Schuldner meldet Vergleich (Insolvenz) an.
   - Trotz mehrfacher Mahnung zahlt der Schuldner nicht.
   - Der Schuldner hat uns eine Mängelrüge gesendet.
   - Schecks oder Wechsel können nicht eingelöst werden.

6. Einwandfreie, zweifelhafte und uneinbringliche Forderungen

7. - Einstellung Insolvenzverfahren mangels Masse beim Kunden
   - Fruchtlose Pfändung beim Kunden
   - Forderung teilweise uneinbringlich (voraussichtliche Insolvenzquote)

8. a) Umbuchung auf Konto „Zweifelhafte Forderungen"

   b) Abschreibung

9. Umsatzsteuerberichtigung; Basis war eine AR, somit USt-Buchung. Letztere muss berichtigt werden.

10.	695	Abschreib. auf Ford.	22.000,00	an	241	Zweifelh. Ford.	26.180,00
	480	Umsatzsteuer	4.180,00				
11.	241	Zweifelhafte Forderungen	46.000,00	an	240	Forderungen	46.000,00
12.1	241	Zweifelhafte Forderungen	6.300,00	an	240	Forderungen	6.300,00
	oder	Vollabschreibung					
12.2	280	Bank	3.780,00	an	241	Zweifelh. Ford.	6.300,00
	6951	Abschr. Ford.	2.117,65				
	260	Vorsteuer	402,35				

6.9 Rückstellungen

1.	677	Rechtskosten	2.000,00	390	Sonst. Rückstellungen	2.000,00
2.	a) 700	Steuern	8.000,00	380	Steuerrückstellungen	8.000,00
	b) 380	Steuerrückstellungen	8.000,00	280	Bank	8.000,00
	c) 380	Steuerrückstellungen	8.000,00	280	Bank	6.000,00
				548	Erträge aus Auflös. Rückst.	2.000,00
	d) 390	Sonst. Rückstellungen	8.000,00	280	Bank	9.000,00
	699	Periodenfr. Aufw.	1.000,00			

3. **Rückstellungen:** Schulden für Aufwendungen, die am Bilanzstichtag zwar ihrem Grunde nach feststehen, deren Höhe bzw. Fälligkeit jedoch ungewiss ist. Schätzung notwendig

4. • Ungewisse Verbindlichkeiten (z. B. zu erwartende Steuernachzahlungen, Prozesskosten aufgrund eines laufenden Prozesses, Garantieverpflichtungen)
   • Drohende Verluste aus schwebenden Geschäften (z. B. starker Preisverfall bereits gekaufter, jedoch noch nicht gelieferter Rohstoffe)
   • Unterlassene Instandhaltungsaufwendungen, die im nächsten Geschäftsjahr innerhalb von drei Monaten nachgeholt werden
   • Gewährleistungen: ohne rechtliche Verpflichtung (Kulanz)

5. Die Bildung einer Rückstellung bedeutet gleichzeitig eine Aufwandsbuchung, führt somit zu einer Gewinnminderung.

6. Rückstellungen: Fremdkapital
   Rücklagen: Eigenkapital (einbehaltene Gewinne)

7. Periodengerechte Erfolgsermittlung (zeitliche Abgrenzung); der Erfolg ist in der Periode zu berücksichtigen, in der er entstanden ist.

8.	613	Instandhaltung	9.000,00	390	Sonst. Rückstellg.	9.000,00
9.	770	Gewerbeertragsteuer	9.000,00	380	Steuerrückstellg.	9.000,00
10.	677	Rechtskosten	4.500,00	390	Sonst. Rückstellg.	4.500,00
11.	613	Instandhaltung	1.400,00	390	Rückstellungen	1.400,00
12.	698	Zuführ. zu Rückstellungen	8.500,00	390	Rückstellungen	8.500,00
13.1	613	Instandhaltung	15.000,00	390	Rückstellungen	15.000,00
13.2	390	Rückstellungen	15.000,00	280	Bank	18.445,00
	613	Instandhaltung	500,00			
	216	Vorsteuer	2.945,00			

6.10 Bilanzaufbereitung und Bilanzanalyse

1. a) 2 % b) 5 %

2. a) Deckungsgrad II = (EK + lfr. FK) : AV = 881.000 : 720.000 = 1,22

   Das Anlagevermögen sollte nach der goldenen Bilanzregel i. w. S. mit Eigenkapital finanziert sein (Deckungsgrad II >= 1). Diese Bedingung ist hier erfüllt.

   b) Grad der finanziellen Unabhängigkeit = (EK · 100) : Gesamtkapital
   = (460.000 · 100) : 1.071.000 = 42,95 %

   Das bedeutet in Anbetracht deutscher Durchschnittswerte – je nach Branche – eine gute bis sehr gute Eigenkapitalausstattung.

   c) Verschuldungsgrad = FK : EK = 611.000 : 460.000 = 1,33

   Dies entspricht zwar nicht dem optimalen Verschuldungsgrad von 1, ist jedoch in Anbetracht der Durchschnittswerte nicht zu beanstanden.

   d) Liquidität 2 = (141.000 · 100) : 190.000 = 74,21 %

   –> Bedenklich, da die geforderten ca. 100 % bei Weitem nicht erreicht werden. Eventuelle Gefahr von Liquiditätsengpässen

3. **Fristenparallelität:** Die Fristigkeiten des Kapitals sollen den Fristigkeiten des Vermögens entsprechen (langfristiges Vermögen soll langfristig finanziert sein: Das Anlagevermögen und der eiserne Bestand des Umlaufvermögens müssen mit Eigenkapital und langfristigem Fremdkapital finanziert sein.)

   Begründung: Die Tilgung der Finanzierungsmittel sollte aus dem Rückfluss des Vermögens (Abschreibungsrückflüsse beim Anlagevermögen) möglich sein.

4. a) **Optimaler Verschuldungsgrad:**

   - Traditionelle Formulierung: FK : EK = 1 : 1 (= überholt; typisches Verhältnis: 0,3 : 1)
   - Moderne Formulierung: Eine Fremdkapitalaufnahme für Investitionszwecke ist sinnvoll, solange der Fremdkapitalzins niedriger als die Gesamtkapitalrentabilität ist (= Leverage-Effekt).

   b) Der optimale Verschuldungsgrad hängt von vielen Faktoren ab: Branche, Betriebsgröße, Risikograd der Investitionen ...

5. Je höher der Eigenkapitalanteil, umso krisensicherer ist das Unternehmen (hohe Haftsumme, Unabhängigkeit von Gläubigern, hohe Kreditwürdigkeit, geringe Zins- und Tilgungsbelastung, Sicherheit in Krisenzeiten).

6. - Es liegt eine Überliquidität vor, da beim Liquiditätsgrad II 100 % genügen würden.
   - Überliquidität führt zu Zinsverlusten; mit den überschüssigen Mitteln könnten z. B. Fremdkapitalien abgebaut werden -> Reduzierung der Fremdkapitalzinsen.

7. Vgl. Stofftelegramm

8. • Unternehmen B hat höhere Fixkosten: Bei Beschäftigungsrückgang würden sich größere Probleme ergeben, weil sich die hohen Fixkosten auf weniger Stück verteilen (Gesetz der Massenproduktion). Somit besteht der Zwang zur Vollbeschäftigung.

   • Verminderte Anpassungsfähigkeit an Konjunkturschwankungen/Absatzrückgänge (unflexibel)

9. a) Mögliche Ursachen:
   • Kapitalerhöhung wurde durchgeführt (EK steigt).
   • Umwandlung von Fremdkapital in Eigenkapital (Umfinanzierung)
   • Hohe Fremdkapitaltilgung aus Selbstfinanzierungsmitteln

b) • Relativ hohe Verschuldung im ersten Jahr (90 %) – Verbesserung im zweiten Jahr
   • 70 % Verschuldung ist in deutschen Unternehmen üblich.
   • Probleme hohen Fremdkapitals: Abhängigkeit von Banken; Tilgung + Zinsen!

10. Deckungsgrad = Formel der horizontalen Bilanzstruktur

11. Unternehmen A:
   • Deckungsgrad II problematisch (Anlagevermögen ist gerade noch langfristig finanziert, sodass eine Tilgung aus Abschreibungsrückflüssen knapp möglich ist)
   • Der eiserne Bestand des Umlaufvermögens ist nicht langfristig finanziert; dies könnte zu Problemen führen.

   Unternehmen B:
   • Günstige Deckungsgrade; das Anlagevermögen und der eiserne Bestand sind langfristig finanziert.
   • Finanziell stabiles Unternehmen.

12. Vgl. Stofftelegramm

6.11 Prüfungsaufgaben

Prüfungsaufgaben Winter 2008/2009 (Aufgabe 2, teilweise)

2.7.1 (Alternative Beurteilungsschwerpunkte bezüglich der Kennzahlen möglich)

$$\text{Anlagendeckungsgrad II: } \frac{\text{Langfristiges Kapital} \cdot 100}{\text{Anlagevermögen}}$$

–> Goldene Bilanzierungsregel (Anlagevermögen langfristig finanzieren) nicht erfüllt, da in beiden Jahren Kennzahl kleiner als die geforderten 100 %.

2006:

$$\frac{1.327.000 \cdot 100}{1.900.000} = 69{,}8\ \%$$

2007:

$$\frac{1.790.000 \cdot 100}{2.200.000} = 81{,}4\ \%$$

Summe aus EK und langfristigem FK steigt relativ stärker als das AV an.
Evtl. lag Kapitalerhöhung vor.

Eigenkapitalquote:

$$\frac{\text{Eigenkapital} \cdot 100}{\text{Gesamtkapital}}$$

Maß für die (finanzielle) Unabhängigkeit.
Kriterium Branchendurchschnitt, Bundesdurchschnitt u. Ä.

2006:

$$\frac{427.000 \cdot 100}{2.170.000} = 19,7\ \%$$

2007:

$$\frac{840.000 \cdot 100}{2.477.000} = 33,9\ \%$$

Starke Steigerung evtl. durch Aufnahme neuer Eigenkapitalgeber.
Evtl. auch Gewinnthesaurierung mit ursächlich.

Liquidität 2. Grades:

$$\frac{(\text{Flüssige Mittel} + \text{Forderungen}) \cdot 100}{\text{Kurzfristiges Fremdkapital}}$$

Geld, das kurzfristig benötigt werden könnte, kann auch kurzfristig beschafft werden.

Ziel: 100 % in beiden Jahren nicht erfüllt.

2006:

$$\frac{120.000 \cdot 100}{843.000} = 14,2\ \%$$

2007:

$$\frac{177.000 \cdot 100}{687.000} = 25,8\ \%$$

Verbesserung insbesondere durch Abbau der kurzfr. Vbl.
(Summe aus Forderungen und Bankguthaben steigt und die Summe des kurzfristigen FK sinkt, aber Gefahr des zu hohen Forderungsbestands bzw. schlechten Forderungsumschlags)

2.7.2 Eigenkapitalrendite:

$$\frac{\text{Gewinn} \cdot 100}{\text{durchschn. Eigenkapital}}$$

$$\frac{96.000 \cdot 100}{\frac{427.000 + 840.000}{2}} = 15,2\ \%$$

Das Unternehmen erfüllt dieses Kriterium knapp und würde sich vor diesem Hintergrund als Beteiligungsobjekt eignen.

Prüfungsaufgaben Sommer 2009 (Aufgabe 2, teilweise)

2.1

$$\text{EK-Quote} = \frac{\text{Eigenkapital} \cdot 100}{\text{Gesamtkapital}} = \frac{1.547.000 \cdot 100}{2.064.200} = 74,94\ \%$$

$$\text{Anlagendeckungsgrad II} = \frac{(\text{EK} + \text{lfr. FK}) \cdot 100}{\text{Anlagevermögen}} = \frac{(1.547.000 + 410.000) \cdot 100}{1.517.000} = 129\ \%$$

2.4.1 Die Eigenkapitalrentabilität zeigt die Verzinsung des eingesetzten Kapitals.

2.4.2

$$\text{EK-Rentabilität} = \frac{\text{Jahresüberschuss} \cdot 100}{\text{EK}} = \frac{247.000 \cdot 100}{(1.300.000 + 1.547.000) : 2} = 17{,}35\ \%$$

(Alternativlösungen mit Anfangs- bzw. Endeigenkapital sind evtl. möglich.)

Beurteilung: Verglichen mit dem Kapitalmarktzinssatz liegt eine sehr gute Verzinsung des Eigenkapitals vor.

2.5 650 Abschreibung 150.000,00 an 071 Maschinen 150.000,00

(1.600.000,00 : 8 · 9 : 12 = 150.000,00 EUR)

2.6 42 Verb. g. Kreditinst. 80.000,00 an 280 Bank 80.000,00

2.7.1 Käufe:

1.200 kg zu 3,90 EUR/kg	= 4.680,00 EUR
1.500 kg zu 4,30 EUR/kg	= 6.450,00 EUR
1.000 kg zu 4,20 EUR/kg	= 4.200,00 EUR
3.700 kg	= 15.330,00 EUR

Gewogener Durchschnitt: 15.330,00 EUR : 3.700 kg = 4,14324 EUR/kg

3.000 kg Entnahme/Verbrauch zu 4,14324 EUR/kg = 12.429,72 EUR

Bestand am Jahresende: 1.200 + 1.500 + 1.000 – 3.000 = 700 kg

Bewertung: 700 kg · 3,95 EUR/kg = 2.765,00 EUR (strenges Niederstwertprinzip)

Soll	Rohstoffe/Kupferrohre		Haben
AB	4.680,00	23.11.	12.429,72
15.04.	6.450,00	Abschr.	135,28
10.08.	4.200,00	EB	2.765,00
	15.330,00		15.330,00

653 Abschreibungen 135,28 an 200 Rohstoffe/Kupferrohre 135,28

2.7.2 Der Bilanzansatz beträgt 700 kg · 4,14324 EUR/kg = 2.900,27 EUR, da höchstens zu den Anschaffungskosten bewertet werden darf.

Prüfungsaufgaben Sommer 2010 (Aufgabe 1, teilweise)

1.3	Kaufpreis Maschine	65.000,00
	+ Anschaffungsnebenkosten	
	Transportkosten	1.800,00
	Montage	3.200,00
	– Anschaffungskostenminderung	
	Skonto (netto)	–1.400,00
1.4	= Anschaffungskosten	68.600,00
	– Abschreibung (10 % : 1 Mon.)	–571,67
	= Bilanzwert / Buchwert 31.12.09	68.028,33

1.7 Buchung am 11.11.

2410 Zweifelh. Forderungen	5.950,00	an	2400 Forderungen	5.950,00

Buchung am 29.12.

6951 Abschreibungen a. Ford.	5.000,00	an	2410 Zweifelh. Forderungen	5.950,00
4800 Umsatzsteuer	950,00			

1.8 Der Erfolg wird um 5.000,00 EUR gemindert.

Prüfungsaufgaben Winter 2010/2011 (Aufgabe 2, teilweise)

2.2.1 Ermittlung der AHK:

Kaufpreis	25.000,00 EUR
Überführung	600,00 EUR
Werbeaufschrift	650,00 EUR
Nummernschilder	50,00 EUR
Zulassungsgebühr	100,00 EUR
AHK	26.400,00 EUR

2.2.2

0840	Fuhrpark	26.400,00	an	4400 Verbindl. LuL	31.297,00
2600	Vorsteuer	4.997,00		2820 Kasse	100,00
7030	Kfz-Steuer	150,00	an	4400 Verbindl. LuL	650,00
690	Versicherung	500,00			

2.2.3 AHK 26.400,00 EUR : 6 Jahre Nutzungsdauer –> 4.400,00 EUR/pro Jahr
4.400,00 EUR : 12 Monate · 9 Monate –> 3.300,00 EUR
Restbuchwert: 26.400,00 EUR abzügl. AfA 3.300,00 EUR –> 23.100,00 EUR

6500	Abschreibung	3.300,00	an	0840 Fuhrpark	3.300,00

2.3 Lagerbestand am 31.12.09: 60 Stück
Tageswert: 60 St. · 28,00 EUR = 1.680,00 EUR
Durchschnittsverfahren: 40 St. · 26,00 EUR + 60 St. · 27,00 EUR + 70 St. · 29,00 EUR
–> 4.690,00 EUR : 170 St. · 60 St. = 1.655,29 EUR
bzw. 1.655,40 EUR, falls zuvor auf 27,59 EUR/St. gerundet wurde.
Wertansatz: 1.655,29 EUR bzw. 1.655,40 EUR (strenges Niederstwertprinzip)

Prüfungsaufgaben Sommer 2011 (Aufgabe 2, teilweise)

2.4 AK = 62.870,00 EUR – 1.257,40 EUR (Skonto netto) = 61.612,60 EUR

AK	61.612,60 EUR
– Abschreibung 1. Jahr	855,73 EUR
Buchwert Ende 1. Jahr	60.756,87 EUR
– Abschreibung 2. Jahr	5.134,38 EUR
Buchwert Ende 2. Jahr	55.622,49 EUR
– Abschreibung 3. Jahr	5.134,38 EUR
Buchwert Ende 3. Jahr	50.488,11 EUR

2.5 Vorteil: Einfache Berechnung, da konstante Abschreibungsbeträge

Nachteil: Der tatsächliche Wertverlust ist i. d. R. in den ersten Jahren höher als der lineare Abschreibungsbetrag

2.6	6500	Abschr. auf Sachanl.	855,73	an	0710	Maschinen	855,73
2.7	6770	Rechts- und Beratungsk.	24.000,00	an	3900	Sonst. Rückst.	24.000,00
2.8	3900	Sonst. Rückstellungen	24.000,00	an	2800	Bank	21.400,00
					5480	Erträge aus der Auflösung v. Rückst.	2.600,00

Prüfungsaufgaben Winter 2011/2012 (Aufgabe 2)

1

Entscheidungstabelle		
Kriterien	**Pac-GmbH**	Maschinen Wagner KG
Anschaffungskosten	Listenpreis 40.600,00 – 20 % Rabatt 8.120,00 + Fundamentierung 1.600,00 + Transport 180,00 AK 34.260,00 deutlich höhere Anschaffungskosten von 7.876,00 EUR netto	Listenpreis 27.200,00 – 3 % Skonto 8.16,00 AK 26.384,00 kostengünstigere Variante
Kapazität	45 Stück pro Stunde zukunftsfähigere Variante, da die Absatzzahlen vermutlich steigen werden in einem waschsenden Markt	35 Stück pro Stunde deutlich geringere Kapazität
Service	nicht inbegriffen	mit zukünftigen Kostenvorteilen
Treue zum Lieferanten	kein Gesichtspunkt	es besteht eine langjährige Geschäftsbeziehung

2

ER Pac:	070	Techn. Anlagen	34.080,00	an	440	Verb.	40.555,20
	260	Vorsteuer	6.475,20				
Zahlung:	440	Verb.	40.555,20	an	280	Bank	40.555,20
ER Spedition:	070	Techn. Anlagen	180,00	an	440	Verb.	214,20
	260	Vorsteuer	34,20				
Zahlung:	440	Verb.	214,20	an	280	Bank	214,20

Anlagenkartei		***Lösung*** ⇒ *kursiv*		
Inventar-Nr.:	AV 1102	Bezeichnung:	Verp.automat	**Lieferant**
Anschaffungstag	*10. Mai*	Nutzungsdauer	13 Jahre	
Anschaffungsjahr	*2011*	AfA 1. Jahr	*1.756,92*	*Pac-GmbH Neuestr. 4 72108 Rottenburg*
Anlagekonto:	**7082**	Abschreibungsmethode	linear	
Gewährleistung	–	Kostenstelle	Vertrieb	
Anschaffungskosten			**Versicherung**	
Anschaffungspreis	*32.480,00*		Versicherung	Victoria Versicherung
Skonto in EUR			Versicherungs-Nr.:	111002254
Transportkosten	*180,00*		Telefon	0255/5547
Montage	*1.600,00*		E-Mail	Victoria@t-online.de
sonstige Kosten			Straße	Reinweg 2
andere Nachlässe			PLZ Ort	22452 Gernsheim
Anschaffungskosten	*34.260,00*			
Jahr (31.12.)	**Methode**	**AfA-Satz**	**Jahres AfA**	**Buchwert**
2011	*linear*	*7,69 % (8 Mon.)*	*1.756,92*	*32.503,08*
2012	*linear*	*7,69 %*	*2.635,38*	*29.867,70*

Hinweis zur Jahres AfA: 34.260,00 · 7,69 % = 2.634,59 EUR
34.260,00 : 13 Jahre = 2.635,38 EUR

3 Abschreibung Altanlage 2011 – 5 Monate

650	Abschreibung	924,02	an	070	techn. Anlagen	924,02

Buchwert 1. Jan. 2011	13.305,90 EUR
Abschreibung 2011	924,02 EUR
Buchwert Verkaufstag	12.381,88 EUR
– Verkaufspreis netto	7.180,00 EUR
Nettoverlust	5.201,88 EUR

Buchung Verkaufserlös

282	Kasse	8.544,20	an	6961	Erlöse Abgang Sachanl.	7.180,00
				480	USt	1.364,20

Ausbuchung Altanlage

696	Verlust Abgang Sachanl.	12.381,88	an	070	Techn. Anlagen	12.381,88

Umbuchung Verkaufserlös

6961	Erlöse Abgang Sachanl.	7.180,00	an	696	Verlust Abgang Sachanl.	7.180,00

Prüfungsaufgaben Sommer 2012 (Aufgabe 2)

1.1

Fertigungsmaterial:	2,00 EUR
MGK:	0,80 EUR
Fertigungslöhne:	4,00 EUR
FGK:	4,80 EUR
Sondereinzelkosten d. Fert.:	0,40 EUR
Zwischensumme:	12,00 EUR
Allg. VwGK:	2,40 EUR
Höchstansatz Herstellungskosten:	14,40 EUR

1.2 178.000 CHF/1,21 = 147.107,44 EUR

1.3

2.000 Liter · 18,50 EUR =	37.000,00 EUR
1.500 Liter · 18,75 EUR =	28.125,00 EUR
2.200 Liter · 17,90 EUR =	39.380,00 EUR
1.400 Liter · 17,60 EUR =	24.640,00 EUR
1.900 Liter · 18,10 EUR =	34.390,00 EUR
9.000 Liter =	163.535,00 EUR
1 Liter =	18,17 EUR

Wertansatz zum 31.12.2011: 2.100 Liter · 18,17 EUR = 38.157,00 EUR

2 Da das Niederstwertprinzip gilt, müssen die Rohstoffe zum Marktpreis bewertet werden, d. h. mit einem Wert von 37.800,00 EUR (= 2.100 Liter · 18,00 EUR).

3 $$\frac{(\text{EK} + \text{lfrFK}) \cdot 100}{\text{Anlagevermögen}} = \frac{(1.041 + 170 + 870) \cdot 100}{2.317} = 89{,}81\ \%$$

Schlecht, da das Anlagevermögen als langfristig gebundenes Vermögen auch langfristig finanziert sein sollte, d. h., der Anlagendeckungsgrad II sollte 100 % betragen. Bei Unterdeckung (wie im vorliegenden Fall) läuft das Unternehmen Gefahr, dass bei Liquiditätsengpässen Teile des Anlagevermögens veräußert werden müssen, was u. U. das Unternehmen in seiner Substanz gefährden kann.

4

Jahresüberschuss:	534 Tsd. EUR
Abschreibungen:	254 Tsd. EUR
+ Pensionsrückstellungen:	24 Tsd. EUR
= Cashflow:	812 Tsd. EUR

Zeigt die Selbstfinanzierungskraft des Unternehmens, d. h., 812 Tsd. EUR stehen zur Schuldentilgung, Gewinnausschüttung und/oder Investitionszwecke zur Verfügung.

5 $$\text{GK-Rentabilität} = \frac{(\textit{Gewinn} + \textit{FK-Zins}) \cdot 100}{\text{durchschnittl. } \textit{Gesamtkapital}} = \frac{(534 + 57) \cdot 100}{(3.220 + 2.757) : 2} = 19{,}78\ \%$$

Kreditaufnahme sinnvoll, da FK-Zins < Gesamtkapitalrentabilität; somit steigt durch die Kreditaufnahme die Eigenkapitalrentabilität.

6.1	240	Forderungen	77.350,00	an	5461	Erl. a. Abg. v. Gegenst. d. Sachanlagevermögens	65.000,00
					480	Umsatzsteuer	12.350,00
	5460	Erträge a. d. Abg. v. Gegenst. d. Sachanlageverm.	48.000,00	an	084	Fuhrpark	48.000,00
6.2	6951	Abschr. auf Ford.	15.504,20	an	240	Forderungen	18.450,00
	480	USt	2.945,80				

Prüfungsaufgaben Winter 2012/2013 (Aufgabe 2)

2.1 Rechnungseingang: (08.06.2011)

0710	Maschinen	840.000,00	an	4400	Verb. a. LuL	999.600,00
2600	Vorsteuer	159.600,00				

Zahlung unter Skontoabzug (13.06.2011)

Skontoabzug Maschine (netto): 16.200,00 EUR (2 % von 810.000,00 EUR)

USt Skontoabzug 3.078,00 EUR

4400	Verb. a. LuL	999.600,00	an	2800	Bank	980.322,00
				0710	Maschinen	16.200,00
				2600	Vorsteuer	3.078,00

2.2 Buchung Verkauf

2400	Ford. a. LuL	13.090,00	an	5461	Erlöse aus Abg. v. SA	11.000,00
				4800	Umsatzsteuer	2.090,00

Ausbuchung des Fahrzeugs

5460	Erträge aus Abg. v. SA	10.000,00	an	0840	Fuhrpark	10.000,00

Erträge aus dem Anlagenverkauf

5461	Erlöse aus Abg. v. SA	11.000,00	an	5460	Erträge aus Abg. v. SA	11.000,00

Buchung Zahlungseingang

2800	Bank	13.090,00	an	2400	Ford. a. LuL	13.090,00

Buchung am Jahresende

5460	Erträge aus Abg. v. SA	1.000,00	an	8020	GuV	1.000,00

2.3 AHK Maschine: 823.800,00 EUR (900.000,00 EUR + 30.000,00 EUR – 90.000,00 EUR – 16.200,00 EUR)

Nutzungsdauer:	13 Jahre
Anschaffung im Monat:	Juni 2011 (7 Monate Abschreibung 2011)
Abschreibungsbetrag pro Jahr:	63.369,23 EUR
Abschreibung 2011 (7 Monate):	36.965,38 EUR (63.369,23 : 12 · 7)
Restwert 31.12.	786.834,62 EUR

Buchungssatz

6500	Abschr. auf Sachanl.	36.965,38	an	0710	Maschinen	36.965,38

2.4 **Eigenkapitalquote = EK · 100 : Gesamtkapital**

2011 28,35 · 100 : 50,35 = 56,3 %

2010 27,72 · 100 : 44,88 = 61,8 %

Erläuterung: Wie viel % beträgt das EK vom Gesamtkapital? Je höher die Eigenkapitalquote des Unternehmens, umso unabhängiger und stabiler ist das Unternehmen.

Liquiditätsgrad (einzugsbedingte Liquidität) II = (flüssige Mittel + kurzfristige Forderungen)/kurzfristige Verbindlichkeiten

2011 (0,8 + 0,1 + 0,8) : 5 = 34,0 %

2010 (1 + 0,1 + 0,7) : 4,75 = 37,9 %

Erläuterung: Wie viel % betragen die flüssigen Mittel
und die kurzfristigen Forderungen von den kurzfristigen Verbindlichkeiten?
Reichen die flüssigen Mittel und kurzfristigen Forderungen aus,
um die kurzfristigen Verbindlichkeiten zu decken?

Anlagendeckungsgrad II = (EK + langfr. Fremdkapital) · 100 : AV

2011 (28,35 + 17,00) : (30,90 + 8 + 4) = 105,7 %

2010 (27,72 + 12,41) : (28,48 + 7 + 3) = 104,3 %

Erläuterung: Wie viel % betragen das EK und
die langfristigen Verbindlichkeiten vom Anlagevermögen?
Mit wie viel % ist das Anlagevermögen durch EK bzw. langfristige Verbindlichkeiten gedeckt?

Eigenkapitalrentabilität = Jahresergebnis · 100 : Ø EK

2011 2,5 · 100 : ([27,72 + 28,35] : 2) = 8,9 %

2010 2,5 · 100 : ([27,5 + 27,72] : 2) = 9,1 %

Erläuterung: Welche Rendite hat das durchschnittlich eingesetzte Eigenkapital erbracht?

Bericht an die Abteilungsleitung:

Betreff: Analyse der Unternehmensentwicklung

Im Rückblick auf die letzten beiden Geschäftsjahre hat sich folgendes Bild ergeben:

- Die Eigenkapitalquote ist von 61,8 % auf 56,3 % gesunken (um 6,2 %).
- Der Liquiditätsgrad II ist von 37,9 % auf 34,0 % gesunken (um 3,9 %).
- Der Anlagendeckungsgrad II ist von 104,3 % auf 105,7 % gestiegen (um 1,4 %).
- Die Eigenkapitalrentabilität ist von 9,1 % auf 8,9 % gesunken.
  Fazit: Die Lage hat sich tendenziell für die FUN KG verschlechtert.

Zur Verbesserung der Liquidität II würden sich folgende Maßnahmen eignen:

- Erhöhung der flüssigen Mittel durch einen kurzfristigen Kredit
- Verkürzung Zahlungsziel an Kunden
- Verminderung der fälligen Forderungen aus Lieferungen und Leistungen durch Intensivierung des Mahnwesens

Prüfungsaufgaben Sommer 2013 (Aufgabe 2)

2.1

Lagerkarte					
Artikel	Bezeichnung	Einheitscode	Teileart: Hilfsstoff		
200052	Kunststoff-scheibe	Stück			
Bestellverfahren: Bestellpunktverfahren					
Jahr: 2012	Einkauf in Stück	Preis in EUR je Stück	Entnahme in Stück	Bestand in Stück	Wert in EUR
01.01.2012		0,50		1.480	
15.02.2012			250		
15.03.2012			1.200		
18.03.2012	3.000	0,53			
25.07.2012			800		
15.15.2012			1.250		
25.11.2012	2.000	0,55			
31.12.2012				***2.980***	1.579,40

	Menge in Stück	Preis je Stück in Euro	Wert in Euro
AB	1.480	0,50	740,00
Einkauf 18.03.	3.000	0,53	1.590,00
Einkauf 25.11.	2.000	0,55	1.100,00
Summe	6.480		3.430,00
Wert je Stück			0,53
EB	2.980		1.579,40

Umlaufvermögen ist nach dem Niederstwertprinzip zu bewerten. Der Hilfsstoff ist mit 1.579,40 EUR zu bewerten.

2.2

S	5000 Umsatzerlöse		H
5001 Rücks	16.912,00	Summe	218.664,00
5002 Skonto	9.290,00	AR 35796	12.500,00
8020 GuV	204.962,00		
	231.164,00		231.164,00

S	Preisn./Rücksend.		H
Summe	13.412,00	5000 UE	16.912,00
Gutschrift	3.500,00		
	16.912,00		16.912,00

S	5002 Kundenskonto		H
Summe	8.540,00	5000 UE	9.290,00
AR 35161	750,00		
	9.290,00		9.290,00

AR 35796 Nettowert = 12.500,00 EUR
AR 35161 Nettowert Skonto = 750,00 EUR (Skonto brutto = 892,50 EUR)

Die Umsatzerlöse betragen 204.962,00 EUR. (Eine tabellarische, übersichtliche Lösung ist möglich.)

2.3	Abschreibung Fuhrpark				
	6500 Abschreibung	12.000,00	an	0840 Fuhrpark	12.000,00
	Buchung Verkauf				
	2400 Forderungen	16.660,00	an	6961 Erl. Abgang Sachanl.	14.000,00
				4800 USt	2.660,00
	Ausbuchung des Buchwertes				
	6960 Verl. Abgang Sachanl.	19.000,00	an	0840 Fuhrpark	19,000,00
	Abschlussbuchungen				
	6961 Erl. Abgang Sachanl.	14.000,00	an	6960 Verl. Abgang Sachanl.	14.000,00
	8020 GuV	5.000,00	an	6960 Verl. Abgang Sachanl.	5.000,00
2.4	6130 Instandhaltung	18.000,00	an	3900 Rückstellungen	18.000,00
2.5	6951 Abschr. auf Forderung	22.000,00	an	2400 Forderungen	26.180,00
	4800 USt	4.180,00			
2.6	3900 Rückstellungen	14.000,00	an	2800 Bank	12.500,00
				5480 Ertr. Aufl. Rückstellung	1.500,00

2.7

	2600 Vorsteuer		H
Summe	19.580,00	Beleg 799	47,50
Beleg 899	1.580,00	Beleg 899	149,00
Beleg 893	2.986,50	480 USt	23.950,00
	24.146,50		24.146,50

S	4800 Umsatzsteuer		H
Beleg 750	85,00	Summe	85.490,50
Beleg 784	195,50	Beleg 785	5.860,00
2600 Vorst.	23.950,00	Beleg 844	1.590,00
8010 SBK	68.710,00		
	92.940,50		92.940,50

Abschlussbuchungen

4800 USt	23.950,00	an	2600 VSt	23.950,00
4800 USt	68.710,00	an	8010 SBK	68.710,00

1 Prüfungsaufgaben Steuerung und Kontrolle Winter 2013/2014

Aufgabe 1 Kostenrechnung und Leistungsrechnung

1.1 BAB (Anlage)/Kalkulation

FM	255.900,00 EUR	
+ MGK	25.590,00 EUR	10,0 %
Mako	281.490,00 EUR	
FL I	106.466,00 EUR	
FGK I	212.932,50 EUR	200,0 %
FL II	161.846,00 EUR	
FGK II	129.477,50 EUR	80,0 %
Feko	610.722,00 EUR	
Heko der Produktion	892.212,00 EUR	
– Bestandsmehrung	38.550,00 EUR	
Heko des Umsatzes	853.622,00 EUR	

FM	83,97 EUR
+ MGKZ (10,0 %)	8,40 EUR
Mako	92,37 EUR
FL I	35,00 EUR
FGKZ I (200,0 %)	70,00 EUR
FL II	30,00 EUR
+ FGKZ II (80,0 %)	24,00 EUR
Feko	159,00 EUR
Heko	251,37 EUR
+ VwGKZ (3,6 %)	9,05 EUR
+ VtrGKZ (5,8 %)	14,58 EUR
Seko	275,00 EUR

1.2 Die Materialgemeinkosten steigen (Ansteigen der Hilfslöhne, Gehälter und Sozialkosten). Bleibt das Fertigungsmaterial als Bezugsgrundlage unverändert, so steigt der Materialgemeinkostenzuschlagssatz (MGKZ).

1.3.1

	Typ I	Typ II	Typ III
Nettoverkaufserlöse – Variable Gesamtkosten	15.360,00 EUR 17.920,00 EUR	28.800,00 EUR 15.840,00 EUR	28.500,00 EUR 10.500,00 EUR
Deckungsbeitrag	–2.560,00 EUR	12.960,00 EUR	18.000,00 EUR
Summe Deckungsbeiträge – Fixe Gesamtkosten		28.400,00 EUR 11.400,00 EUR	
Betriebsergebnis		17.000,00 EUR	

Typ I ist ein Verlustprodukt und sollte aufgrund seines negativen Deckungsbeitrages aus dem Sortiment genommen werden, da es nicht einmal die variablen Kosten deckt.
Die Typen II und III haben positive Deckungsbeiträge und tragen zum positiven Betriebsergebnis bei.

1.3.2 Kurzfristige Preisuntergrenze Typ II = kv *(variable Stückkosten)*

15.840,00 EUR/480 Stück = 33,00 EUR

Nettoverkaufspreis/Stück: 60,00 EUR

$$\text{Maximale Preissenkung (in \%):} = \frac{(60{,}00\text{ EUR} - 33{,}00\text{ EUR}) \cdot 100}{60{,}00\text{ EUR}} = 45\ \%$$

Das Betriebsergebnis verändert sich nicht, da kein zusätzlicher Deckungsbeitrag erzielt wird.

Aufgabe 2 Buchführung und Jahresabschluss

2.1.1 Ermittlung der AHK:

Listenpreis	*43.000,00 EUR*
– 5 % Sonderrabatt	2.150,00 EUR
Überführungskosten	570,00 EUR
Zulassungsgebühren	120,00 EUR
Nummernschilder	60,00 EUR
Werkzeugkasten	2.700,00 EUR
AHK	44.300,00 EUR

0840	Fuhrpark	44.300,00	an	4400	Vb a. LuL	52.694,20
2600	Vorsteuer	8.394,20				
7030	Kfz-Steuer	200,00	an	4400	Vb a. LuL	800,00
6900	Versicherung	600,00				
4400	Vb a. LuL	52.694,20	an	0840	Fuhrpark	1.290,00
				2600	Vorsteuer	245,10
				2800	Bank	51.159,10

2.1.2

Anlagekartei	***Piller OHG*** *Fenster und Türen aus Kunststoff*		
Bezeichnung: Transportfahrzeug		Anlagekonto: 0840	
Anschaffungsjahr: 2013		Anschaffungsdatum: 20.09.2013	
Anschaffungskosten in EUR: Vorläufige AK 44.300,00 -Skonto 1.290,00 Anschaffungskosten neu 43.010,00		**Lieferant** Name: TFG Transportfahrzeuge Grunner GmbH Anschrift: Rebenweg 40-42, 74613 Öhringen Telefon: 07323 299-024	
Nutzungsdauer/Jahre: 8 Jahre		Abschreibungsmethode: linear	
Jahr (31.12.)	AfA-Satz in % p. a.	Afa in EUR	Restbuchwert in EUR
2013	12,5	1.792,00 für 4 Monate	41.217,92
2014	12,5	5.376,25	35.841,67

2.2 6951 Abschr. auf Ford. 31.000,00 an 24009 Debitor 36.890,00
4800 Umsatzsteuer 5.890,00 (2410 Zw. Forderungen möglich)

2.3 Lagerbestand am 31.12.2013: 40 Stück

Tageswert:	40 Stück · 60,00 EUR	=	2.400,00 EUR
Durchschnittsverfahren:	40 Stück · 55,00 EUR	=	2.200,00 EUR
	30 Stück · 60,00 EUR	=	1.800,00 EUR
	20 Stück · 58,00 EUR	=	1.160,00 EUR
	30 Stück · 59,00 EUR	=	1.770,00 EUR
	120 Stück	=	6.930,00 EUR
Wert/Stück:	6.960,00 EUR : 120 Stück	=	57,75 EUR/Stück
Wert am 31.12.2013:	40 Stück · 57,75 EUR	=	2.310,00 EUR

Bilanzansatz 31.12.2013: 2.310,00 EUR, da bei den Rohstoffen das strenge Niederstwertprinzip gilt.

2.4 6770 Rechts- u. Beratungsk. 6.560,00 an 3900 Sonst. Rückstellungen 6.560,00

Anlage

Internes Rechnungswesen **Piller OHG**

Betriebsabrechnungsbogen für das 1. Halbjahr (in EUR)

	Allgemeine Hilfskostenstelle (Werkstatt)	Material	Fertigungshilfskostenstelle (Arbeitsvorbereitung)	Fertigungsstelle I	Fertigungsstelle II	Verwaltungsstelle	Vertriebsstelle
Summe primärer Gemeinkosten	39.000,00	24.420,00	19.500,00	193.920,00	101.300,00	32.102,00	39.340,00
Umlage Werkstatt		1.170,00	390,00	14.040,00	13.260,00	–	10.140,00
Zwischensumme		25.590,00	19.890,00	207.960,00	114.560,00	32.102,00	49.480,00
Umlage Arbeitsvorbereitung		–		4.972,50	14.917,50	–	–
Summe der Gemeinkosten		25.590,00		212.932,50	129.477,50	32.102,00	49.480,00
Zuschlagsgrundlage		255.900,00		106.466,00	161.846,00	892.212,00	853.621,00
Zuschlagssätze		10 %		200 %	80 %	3,6 %	5,8 %

2 Prüfungsaufgaben Betriebswirtschaft – Geschäftsprozesse Winter 2013/2014

Aufgabe 1 Personal

1.1.1

Abteilung:	Buchhaltung
Gegenwärtig vorhandene Stellen (Soll-Personalbestand)	9
+ Anzahl neuer Stellen im Planungszeitraum	0
– Anzahl entfallener Stellen im Planungszeitraum	1
Bruttopersonalbedarf (I)	**8**
Gegenwärtiger Personalbestand (Ist)	10
– bekannte und erwartete Abgänge	2
+ bereits feststehende Zugänge	
Fortgeschriebener Personalbestand (II)	8
Nettopersonalbedarf (I–II)	**0**

Abteilung:	Produktionsbereich Abfüllung
Gegenwärtig vorhandene Stellen (Soll-Personalbestand)	30
+ Anzahl neuer Stellen im Planungszeitraum	3
– Anzahl entfallener Stellen im Planungszeitraum	0
Bruttopersonalbedarf (I)	**33**
Gegenwärtiger Personalbestand (Ist)	30
– bekannte und erwartete Abgänge	3
+ bereits feststehende Zugänge	0
Fortgeschriebener Personalbestand (II)	27
Nettopersonalbedarf (I–II)	**6**

1.1.2

	Checkliste für die Personalbeschaffung	**Abteilung**	**Erledigt**
	Information des Betriebsrates	Personalabteilung	
	interne Stellenausschreibung veröffentlichen	PA (HR)	
	eingegangene Bewerbungen sichten und erfassen	PA	
	Bewerbungen auswerten	PA, Fachabteilung	
	Bewerber zum Bewerbergespräch einladen	PA	
	Bewerbergespräch durchführen und auswerten	PA, Fachabteilung	
	Personalentscheidung treffen und Bewerber informieren	PA, Fachabteilung	
	Information des Betriebsrates	PA	
	Absagen an die nicht zum Zuge gekommenen Bewerber	PA	

Spartenleiter: Entscheidung externe oder interne Personalbeschaffung

Argumente für die interne Personalbeschaffung	Argumente für die externe Personalbeschaffung
Bewerber hat gute Kenntnisse über interne Abläufe, Ansprechpartner und die Firmenphilosphie	neuen Kenntnisse/Methoden durch externen Bewerber
Stärken und Schwächen des Bewerbers sind der Unternehmensleitung weitestgehend bekannt	größere Auswahlmöglichkeit bei der externen Stellenbesetzung
Motivation für vorhandenes Personal steigt durch Aufstiegschancen	Absagen demotivieren interne Bewerber

1.2 Schülerindividuelle Lösung:

Arbeitsanforderung	Höchstpunktzahl	Ist-Punktzahl
I. Fachkönnen		
a) Fachkenntnisse/Berufsausbildung, Berufserfahrung	7	5
b) Geschicklichkeit/Handfertigkeit	4	2
II. Anstrengung		
a) Geistige Beanspruchung	6	2
b) Körperliche Beanspruchung	5	2
III. Verantwortung		
a) Für Werkstücke und Betriebsmittel	3	1
b) Für die Gesundheit anderer	4	1
c) Für die Arbeitsgüte	3	2
IV. Umwelteinflüsse		
a) Temperaturbeeinflussung	2	1
b) Öl, Fett, Schmutz, Erschütterung	4	1
c) Gase, Dämpfe, Erschütterungen	2	2
d) Unfallgefährdung	2	1
e) Lärm, Blendung, Lichtmangel, Erkältungsgefahr	3	1
Summe der Punkte Arbeitswert	45	21

Erreichte Ist-Punktzahl: 21
Entgeltgruppe: 4

1.3.1 Gehalt 4.000,00 EUR

Gehalt	4.000,00 EUR	
Abzüge Sozialversicherung		
Rentenversicherung	378,00 EUR	(9,45 %)
Arbeitslosenversicherung	60,00 EUR	(1,5 %)
Pflegeversicherung (BBG)	40,36 EUR	(1,025 % von BBG)
Krankenversicherung (BBG)	322,88 EUR	(8,2 % von BBG)
Summe Sozialabgaben	801,24 EUR	
Abzüge Steuer		
Lohnsteuer, Klasse III, Kinderfreibetrag 1,0	459,33 EUR	
Solidaritätszuschlag	16,83 EUR	
Kirchensteuer	24,48 EUR	
Summe Steuer	500,64 EUR	
Nettogehalt	2.698,12 EUR	

1.3.2 Buchungen:

(484	Verbindl. SV	1.567,04 EUR	280	Bank	1.567,04 EUR)
(Alternative Lösung bei Vorauszahlung der Sozialversicherungsbeiträge AG und AN)					
63	Gehälter	4.000,00 EUR	483	Verbindl. FB	500,64 EUR
			484	Verbindl. SV	801,24 EUR
			280	Bank	2.698,12 EUR
64	AG-Anteil SV	765,80 EUR	484	Verbindl. SV	765,80 EUR
483	Verbindl. FB	500,64 EUR	280	Bank	500,64 EUR

1.4 Kündigung ist möglich aus verhaltensbedingten Gründen (KSchG), allerdings erst nach erfolgter Abmahnung und keiner Besserung des Verhaltens.
Der Betriebsrat muss vor der Kündigung gehört werden (BetrVG).
Schutz vor sozial ungerechtfertigter Kündigung.
Gesetzliche Kündigungsfrist vier Wochen auf den 15. bzw. auf das Monatsende.

2.1

Bezugskalkulation	Holzmüller GmbH		Schwarzwaldmöbel GmbH	
	%	EUR	%	EUR
Listenpreis		53,10		63,50
Liefererrabatt	–		15	9,53
Zieleinkaufspreis		53,10		53,98
– Liefererskonto	2	1,06	2	1,08
Bareinkaufspreis		52,04		52,90
+ Bezugskosten		0,00		0,00
Bezugspreis/Einstandspreis		52,04		52,90

Der rein rechnerische/quantitative Vergleich führt zu der Entscheidung: weiterhin Bezug von dem Kreditor Holzmüller GmbH.
Allerdings beträgt der rein rechnerische Vorteil lediglich 0,86 EUR pro Stück.
Wenn weitere Aspekte berücksichtigt werden, z. B.

- Nachhaltigkeit laut Unternehmensleitbild Schulmöbel OHG Freiburg,
- wiederholte Lieferschwierigkeiten der Holzmüller GmbH,

sollte der Schwarzwaldmöbel GmbH der Vorzug gegeben werden, da nach EMAS zertifiziert und sie kürzere Lieferzeiten nennt.

2.2 Zustandekommen des Vertrages

Verbindliches Angebot:	30.08.2013	
Bestellung:	17.09.2013	zu spät, neuer Antrag/WE 1
Fax:	17.09.2013	Antragsannahme/WE 2
Gesetzestexte:	§§ 145, 146, 147, 149, 150 BGB	

Aus rechtlicher Sicht ist hier eine AB erforderlich, da die Bestellung zu spät veranlasst wurde.
Die AB enthält gegenüber der Bestellung keine abweichenden Inhalte, d. h., WE 1 und WE 2 stimmen überein.

2.3 Inhalte der E-Mail
An: swm@tradecom.de
Betreff: Lieferungsverzug über 600 Stühle „Ergo"

Bestellung, Auftragsbestätigung mit Mengen und Liefertermin (24.09.2013)

Die Schwarzwaldmöbel GmbH befindet sich im Lieferungsverzug, da die Fälligkeit gegeben und der Termin kalendermäßig bestimmt ist.
Mahnung ist nicht erforderlich, da der Termin kalendermäßig genau bestimmt ist.
Vertreten: Ist gegeben (unabhängig vom Verschulden), da es sich bei den Stühlen für die Klassenzimmer um Gattungswaren handelt.
Zudem hat die Schwarzwaldmöbel GmbH einen falschen Liefertermin disponiert.
Lösungsvorschlag: angemessene Nachfrist von einer Woche, ggfs. Teillieferung
Auf weitere Rechte würden wir in diesem Fall verzichten *(siehe Leitbild).*

Mit freundlichem Gruß

2.4 Rechnungsprüfung:
Sachliche Prüfung:
Anschrift/Lieferanschrift
Abstimmung mit Bestellung/AB/Lieferpapieren: Art, Menge, Einzelpreis, Preisminderungen, Umsatzsteuer, Lieferungs- und Zahlungsbedingungen ...
Rechnerische Prüfung:
Gesamtpreise, Rabatte, Umsatzsteuer, Rechnungsbetrag

Buchung der Eingangsrechnung, erhalten am 18.10.2013, Rechnungsdatum 17.10.2013

2210/ 6080	Handelswaren/ Aufw. f. Handelsw.	32.385,00 EUR	44013	Kreditor Schwarzwald-möbel	38.538,15 EUR
2600	Vorsteuer	6.153,15 EUR			

Buchung bei der Bezahlung der Rechnung innerhalb der Skontofrist

44013	Kreditor Schwarz-waldmöbel	38.538,15 EUR	2800	Bank	37.767,39 EUR
			2213/ 6083	Liefererskonti/ Liefererskonti	647,70 EUR
			2600	Vorsteuer	123,06 EUR

2.5 Lagerkennzahlen:

Durchschnittlicher Lagerbestand:

$$\frac{90 + 130 + 180 + 150 + 70 + 110 + 100}{7} = \frac{830 \text{ Stück}}{7} = 118{,}6 \text{ Stück}$$

Wareneinsatz: 60 + 40 + 120 + 20 + 40 + 20 + 60 + 20 + 10 = 390 Stück

Umschlagshäufigkeit: $\frac{390}{118{,}6} = 3{,}3$ Mal

Im Vergleich zum Branchendurchschnitt liegt unsere Kennziffer deutlich schlechter.

Bisheriges Bestellverfahren:

Bestellrhythmusverfahren: Immer um den 02./03./04. eines jeden Monats (periodisch wiederkehrend) werden unterschiedliche Stückzahlen in Abhängigkeit vom Verbrauch geliefert. Die Bestellzeitpunkte sind fest eingeplant. Die Bestelltermine sind unabhängig vom Lagerbestand.

Nachteile:

Bei hohen Lagerabgangsmengen kann evtl. bis zur nächsten Lieferung die Produktionsbereitschaft eingeschränkt werden.

Bei geringen Lagerabgangsmengen in der abgelaufenen Periode ergeben sich evtl. große Lagermengen und damit werden weitere Lagerkosten verursacht.

Um unsere Kennziffer zu verbessern, wären u. a. folgende Maßnahmen sinnvoll:

- Bestellpunktverfahren für die Tischplatte einführen, dies führt dazu, dass beim Erreichen des Meldebestandes die Bestellung ausgelöst wird. Unnötig hohe Lagerbestände werden dadurch vermieden.
- Mindestbestände senken, dies führt ebenfalls zur Reduzierung der Lagerbestände.
- Just-in-time-Lieferung, hierbei können die Lagerbestände weitgehend abgebaut werden.

Über das Absenken der Lagerbestände kann die Umschlagshäufigkeit positiv beeinflusst werden.

Falls die Entscheidung auf die Beschaffung nach Bestellpunktverfahren fallen wird, ist es notwendig, die Menge festzulegen, die beim Erreichen des Meldebestandes zu bestellen ist. In diesem Zusammenhang wäre dann die Bestellmenge mit der „optimalen Bestellmenge“ anzuraten. Sie gleicht den gegensätzlichen Verlauf von steigenden Lagerkosten bei höheren Bestellmengen und sinkenden Bestellkosten bei höheren Bestellmengen aus.

2.6 Bild/Skizze:

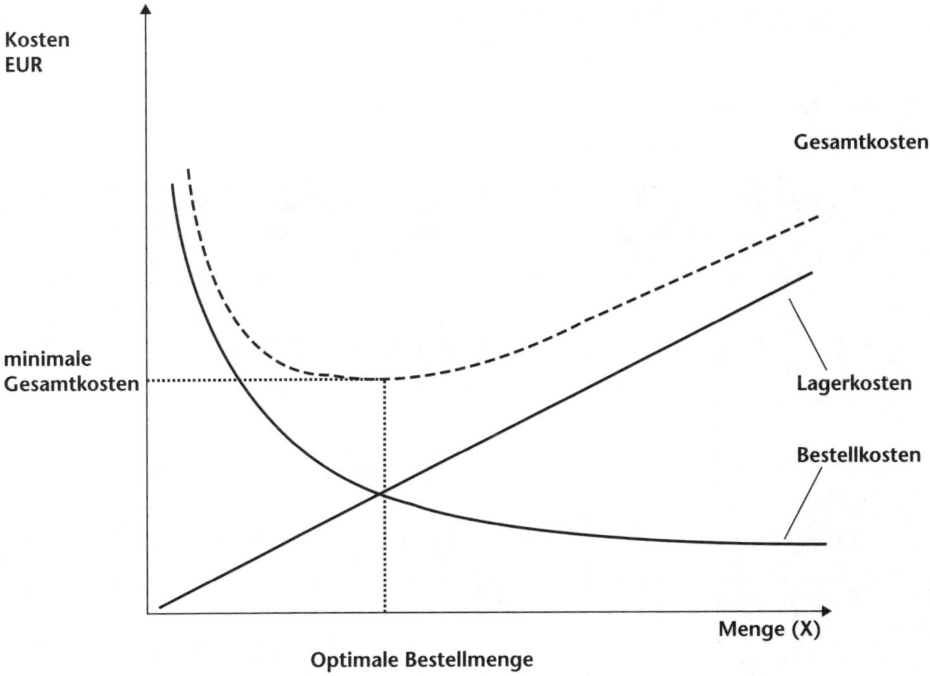

Wird die optimale Bestellmenge beschafft, erreichen wir die minimalen Gesamtkosten, die sich aus den Lagerkosten und den Bestellkosten zusammensetzen.

3 Prüfungsaufgaben Steuerung und Kontrolle Sommer 2014

Aufgabe 1 Kosten erfassen und verteilen

1.1

Gemeinkostenarten	Zahlen der Buchhaltung	Material	Fertigungs-stelle I	Fertigungs-stelle II	Verwal-tung	Vertrieb
Summe Gemeinkosten (EUR)	371.130,00	12.000,00	105.000,00	120.000,00	98.280,00	35.850,00
Zuschlagsgrundlage (EUR)		200.000,00	70.000,00	120.000,00	627.000,00	637.000,00
Istgemeinkostenzu-schlagssätze		6 %	150 %	100 %	15,67 %	5,63 %
Normalgemeinkosten-zuschlagssätze		7 %	142 %	110 %	14 %	7 %
Normalgemeinkosten (EUR)		14.000,00	99.400,00	132.000,00	88.956,00	45.178,00
Kostenüberdeckung (EUR)		2.000,00		12.000,00		9.328,00
Kostenunterdeckung (EUR)			5.600,00		9.324,00	

Kostenunterdeckung in der Fertigungsstelle I z. B. verursacht durch Beschäftigungsrückgang, höhere Bezugskosten für Hilfs- und Betriebsstoffe, höhere Reparaturkosten usw.

1.2 Fuhrpark: gefahrene Kilometer, genutzte Zeit
Qualitätskontrolle Fertigung: Anzahl der Stichproben, Prüfzeiten

Fuhrpark: Allgemeine Hilfskostenstelle, die auf alle anderen Kostenstellen umgelegt wird.

Qualitätskontrolle Fertigung: Besondere Hilfskostenstelle, die nur auf die Fertigungsstellen (übergeordnete Hauptkostenstelle) umgelegt wird.

1.3 Differenzkalkulation (in EUR)

FM		134,68
MGK	7 %	9,43
MK		144,11
FL I		35,00
FGK I	142 %	49,70
FL II		33,90
FGK II	110 %	37,29
FK		155,89

HK		300,00
VwGK	14 %	42,00
VtGk	7 %	21,00
SK		363,00
Gewinn	**9,34 %**	**33,90**
Barverkaufspreis		396,90
Kundenskonto	3 %	13,23
Vertreterprovision	7 %	30,87
Zielverkaufspreis		441,00
Rabatt	10 %	49,00
Listenverkaufspreis		490,00

Der Stückgewinn beträgt 33,90 EUR, dies entspricht einem Gewinnzuschlag von 9,34 %.

1.4

Nettoerlös	40,00 EUR
– FL	10,00 EUR
– FM	14,00 EUR
– variable GK	12,00 EUR
Deckungsbeitrag/Stück	4,00 EUR
Deckungsbeitrag Gesamt	6.000,00 EUR
– Fixkosten	7.500,00 EUR
Monatsverlust für Stützi 100	1.500,00 EUR

Die Deckungsbeitragsrechnung ermöglicht auch die Berechnung von kurzfristigen Preisuntergrenzen, um z. B. über die Annahme von Zusatzaufträgen entscheiden zu können.

Aufgabe 2 Jahresabschluss

2.1.1	0840	Fuhrpark	41.900,00 EUR	an	4400	Verbindl.	49.861,00 EUR
	2600	Vorsteuer	7.961,00 EUR				
	4400	Verbindl.	49.861,00 EUR	an	2800	Bank	48.863,78 EUR
					0840	Fuhrpark	838,00 EUR
					2600	Vorsteuer	159,22 EUR
2.1.2	3900	Sonstige Rückst.	20.000,00 EUR	an	2800	Bank	15.000,00 EUR
					5480	Erträge aus der Herabsetzung von Rückst.	5.000,00 EUR

2.1.3 Zahllast: 546.500,00 EUR – 259.000,00 EUR = 287.500,00 EUR

4800	Umsatzsteuer	259.000,00 EUR	an	2600	Vorsteuer	259.000,00 EUR
4800	Umsatzsteuer	287.500,00 EUR	an	4830	VB geg. Fin.beh.	287.500,00 EUR
4830	VB geg. Fin.beh.	287.500,00 EUR	an	2800	Bank	287.500,00 EUR

2.2.1

Wertansatzberechnung mithilfe des Gewogenen Durchschnittsverfahrens			
	Menge/Stück	Preis/Stück	Gesamt
AB	230	1,50 EUR	345,00 EUR
Zugang	470	1,30 EUR	611,00 EUR
Zugang	100	1,48 EUR	148,00 EUR
Zugang	150	1,40 EUR	210,00 EUR
Gesamt	950		1.314,00 EUR
Durchschnittspreis/Stück =		1.314,00 EUR : 950 Stück =	1,38 EUR
Tageswert =			1,45 EUR
Bewertung nach strengem Niederstwertprinzip: 1,38 EUR/Stück			
Aktueller Lagerbestand	200	1,38 EUR	276,00 EUR
Wertansatz: 276,00 EUR			

2.2.2 Abschreibung: 47.500,00 EUR/10 Jahre = 4.750,00 EUR/Jahr

2014 für fünf Monate: 1.979,17 EUR

Bilanzansatz zum 30.06.2014: 45.520,83 EUR

6500 Abschreibung 1.979,17 EUR an 0710 Maschinen 1.979,17 EUR

2.3 Eigenkapitalquote = (Eigenkapital/Gesamtkapital) · 100

2014: (6.100 : 20.800) · 100 = 29,33 %

2013: (5.450 : 20.950) · 100 = 26,01 %

Anlagendeckung II = [(EK + langfristiges FK)/Anlagevermögen] · 100

2014 : [(6.100 + 7.200) : 10.500] · 100 = 126,67 %

2013: [(5.450 + 7.400) : 8.900] · 100 = 144,38 %

Liquidität II = [(kurzfristige Forderungen + liquide Mittel)/kurzfristiges Fremdkapital] · 100

2014: [(4.500 + 800) : 7.500] · 100 = 70,67 %

2013: [(4.900 + 750) : 8.100] · 100 = 69,75 %

Informationsblatt:

Die Eigenkapitalquote gibt einen Hinweis auf die finanzielle Unabhängigkeit des Unternehmens. Verbesserung im Jahr 2014 gegenüber 2013. Eigenkapitalquote ganz gut (Industrieunternehmen in Deutschland im Schnitt bei 20 %).

Bei der Anlagedeckung II sollte das Anlagevermögen durch langfristig angelegtes Kapital gedeckt sein. Die Goldene Bilanzregel ist hier in beiden Jahren erfüllt, allerdings hat sich der Wert der Kennzahl in 2014 gegenüber 2013 verschlechtert.

Die Liquidität 2. Grades signalisiert die Zahlungsbereitschaft des Unternehmens. Den kurzfristigen Verbindlichkeiten werden die liquiden Mittel und die Vermögenspositionen, deren Umwandlung in Geldmittel unmittelbar bevorsteht, gegenübergestellt. Hier gilt die „One-to-one-Rate, d. h. die Liquidität II sollte mindestens 100 % betragen, ansonsten könnte eine Insolvenz drohen. Die Voraussetzung ist hier in beiden Jahren nicht gegeben, aber es liegt eine leichte Verbesserung im Jahr 2014 gegenüber 2013 vor.

4 Prüfungsaufgaben Betriebswirtschaft – Geschäftsprozesse Sommer 2014

Aufgabe 1

1.1 Argumente für die Produkteinführung (Unternehmens- und Marktanalyse):

- Die Crema GmbH erwirtschaftet derzeit einen geringeren Gewinn als in vorherigen Jahren. Grund hierfür sind geringere Umsatzzahlen.
- Die Umsätze für Milchspeiseeis, dem bisherigen Produktbereich der Crema GmbH, sind am stärksten von 62 % auf 41 % gesunken.
- Dagegen sind die Umsätze von Frozen Joghurt-Herstellern stark ansteigend. Darüber hinaus hat die Crema GmbH bereits Kenntnisse in der Herstellung von Milcheis, weshalb dieser Produktbereich besonders interessant für die Crema GmbH ist.
- Der Markt für Fruchteis sowie sonstige Eissorten bietet zukünftig keine Steigerungsraten.

Zielgruppe und deren Merkmale:
Als Zielgruppe wird sich die Crema GmbH vorwiegend auf die Generation > 50 Jahre konzentrieren.

- Der Anteil der älteren Bevölkerung wird in Zukunft stark steigen.
- Die Altersgruppen Best Ager und Generation Silber sind vor allem deshalb interessant, da hier eine hohe Kaufkraft und steigende Umsätze zu erwarten sind.
- Der „Freezy Joghi" spricht außerdem eine Nachfrageklientel mit gesteigertem Gesundheitsbewusstsein an. Auch dies trifft auf die Generation Silber und Best Ager zu, da mit höherem Alter verstärkt auf eine gesunde Ernährung geachtet wird. „Freezy Joghi" stellt also eine attraktive Alternative zu herkömmlicher Eiscreme dar, da Frozen Joghurt im Vergleich zu normalem Speiseeis weniger Kalorien enthält.

1.2 **Ermittlung der Materialeinzelkosten**

Materialeinzelkosten	g	Preis pro kg	500 g Packung
Magerjoghurt	360	0,88 EUR	0,32 EUR
Zucker	70	0,80 EUR	0,06 EUR
Vanilleextrakt	11	65,25 EUR	0,72 EUR
Eiweiß	35	1,60 EUR	0,06 EUR
Fruchtpüree	24	3,33 EUR	0,08 EUR
Verpackung/Becher			0,05 EUR
Gesamt			**1,29 EUR**

Kalkulation des Endverbraucherpreises

Bezeichnung		Kosten	Summe
MEK		1,29 EUR	
MGK	20 %	0,26 EUR	
MK			1,55 EUR
FEK		0,15 EUR	
FGK	138 %	0,21 EUR	

Bezeichnung		Kosten	Summe
FK			0,36 EUR
HK			1,91 EUR
VwGK	20 %		0,38 EUR
VtGK	18 %		0,34 EUR
Selbstkosten			2,63 EUR
Gewinn	9 %		0,24 EUR
Nettoverkaufspreis			**2,87 EUR**

Empfehlung für die Preisgestaltung Kostenorientierung:
- Der Nettoverkaufspreis muss mindestens 2,87 EUR betragen, soweit der angestrebte Gewinn in Höhe von 9 % realisiert werden soll.
- Bei einem Preis von 2,63 EUR wären alle Kosten gedeckt, Gewinn = 0.

Konkurrenzorientierung:
- Der Marktführer Schüller AG (größter Marktanteil) ist uns hinsichtlich der Qualität überlegen (u. a. niedrigerer Zuckergehalt, höherer Joghurtanteil) und bietet das Produkt zu einem Preis von 2,85 EUR an. Somit ist unser Preis von 2,87 EUR aus Konkurrenzgesichtspunkten nicht zu empfehlen.
- Der Preis kann jedoch über 2,65 EUR liegen, da „Freezy Joghi" qualitativ besser ist als das Produkt der Icepeak GmbH (niedrigerer Zuckergehalt, keine Zusatzstoffe).
- Außerdem kann er auch über 2,75 EUR liegen, da wir qualitativ etwas besser sind als die Schwabenmilch GmbH (niedrigerer Zuckergehalt, etwa gleicher Fruchtgehalt und etwas höheren Magerjoghurtgehalt).

Preisvorschlag somit: 2,75–2,84 EUR
- Der Preis für Freezy Joghi sollte unter dem des Marktführers, aber über den qualitativ schlechteren Konkurrenten liegen.
- Der gewünschte Gewinn in Höhe von 9 % wird nicht mehr erreicht.

1.3

CREMA GmbH WERBEPLAN Freezy Joghi		
Inhalt	**Entscheidung**	**Begründung**
Werbeobjekt	Freezy Joghi: Joghurteis mit Frucht	xxx
Werbeziel	Einführungswerbung	xxx
Werbebotschaft	Genuss & Gesundheit	xxx
Zielgruppe	> 50 Jahre mit Gesundheitsbewusstsein	xxx
Streugebiet	gesamtes Bundesgebiet	xxx

CREMA GmbH WERBEPLAN Freezy Joghi		
Inhalt	**Entscheidung**	**Begründung**
Werbemedien	Zeitschriftenanzeigen: „Gesund im Alter" Rundfunkspots	Werbeetat sollte hauptsächlich in den Printmedien investiert werden, da hier eine hohe Reichweite erzielt wird, die Zielgruppe themengerecht angesprochen werden kann und die Kosten relativ günstig sind. Bei TV entstehen relativ hohe Kosten für kurze Werbezeit; restliches Budget reicht dann nur noch für Rundfunkwerbung.
Streuzeit	Zeitschriften: Monate Mai bis August Rundfunk: Monate Mai bis August zwischen 12:00–18:00 Uhr	Werbung in Hauptsommermonaten am wirkungsvollsten. Bei Rundfunkwerbung ist außerdem die Reichweite entscheidend für die Wahl der Ausstrahlungszeiten. In der Zeit von 12:00–18:00 Uhr ist die Reichweite bei der Zielgruppe > 50 Jahre am größten.
Werbeetat und Gesamtkosten	Werbeetat: 45.000,00 EUR Gesamtkosten: z. B. Anzeigengestaltung 4.500,00 EUR + Anzeige in „Gesund im Alter" 2 Monate je 15.000,00 EUR = 30.000,00 EUR + Produktion Rundfunk-Spot 2.500,00 EUR + 3 x Schaltung Rundfunk Nord (12:00–18:00 Uhr) je 1.100,00 EUR = 3.300,00 EUR + 3 x Schaltung Rundfunk Süd (12:00–18:00 Uhr) je 1.500,00 EUR = 4.500,00 EUR = 44.800,00 EUR	„Zeitspiegel" hat zwar hohe Reichweite, aber Anzeige wird weniger Beachtung finden, da Zeitschrifteninhalte unpassend; „Fit und Vital" hätte gleiche Reichweite, aber hier ist der Anzeigenpreis höher und die Inhalte sind auch weniger passend für die Zielgruppe > 50 Jahre; „TREND": zu geringe Reichweite und unpassende Inhalte. Restbetrag nur noch ausreichend für Werbung in Rundfunk; hier sollte der Bereich Nord und Süd abgedeckt werden, da das Unternehmen bundesweit tätig ist.

1.4

Quartalszahlen aus dem Bereich: Milchspeiseeis		
	I. Quartal 2014 Ist-Zahlen	2. Quartal 2014 Prognose
Umsatz	280.000,00 EUR	285.000,00 EUR
– Kosten	270.000,00 EUR	275.000,00 EUR
= Ergebnis	10.000,00 EUR	10.000,00 EUR

Das Ergebnis liegt im 1. Quartal bei unbefriedigenden 10.000,00 EUR, die Prognose für das 2. Quartal liegt auf gleichem Niveau, d. h. sehr schlecht.

Wenn das neue Produkt „Freezy Joghi" mit eingerechnet wird, stellt sich das 2. Quartal wie folgt dar:

Aufstellung 2. Quartal 2014			
Produktionsprogramm Milchspeiseeis und Freezy Joghi			
	2. Quartal 2014 Prognose Milchspeiseeis	2. Quartal 2014 Freezy Joghi	2. Quartal 2014 Gesamt
Umsatz	285.000,00 EUR	348.600,00 EUR	633.600,00 EUR
Kosten	275.000,00 EUR	329.925,00 EUR	604.925,00 EUR
Gesamt	10.000,00 EUR	18.675,00 EUR	28.675,00 EUR

Die Auswirkungen auf Umsatz und Gewinn sind sehr erfreulich. Mit einem zusätzlichen Gewinn i. H. v. 18.675,00 EUR, wird ein Gesamtgewinn von 28.675,00 EUR erwirtschaftet.

Der Umsatz und der Gewinn steigen deutlich, dies ist sehr positiv zu bewerten.
Chancen: In den Sommermonaten kann man noch mit Steigerungen rechnen.
Die Produktneueinführung lohnt sich für die CREMA GmbH. „Freezy Joghi" sollte in das Produktprogramm (neben dem Milchspeiseeis) aufgenommen werden, da das Risiko gemindert wird.
Risiken:
In den folgenden Herbst- und Wintermonaten 2014 ist mit geringeren Bestellmengen zu rechnen. Bei einem Umsatzanteil von über 50 % ist eine hohe Abhängigkeit gegeben, daher sollte das Produktionsprogramm zukünftig um weitere Produkte erweitert werden. Eine Ausweitung der Kapazität ist riskant, da die Absatzanteile von „Freezy Joghi" weit über den Branchenwerten von 20–25 % liegen.

Aufgabe 2

2.1 Zu klärende Aspekte:

a) Mit dem neuen Auftrag wird das Kreditlimit erheblich überschritten
Mögliche Lösungen:
- Kunde erhält Lieferung nur gegen Vorauskasse, bzw. Anzahlung
- Kunde muss vor der Lieferung offene Rechnungen begleichen, um seinen Saldo zu reduzieren
- Auftragsvolumen nur in Höhe seines Restkreditlimits akzeptieren

b) Lagerbestand ist nicht ausreichend für gesamtes Auftragsvolumen.
Mögliche Lösungen:
- Teillieferung über 450 Stück sofort
- Gesamtlieferung innerhalb von 5 Tagen (4 Tage Beschaffungszeit + 1 Tag eigene Lieferzeit) zusichern.

2.2 Der Bestellvorschlag mit 500 Stück ist in Ordnung, da durch den Kundenauftrag der Meldebestand unterschritten wird und die zusätzlich zum Lagerbestand benötigten Artikel beschafft werden müssen.

Beim Bestellpunktverfahren wird bei Unterschreiten des Meldebestandes eine Bestellung ausgelöst, um sicherzustellen, dass bis zum Eintreffen der Lieferung ein ausreichender Lagerbestand gewährleistet wird.

Die Bestellmenge entspricht der im System hinterlegten optimalen Bestellmenge von 500 Stück.

Das Fälligkeitsdatum liegt entsprechend der Beschaffungszeit 4 Tage nach dem Bestelldatum. Das Fälligkeitsdatum liegt einen Tag vor der Auslieferung an unseren Kunden.

2.3

24002	Debitor F. Kunst	14.394,24 EUR	an	5010	Umsatzerlöse f. Hawa	12.096,00 EUR
				4800	Umsatzsteuer	2.298,24 EUR
6000	Aufwand Hawa	6.720,00 EUR	an	2210	Hawa	6.720,00 EUR

Prüfen des Zahlungseingangs:

Fällige Rechnung 22.04.2014, Betrag 9.139,69 EUR

Zahlungseingang lt. Kontoauszug 07.05.2014: 8.865,50 EUR (9.139,69 EUR – 274,19 EUR Skontoabzug 3 %)

Friedrich Kunst hätte das Skonto nicht abziehen dürfen. Er hat die Skontofrist um einen Tag nicht eingehalten.

Termin der fälligen Rechnung + Skontofrist lt. Anlage: 114 Tage = Maximale Frist für den Geldeingang

22.04.2014 + 14 Tage = 06.05.2014

Unter der Annahme, dass genau der Betrag lt. Kontoauszug (8.865,50 EUR) verbucht werden soll, ergibt sich folgender Buchungssatz (Nebenrechnung: Aus dem Skontobetrag ist die Umsatzsteuer noch herauszurechnen):

274,19 EUR · 100 : 119 = 230,41 EUR Kundenboni und 43,78 EUR Umsatzsteuer

2.4

2800	Bank	8.865,50 EUR	an	24002	Debitor F. Kunst	9.139,69 EUR
5012	Kundenskonti	230,41 EUR				
4800	Umsatzsteuer	43,78 EUR				

2.5 Anrede, Bezug zur Rechnung, Hinweis auf zwei erfolglose Mahnungen, Letzter Zahlungstermin 13.05.2014, Zahlungsbetrag: 35.600,00 EUR + 373,80 EUR (Verzugszinsen in Höhe von 6 % p. a. für 63 Tage) = 35.973,80 EUR

Weitere Schritte: z. B. Übergabe der Forderung an ein Inkassounternehmen, Einschalten eines Rechtsanwaltes, gerichtlichen Mahnbescheid beantragen
Schlussformulierung: Hoffen auf Zahlungseingang, um weitere Unannehmlichkeiten zu vermeiden.
Grußformel

Interner Vermerk: Verjährungstermin 31.12.2017 (Rechtsgrundlage: §§ 195, 199 BGB) Kaufmännisches Mahnverfahren hat keinen Einfluss auf die Verjährung.

2.6 Vervollständigtes Arbeitsablaufdiagramm

ARBEITSABLAUFDIAGRAMM

ABTEILUNG:	**V-V**	DATUM:	**13.04.2009**
ARBEITSFOLGE:	**Aufträge kommissionieren**	START:	**Kommissionierauftrag geht ein**
		ENDE:	**Auftrag ist verschickt**

Nr.	Ablaufschritt	○	⇨	▭	D	▽	Zeit in Min.
1.	Kommissionierliste über integrierte Unternehmenssoftware (IUS) ausdrucken	X					5
2.	Lagerhaltigkeit der Artikel an IUS prüfen				X		7
3.	Rollbehälter aus Ladezone holen		X				2
4.	Artikel gemäß Kommissionierliste von Lagerplätzen holen und in Rollbehälter legen	X					20 (Durchschnittswert)
5.	Rollbehälter zu Versandleiter bringen		X				2
6.	Versandleiter prüft Inhalt			X			10
7.	Rollbehälter zurück an Sammelplatz stellen		X				2
8.	Rollbehälter zu Packstation bringen		X				2
9.	Auftrag verpacken	X					6
10.	Lieferschein über IUS ausdrucken und in Paket einlegen	X					1
11.	Paket verschließen, Transportetiketten ausdrucken und aufkleben	X					3
12.	Rollbehälter in Ladezone		X				2
13.	Mail-Nachricht an Buchhaltung: Erfassung der Lagerabgänge und Rechnungsstellung	X					2
14.	Ablage Kommissionierliste					X	1

Analysetabelle

Ablaufart	Bearbeitung ○	Transport ⇨	Kontrolle ▭	Warten D	Ablage ▽	**Summe**
Zeit in Min.	37	10	17	0	1	65

Beurteilung des Vorschlag des Lagerarbeiters:
Vorschlag ist sinnvoll, Schritt 13 wird dadurch entbehrlich.

Verzichtbare Arbeitsschritte:

- Die Lagerhaltigkeit der Artikel braucht nicht geprüft zu werden, da dies bereits bei der Auftragserfassung bzw. der Freigabe der Kommissionieraufträge erfolgt.
- Die Prüfung von jedem Kommissionierauftrag durch den Versandleiter ist entbehrlich. Ggfs. kann die jeweilige Arbeitskraft diese Prüfung durchführen.
- Die Rollbehälter an den Sammelplatz zu stellen kann evtl. eingespart werden, wenn die Behälter direkt zur Packstation gehen.